标准韩国语同步练习册
第二册

编著　尹敬爱　权赫哲

东南大学出版社

内容提要

本书是以韩国语中级学习者为对象而编写的综合练习题集。以北京大学、延边大学、北京对外经贸大学、洛阳外国语大学等 25 所大学共同编写,由北京大学出版社出版的《标准韩国语》(第二册)一书中的词汇和语法为依据,编写了"阅读理解""口语""写作""翻译"等专题的练习题,旨在培养和提高学习者说、读、写、译的综合能力。本书内容由"巩固练习"和"提高练习"两大部分构成。题型基本上与韩国语能力测试接轨,为学习者的备考打下了基础。本书是教材的延伸,为学习者提供了大量的课外学习资料,学习者通过做练习题,可以有效、科学、循序渐进地完成这一阶段的学习任务,使自己的语言运用能力得到进一步提高。

图书在版编目(CIP)数据

标准韩国语同步练习册·第二册/尹敬爱,权赫哲编著.—南京:
东南大学出版社,2006.4
ISBN 7-5641-0338-8

Ⅰ.标… Ⅱ.①尹…②权… Ⅲ.朝鲜语—习题 Ⅳ.H55-44

中国版本图书馆 CIP 数据核字(2006)第 030823 号

标准韩国语同步练习册·第二册

出版发行	东南大学出版社
出 版 人	宋增民
社 址	南京市四牌楼 2 号
邮 编	210096
电 话	(025)83793329(办公室)/83362442(传真)/83795801(发行部)
	83791830(邮购)/57711295(发行部传真)
网 址	http://press.seu.edu.cn
电子邮件	liu-jian@seu.edu.cn
经 销	全国各地新华书店
印 刷	大连华伟印刷有限公司
开 本	787mm×1092mm 1/16
印 张	16.5
版 次	2006 年 4 月第 1 版第 1 次印刷
印 数	1—5 000 册
定 价	25.00 元

前　言

　　本书是以韩国语中级读者为对象而编写的综合练习题集。由北京大学、延边大学、北京对外经贸大学、洛阳外国语大学等 25 所大学共同编写，以北京大学出版社出版的《标准韩国语》(第二册)一书中的词汇和语法为依据，编写了"阅读理解""口语""写作""翻译"等专题的练习题，旨在培养和提高读者说、读、写、译的综合能力。

　　本书按照《标准韩国语》(第二册)的课文顺序进行同步编写。读者可依照学习进度，进行课上及课下的同步练习，以便及时地消化并运用所学内容。

　　本书内容由"巩固练习"和"提高练习"两大部分构成：

　　"巩固练习"以课文中出现的词汇和语法为主要内容，附有选词填空、完成句子、完成对话、回答问题、变换句式、中韩互译等多种形式的练习题，使读者能够更好地分辨词义，正确地使用词汇，熟练地运用所学的语法知识，加深对知识点的理解。而且在每个语法项目前都附加了词性标志，以避免读者犯连接法上的错误。

　　"提高练习"在"巩固练习"的基础上，略微增加了难度。并附有语法综合练习、语法项目替换练习、阅读理解、模仿范文练习会话、根据自己的实际情况回答问题等多种形式的练习题，使读者在不知不觉间进一步提高了自己的水平。

　　如果说"巩固练习"注重单项训练，那么"提高练习"则侧重于综合交叉训练。

　　以上两部分练习的题型，基本上与韩国语能力测试接轨，为读者的备考打下了基础。

　　另外，本书还补充了一些必要的词汇，在很大程度上弥补了教材词汇量匮乏的问题，进一步扩充了读者的词汇量。同时，本书还附有参考答案，使读者在做完习题后可以依照答案进行巩固提高。此外，本书还附有单词索引以及能力测试题。

　　众所周知，学习外语单靠课堂的习得是远远不够的，应在课堂学习的基础上进行反复地练习和应用。本书恰好为读者提供了这样的机会。本书是教材的延伸，为读者提供了大量的课外学习资料，读者通过做练习题，可以有效、科学、循序渐进地完成这一阶段的学习任务，使自己的运用语言能力得到进一步的提高。

　　此外，本书尽管是《标准韩国语》(第二册)的同步练习册，但与其他版本的韩国语教材，在语法点和难易度上有诸多的相似之处，因此使用其他教材的读者也可以使用。

　　本书虽然在一定程度上解决了目前可供读者使用的练习册较少的问题，但因编写得比较仓促，加之编者水平有限，书中难免有不足之处，恳请各位专家、学者及广大读者批评指正。

编者

2006 年 3 月

前言

符号说明

符号	英语	汉语	韩国语
N	Noun	名词	명사
V	Verb	动词	동사
A	Adjective	形容词	형용사
S	Sentensce	句子	문장

目 录

제 1 과 자금성 (紫禁城)

语法要点

> V-ㄴ/은 적이 있다/없다
> V-아/어/여도 되다
> V-면/으면 안 되다
> A/V-것 같다
> A/V-던

 巩固练习

1. 다음 빈칸에 알맞은 단어를 넣으십시오. （选词填空）

   1) 친구들이 (   ) 오지 않아서 기다리고 있어요.
      ① 아무리   ② 아무   ③ 아무튼   ④ 아직

   2) 한국어를 열심히 하면 (   ) 잘 할 수 있어요.
      ① 언제나   ② 꼭   ③ 매우   ④ 꾸준히

   3) 요즘에는 (   ) 고등학교 친구가 생각이 납니다. 많이 보고 싶습니다.
      ① 언제나   ② 우연히   ③ 자꾸   ④ 점점

   4) 벌써 시간이 이렇게 되었어요. (   )으로 김 선생님이 말씀 해 주시겠어요?
      ① 처음   ② 마지막   ③ 최후   ④ 먼저

   5) 오후에 손님이 와요. 집을 (   ) 청소해 주세요.
      ① 아름답게   ② 곱게   ③ 괜찮게   ④ 깨끗이

2. 다음 보기에서 알맞은 단어를 골라 ( )안에 활용하여 써 넣으십시오.
   （选择适当的词活用并填空）

   <보기>
   ⓐ 오래되다 ⓑ 웅장하다 ⓒ 전시하다 ⓓ 괜찮다 ⓔ 기운이 없다
   ⓕ 유학을 가다 ⓖ 초대하다 ⓗ 출근하다

1) 부모님께서는 보통 몇시에 (　　　　　　)?

2) 어제 잘 못 잤어요? (　　　　　) 는 것 같아요.

3) 제 친구는 고등학교를 졸업하고 (　　　　　).

4) 북경 고궁에는 (　　　　　) 건물이 많아요.

5) 친구가 생일에 (　　　　) 주어서 지금 선물을 사고 있어요.

6) (　　　　) 만리장성을 구경하는 외국인들이 많아요.

7) 빨간색이 없으면 분홍색도 (　　　　　).

8) 그 박물관에서는 명나라 때의 유물을 (　　　　　)고 있어요.

3. 보기와 같이 쓰십시오. （仿照例句完成句子）

> <보기>
> 한복을 입다 ⇒ 한복을 입은 적이 있습니다.

1) 도자기를 사다
　⇒ _____

2) 혼자 여행을 하다
　⇒ _____

3) 스키를 배우다
　⇒ _____

4) 유학을 가다
　⇒ _____

5) 한국영화를 보다
　⇒ _____

4. 보기와 같이 대답해 보십시오. （仿照例句回答问题）

> <보 기>
> 가: 영화를 보고 운 적이 있어요?
> 나: 예, 영화를 보고 운 적이 있습니다.
> 　　아니요, 영화를 보고 운 적이 없습니다.

1) 가: 돈이 없어서 고생한 적이 있습니까?
　나: 예, _____
　　　아니요, _____

2) 가: 방학 때 아르바이트를 한 적이 있습니까?
　나: 예, _____

　　　아니요,_____

3) 가: 크리스마스에 선물을 받은 적이 있습니까?
　　나: 예,_____
　　　아니요,_____

4) 가: 동물원을 구경 한 적이 있습니까?
　　나: 예,_____
　　　아니요,_____

5) 가: 시험공부를 할 때 밤을 새운 적이 있습니까?
　　나: 예,_____
　　　아니요,_____

5. 보기와 같이 대답하십시오.　(仿照例句回答问题)

```
　　　　　　　　　　　<보기>
　　　　가: 꼭 전화를 걸어야 합니까?
　　　　나: 아니요, 전화를 걸지 않아도 됩니다.
```

1) 가: 꼭 예약을 해야 합니까?
　　나:_____

2) 가: 반드시 흰색 옷을 입어야 합니까?
　　나:_____

3) 가: 꼭 취미가 같아야 합니까?
　　나:_____

4) 가: 꼭 영어를 아는 사람이어야 합니까?
　　나:_____

5) 가: 꼭 일찍 도착해야 합니까?
　　나:_____

6. 보기와 같이 쓰십시오.　(仿照例句变换句式)

```
　　　　　　　　　　　<보기>
　　　담배를 피우다 ⇒ 담배를 피우면 절대로 안 됩니다.
```

1) 술을 마시고 운전하다 ⇒_____

2) 수업시간에 자다 ⇒_____

3) 친구하고 싸우다 ⇒_____

4) 길에 휴지를 버리다 ⇒_____

5) 약속을 어기다 ⇒ _____

7. 보기와 같이 묻고 답하십시오. （提问并回答问题）

> ＜보기＞
> 가: 창문을 열어도 됩니까?
> 나: 아니요, 창문을 열면 안 됩니다.

1) 커피를 마시다　가:_____
　　　　　　　　　나:_____

2) 여기서 사진을 찍다　가:_____
　　　　　　　　　　　　나:_____

3) 내일 늦게 일어나다　가:_____
　　　　　　　　　　　　나:_____

4) 중국어로 편지를 쓰다　가:_____
　　　　　　　　　　　　　나:_____

5) 여기에서 신발을 신다　가:_____
　　　　　　　　　　　　　나:_____

8. "A/V - ㄴ/은/는/ㄹ/을 것 같다" 를 사용하여 문장을 완성하십시오. （用 "A/V - ㄴ/은/는/ㄹ/을 것 같다" 完成句子）

> ＜보기＞
> 지금 비가 오다 ⇒ 지금 비가 오는 것 같아요.

1) 아직 끝나지 않다 ⇒ _____

2) 다음 달부터 이 회사에 다니다 ⇒ _____

3) 벌써 가을이 되다 ⇒ _____

4) 지금 집에서 자다 ⇒ _____

5) 다음 주에 소풍을 가다 ⇒ _____

9. 다음 질문에 답하십시오. （完成对话）

1)가: 그 사람은 어느 나라 사람인 것 같아요?
　나:_____

2)가: 저 사람이 어떤 사람인 것 같아요?
　나:_____

3)가: 여기가 어디인 것 같아요?
　나:_____

4) 가: 오늘 날씨가 어떠할 것 같아요?

　　나:＿＿＿＿＿＿＿＿＿＿＿＿＿＿＿＿＿＿＿＿＿＿＿＿＿

5) 가: 저 사람은 직업이 무엇인 것 같아요?

　　나:＿＿＿＿＿＿＿＿＿＿＿＿＿＿＿＿＿＿＿＿＿＿＿＿＿

10. "V 던 N" 형식으로 문장을 만드십시오. （使用 "V 던 N" 句式完成句子）

1) 제가 심심할 때 항상 든다 / 음악이다.

　⇒＿＿＿＿＿＿＿＿＿＿＿＿＿＿＿＿＿＿＿＿＿＿＿＿＿＿＿

2) 누가 마시다 / 차예요?

　⇒＿＿＿＿＿＿＿＿＿＿＿＿＿＿＿＿＿＿＿＿＿＿＿＿＿＿＿

3) 늘 다니다 / 길로 갑시다.

　⇒＿＿＿＿＿＿＿＿＿＿＿＿＿＿＿＿＿＿＿＿＿＿＿＿＿＿＿

4) 가족과 함께 자주 가다 / 식당이다.

　⇒＿＿＿＿＿＿＿＿＿＿＿＿＿＿＿＿＿＿＿＿＿＿＿＿＿＿＿

5) 젊은 사람들이 많이 부르다 / 노래인데 한 번 들어 보세요.

　⇒＿＿＿＿＿＿＿＿＿＿＿＿＿＿＿＿＿＿＿＿＿＿＿＿＿＿＿

11. 다음을 한국어로 번역하십시오. （将下列句子译成韩文）

1) 你听过他的消息吗?

＿＿＿＿＿＿＿＿＿＿＿＿＿＿＿＿＿＿＿＿＿＿＿＿＿＿＿＿＿＿

2) 可以在这里看书吗?

＿＿＿＿＿＿＿＿＿＿＿＿＿＿＿＿＿＿＿＿＿＿＿＿＿＿＿＿＿＿

3) 小孩不能参加。

＿＿＿＿＿＿＿＿＿＿＿＿＿＿＿＿＿＿＿＿＿＿＿＿＿＿＿＿＿＿

4) 他的生日好像是下周三。

＿＿＿＿＿＿＿＿＿＿＿＿＿＿＿＿＿＿＿＿＿＿＿＿＿＿＿＿＿＿

5) 这是我去年冬天穿过的衣服。

＿＿＿＿＿＿＿＿＿＿＿＿＿＿＿＿＿＿＿＿＿＿＿＿＿＿＿＿＿＿

12. 다음을 중국어로 번역하십시오. （将下列句子译成中文）

1) 제가 자주 보던 신문은 "한국일보"입니다. 그런데 오래 보지 않았습니다.

＿＿＿＿＿＿＿＿＿＿＿＿＿＿＿＿＿＿＿＿＿＿＿＿＿＿＿＿＿＿

2) 많은 사람들이 공부하고 있으니까 도서관에서 떠들면 안 됩니다.

＿＿＿＿＿＿＿＿＿＿＿＿＿＿＿＿＿＿＿＿＿＿＿＿＿＿＿＿＿＿

3) 일을 다 한 후에 퇴근해도 좋습니다.

_____

4) 학교에 공부하러 가다가 다른 곳에 놀러 간 적이 있습니다.

_____

5) 선생님께서 말씀하시기 전에 먼저 준비하는 것이 좋을 것 같습니다.

_____

 提高练习

1. 보기에서 알맞은 문법항목을 골라 빈칸에 써 넣으십시오. (选择适当的语法活用并填空)

<보기>
ⓐ 던 ⓑ 것 같다 ⓒ 은 적이 있다 ⓓ 도 된다 ⓔ 면 안 된다

1) 그 사람과 관련된 소식은 예전에 친구에게 들(   ).

2) 오늘은 너무 늦었으니 내일 가(   ).

3) 아무리 친구지만 너무 명령을 하(   ).

4) 오늘은 어제보다 덜 추운 (   ).

5) 대학교 때 저희가 자주 부르(   ) 노래를 한 번 불러 보겠습니다.

2. 다음에서 밑줄 친 것과 의미가 같은 것을 고르십시오. (找出与画线处意思相同的)

1) 나는 한국에 가 본 적이 있습니다.
　① 한 번 정도 가 보았습니다　　　　② 한 번 가 볼 것입니다
　③ 한 번 가 보면 좋겠습니다　　　　④ 한 번 가 보면 됩니다

2) 동창모임 때 피곤하면 먼저 가도 됩니다.
　① 먼저 가면 절대로 안 됩니다　　　② 먼저 가 주십시오
　③ 먼저 갈 것입니다　　　　　　　④ 먼저 가면 됩니다

3) 여기에서 우회전 하면 안 됩니다.
　① 좌회전 하면 됩니다　　　　　　② 좌회전 해도 안 됩니다
　③ 우회전 하려고 합니다　　　　　④ 우회전 하지 못합니다

4) 그는 어제 많이 운 것 같습니다.
　① 많이 울려고 합니다　　　　　　② 많이 울고 있습니다
　③ 많이 울지 않은 것 같습니다　　④ 아마 많이 울었을 것입니다

5) 아까 내가 보던 신문 못 봤어요?
　① 그 신문은 보지 못했습니다　　　② 신문을 자주 봅니다
　③ 신문을 다 보지 못했습니다　　　④ 신문을 보고 싶습니다

3. 자신의 상황에 비추어 물음에 답하십시오. （根据自己的情况回答问题）

1) 좋은 소설책이 있습니까? 빌려 봐도 됩니까?

_____

2) 자주 다니던 식당이 있습니까? 식당 이름이 무엇입니까?

_____

3) 지금 같이 커피를 마셔도 됩니까?

_____

4) 졸업한 후에 무슨 일을 하게 될 것 같습니까?

_____

5) 한국영화를 본 적이 있습니까? 제일 좋아하는 영화는 어느 것이고 제일 좋아하는 영화배우는 누구입니까?

_____

4. 다음 글을 읽고 물음에 답하십시오. （阅读并回答问题）

장강 씨는 중국 북경에서 온 유학생입니다. 한국에 오기 전에 한국인 친구가 한국에도 자금성의 축소판과 같은 경복궁이 있다고 했습니다. 그래서 장강 씨는 오래 전부터 한 번 가 보고 싶었습니다. 드디어 오늘 장강 씨는 한국인 친구와 함께 경복궁에 왔습니다. 경복궁 안내원의 말을 듣고 장강 씨는 경복궁에 대해 많이 알게 되었습니다. 경복궁은 조선 왕실의 정궁으로 조선 왕조를 개국한 태조 이성계가 1395년에 지었습니다. 경복궁은 창덕궁, 창경궁, 덕수궁, 운현궁, 경희궁 등 궁궐 가운데서 규모가 가장 컸습니다. 경복궁에 목조건물이 많았습니다. 장강 씨는 경복궁을 관람하면서 근정전, 태화전 등 이름을 보고 놀랐습니다. 정말 자금성 안의 궁궐의 이름과 같았습니다. 장강 씨는 중국과 한국이 가까운 나라라고 생각했습니다. 장강 씨는 경복궁에 있는 국립민속박물관에도 들어가 보았습니다.

1) 경복궁은 언제 누가 지었습니까?

_____

2) 경복궁은 어떤 곳입니까?

_____

3) 경복궁과 자금성의 같은 점은 무엇입니까?

_____

5. 다음 대화를 모방하여 대화를 만들어 보십시오. （模仿下面的范文练习会话）

남자: 씨름 경기를 본 적이 있어요? 표가 두 장 있으니까 같이 갈까요?

여자: 텔레비전에서 경기하는 것을 보았어요. 한 번 구경하고 싶어요.

남자: 그래요? 같이 보러 갑시다. 잠실종합운동장에서 경기가 있어요.

여자: 잠실종합운동장은 어떤 곳입니까?

남자: 1988 년 올림픽 경기를 했던 곳입니다. 올림픽주경기장, 야구장, 수영장, 실내 체육관 등이 있습니다. 많은 큰 경기들을 여기에서 진행하고 있습니다.

여자: 그래요? 그럼 꼭 가 보겠어요.

남자: 좋아요. 지하철 2 호선을 타고 종합운동장 역까지 오십시오. "표 파는 곳" 앞에서 기다리겠습니다.

여자: 몇 시까지 가면 되지요?

남자: 경기가 7 시에 시작하니까 6 시 30 분에 만납시다.

여자: 알았어요. 그럼 그때 봐요.

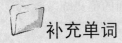
补充单词

수영장 (名) 游泳馆	곱다 (形) 好看, 漂亮
꾸준히 (副) 不懈地, 孜孜不倦	늘 (副) 经常, 常常
늦다 (形) 晚	떠들다 (自) 吵闹, 喧哗
명나라 (名) 明朝	밤을 새다 (词组) 熬夜, 通宵
버리다 (他) 扔	소풍 (名) 郊游
심심하다 (形) 无聊, 无所事事	아무튼 (副) 不管怎样, 反正
어기다 (他) 违背	유물 (名) 遗物
휴지 (名) 废纸	축소판 (名) 缩小版, 缩影
드디어 (副) 终于	안내원 (名) 导游, 导购员
왕실 (名) 王室, 皇家	정궁 (名) 正宫
왕조 (名) 王朝	태조 (名) 太祖
개국 (名) 开国	짓다 (他) 建造, 盖
창덕궁 (名) 昌德宫	창경궁 (名) 昌庆宫
덕수궁 (名) 德寿宫	운현궁 (名) 云岘宫
경희궁 (名) 庆熙宫	궁궐 (名) 宫殿, 宫阙
관람하다 (他) 观看, 游览	근정전 (名) 勤政殿
씨름경기 (名) 摔跤比赛	놀라다 (自) 吃惊, 惊讶
국립민속박물관 (名) 国立民俗博物馆	올림픽 (名) 奥运会
경기장 (名) 运动场	야구장 (名) 棒球场
실내체육관 (名) 室内体育馆	잠실종합운동장 (名) 蚕室综合运动场

제 2 과 예약하기 (预订)

语法要点

> N 때
> A/V -(으)ㄹ 때
> A/V -(으)니까
> A/V -(으)ㄹ 수 있다/없다
> N-밖에 없다/안 (하다)/못(하다)/모르다
> A/V -거나

巩固练习

1. 다음 빈칸에 알맞은 단어를 넣으십시오. (选词填空)

1) 모레가 저의 생일인데 (　　　　　) 오셔서 축하해 주세요.
　① 필요하면　　　② 재미있으면　　　③ 보고 싶으면　　　④ 가능하면

2) 책을 사는 데에 (　　　　) 돈이 많이 안 들어서 생활비가 부족하지 않았어요.
　① 열심히　　　② 분명히　　　③ 다행히　　　④ 꾸준히

3) 시간이 있으면 (　　) 영화도 보고 친구도 만나요.
　① 어느　　　② 언제　　　③ 아무　　　④ 물론

4) 아직 밥이 (　　) 있어요. 배 고프면 드세요.
　① 조금씩　　　② 조금　　　③ 조금밖에　　　④ 조금도

5) 사장님을 기다리는 (　　　) 이 서류를 보십시오.
　① 시간　　　② 순간　　　③ 동안　　　④ 과정

2. 다음 보기에서 알맞은 단어를 골라 (　　　)안에 써 넣으십시오. (选择适当的词并填空)

> <보기>
> ⓐ 비다 ⓑ 안내하다 ⓒ 지각하다 ⓓ 구하다 ⓔ 주문하다
> ⓕ 취소하다 ⓖ 매진되다 ⓗ 예약하다

1) 좋은 여자 친구를 (　　　　) 수 있으면 좋겠어요.

2) 어제 오후에 친구와 영화 보려고 하다가 표가 (　　　　) 공원에 갔어요.

3) 요즘은 배낭여행을 가는 사람이 많아서 (　　　　) 좌석이 없습니다.

4) 손님, (　　　) 해 주시겠습니까? 저희 식당에서 제일 잘 하는 요리는 불고기입니다.

5) 여행할 때 고생히지 않으려면 미리 호텔을 (　　　)야 해요.

6) 저희 고향에 놀러 오면 제가 (　　　　) 드리겠습니다.

7) 갑자기 급한 일이 생겨서 약속을 (　　　)어요.

8) 오늘 아침에도 늦게 일어나서 수업시간에 (　　　　)어요.

3. 보기와 같이 쓰십시오. （仿造例句连接句子）

> **＜보기＞**
> 책을 빌리다 / 학생증이 필요하다 ⇒ 책을 빌릴 때 학생증이 필요해요.

1) 시간이 있다 / 영화를 보다
   ⇒＿＿＿＿＿＿＿＿＿＿＿＿＿＿＿＿＿＿＿＿＿＿＿

2) 어머니가 보고 싶다 / 전화를 하다
   ⇒＿＿＿＿＿＿＿＿＿＿＿＿＿＿＿＿＿＿＿＿＿＿＿

3) 일이 바쁘다 / 택시를 타다
   ⇒＿＿＿＿＿＿＿＿＿＿＿＿＿＿＿＿＿＿＿＿＿＿＿

4) 방학을 하다 / 아르바이트를 하다
   ⇒＿＿＿＿＿＿＿＿＿＿＿＿＿＿＿＿＿＿＿＿＿＿＿

5) 감기에 걸리다 / 집에서 쉬다
   ⇒＿＿＿＿＿＿＿＿＿＿＿＿＿＿＿＿＿＿＿＿＿＿＿

4. 다음 질문에 답하십시오. （完成对话）

1) 가: 심심할 때 뭘 해요?
   나:＿＿＿＿＿＿＿＿＿＿＿＿＿＿＿＿＿＿＿＿＿＿＿

2) 가: 신년 모임 때 뭘 입을 거예요?
   나:＿＿＿＿＿＿＿＿＿＿＿＿＿＿＿＿＿＿＿＿＿＿＿

3) 가: 방학 때 어디에 여행 갈 거예요?
   나:＿＿＿＿＿＿＿＿＿＿＿＿＿＿＿＿＿＿＿＿＿＿＿

4) 가: 피곤할 때 어떻게 해요?
   나:＿＿＿＿＿＿＿＿＿＿＿＿＿＿＿＿＿＿＿＿＿＿＿

5)가: 제일 친한 친구 생일 때 무엇을 선물했어요?
　　나:_____

5. 보기처럼 문장을 연결하십시오. （仿造例句完成下列句子）

> ＜보기＞
> 배가 고프다 / 식사를 하다 ⇒ 배가 고프니까 식사를 합시다.

1) 시험이 있다 / 공부를 하다
　⇒_____

2) 오늘 피곤하다 / 잘 쉬다
　⇒_____

3) 날씨가 좋다 / 사진을 찍다
　⇒_____

4) 사람이 많다 / 다른 식당으로 가다
　⇒_____

5) 지금은 바쁘다 / 다시 전화하다
　⇒_____

6. 다음 문장을 완성하십시오. （完成下列句子）

1) 그 노래가 유명하니까_____

2) 겨울에 날씨가 추우니까_____

3) 이 음식이 맛있으니까_____

4) 일요일에는 학교에 안 가니까_____

5) 저는 아직도 학생이니까_____

7. 맞는 문장에 모두 O표를 하십시오. （判断对错）

1) 눈이 오니까 택시를 탑시다. （　　）
　 눈이 와서 택시를 탑시다. （　　）

2) 우유가 상했으니까 버리세요. （　　）
　 우유가 상해서 버리세요. （　　）

3) 대학교에 가고 싶으니까 열심히 공부합시다. （　　）
　 대학교에 가고 싶어서 열심히 공부합시다. （　　）

4) 친구가 안 오니까 전화를 했어요. （　　）
　 친구가 안 와서 전화를 했어요. （　　）

5) 책을 사고 싶으니까 서점에 갔어요. （　　）
　 책을 사고 싶어서 서점에 갔어요. （　　）

8. 보기와 같이 쓰십시오. (按要求回答问题)

> <보기>
> 가: 영어를 가르칠 수 있습니까?
> 나: 예, 영어를 가르칠 수 있습니다.
> 　 아니요, 영어를 가르칠 수 없습니다.

1) 가: 불고기를 만들 수 있습니까?
   나: 예, _____
   　 아니요,_____

2) 가: 아리랑을 부를 수 있습니까?
   나: 예, _____
   　 아니요,_____

3) 가: 차를 운전할 수 있습니까?
   나: 예, _____
   　 아니요,_____

4) 가: 새벽에 일어날 수 있습니까?
   나: 예, _____
   　 아니요,_____

5) 가: 바다에서 수영을 할 수 있습니까?
   나: 예, _____
   　 아니요,_____

9. 다음 문장을 완성하세요. (完成句子)

1) 저는 일요일밖에_____

2) 그는 언니밖에_____

3) 교실에는 한 사람밖에_____

4) 이 번 기회밖에_____

5) 내가 아는 사람은_____

10. 보기와 같이 "V-거나"와 "N-이나"를 이용해서 문장을 만드십시오.
    (用 "-거나" 或 "-이나" 连接句子)

> <보기>
> 영화를 보다 / 비디오를 보다
> ⇒ ㄱ. 영화를 보거나 비디오를 봅니다.
> ⇒ ㄴ. 영화나 비디오를 봅니다.

1) 자장면을 먹다 / 짬뽕을 먹다
⇒ ㄱ. _____
⇒ ㄴ. _____

2) 기차역에서 만나다 / 버스 정류장에서 만나다
⇒ ㄱ. _____
⇒ ㄴ. _____

3) 선풍기를 켜다 / 에어컨을 켜다
⇒ ㄱ. _____
⇒ ㄴ. _____

4) 스키를 타다 / 스케이트를 타다
⇒ ㄱ. _____
⇒ ㄴ. _____

5) 만두를 만들다 / 김치전을 만들다
⇒ ㄱ. _____
⇒ ㄴ. _____

11. "V-거나"를 이용해 다음 질문에 답하십시오. (用 "-거나" 回答问题)

1) 가: 오전에 무엇을 할까요?
나: _____

2) 가: 돈이 많지 않은데 무엇을 먹을래요?
나: _____

3) 가: 시간이 많을 때 무엇을 배우려고 해요?
나: _____

4) 가: 생일에 누구를 초대할 거예요?
나: _____

5) 가: 손님이 오시는데 무엇을 만들면 좋겠어요?
나: _____

12. 다음을 한국어로 번역하십시오. (将下列句子译成韩文)

1) 因为星期天的火车票卖光了，我只好买星期一的。

_____

2) 每当我想家的时候，就打电话给父母。

_____

3) 我想预订北京到仁川的飞机票。

_____

4) 他只知道玩电脑游戏，不知道学习。

_____

5) 有时间的时候，要么运动，要么去见朋友。

_____

13. 다음을 중국어로 번역하십시오. (将下列句子译成中文)

1) 사람은 누구나 심심할 때가 있습니다. 나도 심심할 때는 소설책을 보거나 등산을 가거나 합니다.

_____

2) 공부를 할 수 있을 때 열심히 해야 한다.

_____

3) 요즘 계속 비가 오니까 기분이 울적해서 공부하기 싫어요.

_____

4) 내가 아는 사람은 철수 씨밖에 없으니까 철수 씨를 찾아올 수 밖에 없었어요.

_____

5) 내가 고등학생이었던 그때 그 노래를 모르는 사람이 없었습니다.

_____

提高练习

1. 보기에서 알맞은 것을 골라 활용하여 빈칸에 써 넣으십시오.
   (选择适当的语法活用并填空)

> **＜보기＞**
> ⓐ 밖에 못 하다 ⓑ 거나 ⓒ 밖에 모른다 ⓓ 수 있다
> ⓔ 으니까 ⓖ 수 없다 ⓗ 을 때

1) 밥 먹(　　　　　　　) 못 봤어요. 어디 간 것 같아요.

2) 아직 시간이 많(　　　　　　　) 밥을 먹은 후에 합시다.

3) 오늘은 지각할 (　　　　　　　) 니까 저를 기다리지 말고 먼저 가십시오.

4) 시간이 없으니까 지하철을 타고 갈(　　　　　　　).

5) 그 일은 이것 (　　　　　　　).

6) 지금은 간단한 한국어 (　　　　　　　).

7) 주말에는 영화를 보(　　　　　　　) 운동을 하면서 보내요.

15

2. 다음에서 밑줄 친 것과 <u>의미가</u> 같은 것을 고르십시오. (选择与画线处意思相同的)

　1) 저는 아직 한국말을 잘 못해서 <u>한국신문을 읽을 수 없습니다.</u>
　　① 한국신문을 읽을 시간이 없습니다.　　② 한국신문을 읽을 수 있는 실력이 없다.
　　③ 한국신문을 읽고 싶지 않습니다.　　④ 한국신문을 읽지 않으려고 합니다.

　2) 그 모임에 가 보니 아는 사람이 <u>수미 씨밖에 없었습니다.</u>
　　① 수미 씨만 왔습니다.　　　　　　② 수미 씨만 압니다.
　　③ 수미 씨도 있었습니다.　　　　　④ 수미 씨도 아는 사람이 없었습니다.

　3) 시간이 맞지 않으면 <u>약속시간을 변경할 수 있습니다.</u>
　　① 약속을 취소할 수 있습니다.　　　② 약속을 지키지 않아도 됩니다.
　　③ 다른 시간에 만날 수 있습니다.　④ 약속을 많이 하지 않으려고 합니다.

　4) 학교에는 <u>걸어 가거나 자전거를 타고 갑니다.</u>
　　① 걸어가다가 자전거를 탑니다.　　② 걸어가지 않고 자전거를 탑니다.
　　③ 걸을 때도 있고 자전거를 탈 때도 있습니다.　④ 걸어가지 않으려고 자전거를 탑니다.

　5) 그 사람은 <u>자기밖에 모릅니다.</u>
　　① 자기만 모릅니다.　　　　　　　② 자기 혼자 압니다.
　　③ 자기를 압니다.　　　　　　　　④ 자기 일만 관심합니다.

3. 자신의 상황에 비추어 물음에 답하십시오. (根据自己的情况回答问题)

　1) 학교에 갈 때 무엇을 타고 가요?
　　＿＿＿＿＿＿＿＿＿＿＿＿＿＿＿＿＿＿＿＿＿＿＿＿＿＿＿＿＿＿＿＿＿

　2) 한국말로 편지를 쓸 수 있어요? 편지를 쓸 수 있다면 누구에게 편지를 쓰겠어요?
　　＿＿＿＿＿＿＿＿＿＿＿＿＿＿＿＿＿＿＿＿＿＿＿＿＿＿＿＿＿＿＿＿＿

　3) 여자 친구(남자 친구)가 있습니까? 언제 만났습니까?
　　＿＿＿＿＿＿＿＿＿＿＿＿＿＿＿＿＿＿＿＿＿＿＿＿＿＿＿＿＿＿＿＿＿

　4) 기분이 나쁠 때 어떻게 합니까?
　　＿＿＿＿＿＿＿＿＿＿＿＿＿＿＿＿＿＿＿＿＿＿＿＿＿＿＿＿＿＿＿＿＿

　5) 기차표나 배표를 예약해 본 적이 있습니까? 어떠했습니까?
　　＿＿＿＿＿＿＿＿＿＿＿＿＿＿＿＿＿＿＿＿＿＿＿＿＿＿＿＿＿＿＿＿＿

4. 다음 글을 읽고 물음에 답하십시오. (阅读并回答问题)

> 집과 같이 편안한 호텔을 찾으십니까? 그럼 한국호텔로 오십시오. 크고 편안한 방과 값 싸고 맛있는 여러 가지 음식을 드실 수 있습니다. 침대방이나 온돌방에서 쉬시고, 맛있는 음식을 드시면 여행이 더욱 즐거워 질 것입니다. 한국에 오셨으니까 한국음식도 한 번 드셔 보시고, 일본음식이나 중국음식, 서양음식도 있으니까 드시고 싶은 것을 쉽게 찾을 수 있을 것입니다.

1) 위의 글의 내용과 <u>맞지 않는</u> 것은?

   ① 한국호텔은 방은 작아도 비싸다
   ② 한국호텔 방이 크고 값도 싸다
   ③ 한국호텔에서 식사도 할 수 있다.
   ④ 한국호텔에는 침대방도 있고 온돌방도 있다

2) 한국에 갔을 때 먹어 보면 <u>좋은</u> 것은?
   ① 중국요리   ② 일본요리   ③ 서양요리   ④ 한국요리

5. 다음 대화를 모방하여 대화를 만들어 보십시오. （模仿下面的范文练习会话）

> 남자: 고려호텔이죠? 방을 예약하고 싶습니다.
> 여자: 언제 오실 겁니까?
> 남자: 12 월 23 일부터 3 박 4 일 동안 묵을 거예요.
> 여자: 온돌방으로 하시겠습니까? 침대방으로 하시겠습니까?
> 남자: 저는 침대방을 써야 합니다.
> 여자: 네, 알겠습니다. 관광 안내원이 필요합니까?
> 남자: 아니요, 셔틀버스만 있으면 됩니다.
> 여자: 셔틀버스는 매 시간 운행되고 있습니다.
> 남자: 잘 알겠습니다.

_____

_____

_____

_____

_____

_____

_____

_____

_____

_____

_____

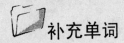 **补充单词**

필요하다 (他) 必要, 需要	분명하다 (形) 分明, 清楚
순간 (名) 瞬间	고생하다 (自) 辛苦, 受苦
호텔 (名) 宾馆	신년 (名) 新年
모임 (名) 聚会	고프다 (形) 饿
상하다 (自) 变质, 受伤	아리랑 (名) 阿里朗
운전하다 (他) 驾驶	새벽 (名) 凌晨
기회 (名) 机会	자장면 (名) 炸酱面
짬뽕 (名) 海物辣面	선풍기 (名) 电风扇
에어컨 (名) 空调	스키 (名) 滑雪
스케이트 (名) 滑冰	만두 (名) 饺子
김치전 (名) 泡菜饼	여유 (名) 余地, 富余
울적하다 (形) 忧郁, 郁闷	변경하다 (他) 变更
취소하다 (他) 取消	지키다 (他) 遵守
자전거 (名) 自行车	관심하다 (他) 关心, 关注
편안하다 (形) 舒适, 舒坦	온돌방 (名) 地热房间
묵다 (他) 住	셔틀버스 (名) 循环公汽

제 3 과 장래계획 (将来计划)

语法要点

> N-가/이 되다
> A-이/아/여 지다
> A/V-(으) 면 좋겠다
> V-(으)ㄹ까 (생각하다)
> N -처럼
> N -같이

 巩固练习

1. 다음 빈칸에 알맞은 단어를 넣으십시오. （选词填空）

 1) 한글은 (   ) 글자입니다. 세종대왕과 학자들이 만들었습니다.
 　① 활동적인   ② 적극적인   ③ 창조적인   ④ 발전적인

 2) 그 사람이 한 것이 (   ).
 　① 확정합니다   ② 확실합니다   ③ 확고합니다   ④ 확인합니다

 3) 오늘은 늦었으니 그 일은 (   ) 다시 이야기 합시다.
 　① 마지막에   ② 처음에   ③ 나중에   ④ 끝에

 4) 그 책을 사려고 (   ) 다녔습니다. 그렇지만 사지 못했습니다.
 　① 이리저리   ② 이쪽저쪽   ③ 이것저것   ④ 여기저기

 5) 그 소식이 (   )입니까? 정말 기쁩니다.
 　① 처음   ② 진실   ③ 진짜   ④ 진정

2. 다음 보기에서 알맞은 단어를 골라 (   )안에 써 넣으십시오. （选择适当的词并填空）

> <보기>
> ⓐ 뚱뚱하다 ⓑ 좁다 ⓒ 마르다 ⓓ 넓다 ⓔ 훌륭하다
> ⓕ 착하다 ⓖ 답답하다 ⓗ 평범하다

 1) 역사상에는 (   ) 사람들이 많았습니다. 그들은 우리가 배워야 하는 사람들입니다.

19

2) (   ) 사람입니다. 그렇지만 마음이 착합니다.

3) 마음이 (   ) 공원에 산책하러 갔습니다.

4) 저녁에 빨래한 옷이 다 (   ).

5) 그 대학은 크고 (   ). 그리고 아름답습니다.

6) 그의 여자 친구는 천사처럼 (   ).

7) 겨울에는 옷을 많이 입어서 (   ) 보입니다.

8) (   ) 길로 가지 말고 넓은 길로 갑시다.

3. 다음 질문을 읽고 물음에 답하십시오. (回答下面的问题)

1) 가: 어떤 사람이 되고 싶습니까?
   나: _____

2) 가: 어떤 학생이 되고 싶습니까?
   나: _____

3) 가: 어떤 아들(딸)이 되고 싶습니까?
   나: _____

4) 가: 어떤 중국사람이 되고 싶습니까?
   나: _____

5) 가: 졸업 후에 무슨 일을 하는 사람이 되고 싶습니까?
   나: _____

4. "너무, 조금", "A-아/어/여 지다"를 이용해서 문장을 만드십시오.
   (用 "너무, 조금", "-아/어/여 지다" 完成句子)

뚱뚱하다	⇒ ←	날씬하다	①_____ ②_____
덥다	⇒ ←	춥다	①_____ ②_____
많다	⇒ ←	적다	①_____ ②_____

| 짧다 | ⇒ ← | 길다 | ①_____
②_____ |

| 작다 | ⇒ ← | 크다 | ①_____
②_____ |

5. 다음 문장을 완성하십시오. （仿造例句完成句子）

> <보기>
> 운동을 하니까 <u>건강해 집니다</u>.

1) 12 시가 되니까_____

2) 음악을 들으니까_____

3) 청소를 하지 않으니까_____

4) 담배를 피우지 않으니까_____

5) 미선 씨는 연애를 하니까_____

6) 비가 오니까 기분이_____

7) 날씨가 추우니까_____

8) 밖이 어두우니까_____

9) 일이 많으니까 머리가_____

10) 한국어를 열심히 배우니까_____

6. "V 았/었/였으면 좋겠다" 로 문장을 만드십시오. （用 "V 았/었/였으면 좋겠다" 完成句子）

1) 세계 여행을 가다
   ⇒_____

2) 결혼을 하다
   ⇒_____

3) 차를 운전하다
   ⇒_____

4) 의사가 되다
   ⇒_____

5) 한국어를 잘 하다

　　⇒＿＿＿＿＿＿＿＿＿＿＿＿＿＿＿＿＿＿＿＿＿＿＿＿＿

7. 보기와 같이 대화를 만드십시오. （完成对话）

> <보기>
> 가: 수업이 끝난 후에 무엇을 하겠습니까?
> 나: 수업이 끝난 후에 <u>친구와 테니스를 칠까 생각합니다</u>.

1) 가: 이 번 주말에 어디에 가겠습니까?
　　나:＿＿＿＿＿＿＿＿＿＿＿＿＿＿＿＿＿＿＿＿＿＿＿＿

2) 가: 졸업 후에 어디에 취직하겠습니까?
　　나:＿＿＿＿＿＿＿＿＿＿＿＿＿＿＿＿＿＿＿＿＿＿＿＿

3) 가: 방학이 되면 어디로 여행가려고 합니까?
　　나:＿＿＿＿＿＿＿＿＿＿＿＿＿＿＿＿＿＿＿＿＿＿＿＿

4) 가: 오늘은 무슨 영화를 보겠습니까?
　　나:＿＿＿＿＿＿＿＿＿＿＿＿＿＿＿＿＿＿＿＿＿＿＿＿

5) 가: 손님, 무슨 색 옷을 사시겠습니까?
　　나:＿＿＿＿＿＿＿＿＿＿＿＿＿＿＿＿＿＿＿＿＿＿＿＿

8. "N처럼, N같이" 형식으로 문장을 만드세요. （用 "N처럼, N같이" 的形式连成句子）

> <보기>
> 빠르다/원숭이/아이
> ⇒ 아이는 원숭이처럼 빨라요.
> ⇒ 아이는 원숭이 같이 빨라요.

1) 학교 / 일요일 / 비다
　　⇒＿＿＿＿＿＿＿＿＿＿＿＿＿＿＿＿＿＿＿＿＿＿＿＿
　　⇒＿＿＿＿＿＿＿＿＿＿＿＿＿＿＿＿＿＿＿＿＿＿＿＿

2) 내 친구 / 시계 / 정확하다
　　⇒＿＿＿＿＿＿＿＿＿＿＿＿＿＿＿＿＿＿＿＿＿＿＿＿
　　⇒＿＿＿＿＿＿＿＿＿＿＿＿＿＿＿＿＿＿＿＿＿＿＿＿

3) 부모님의 사랑 / 하늘 / 넓고 크다
　　⇒＿＿＿＿＿＿＿＿＿＿＿＿＿＿＿＿＿＿＿＿＿＿＿＿
　　⇒＿＿＿＿＿＿＿＿＿＿＿＿＿＿＿＿＿＿＿＿＿＿＿＿

4) 미국사람들 / 물 / 커피를 마시다
⇒_____
⇒_____

5) 오늘 / 금요일 / 느껴지다
⇒_____
⇒_____

9. 다음을 한국어로 번역하십시오. （将下列句子译成韩文）

1) 我要是成了富翁就好了，可以帮助穷人。
_____

2) 进入 12 月，天气渐渐冷起来了，很多人得了感冒。
_____

3) 快到男朋友的生日了，我想是否买条领带送给他。
_____

4) 他的心像蓝天一样宽广，像大海一样深厚。
_____

5) 长大以后她成了有名的歌手。
_____

10. 다음을 중국어로 번역하십시오. （请将下列句子译成中文）

1) 오늘 그한테서 좋은 소식이 왔으면 좋겠습니다.
_____

2) 서로 사랑하는 사람들이 행복하게 살았으면 좋겠습니다.
_____

3) 이 번 겨울방학에는 해남도로 여행을 갈까 생각 중입니다.
_____

4) 하늘을 나는 새처럼 자유롭게 살았으면 좋겠습니다.
_____

5) 졸업한 후 통역사가 되려고 지금 열심히 한국어를 배우고 있습니다.
_____

提高练习

1. 보기에서 알맞은 것을 골라 빈칸에 써 넣으십시오. (选择适当的填空)

> <보기>
> ⓐ 할까 생각하고　ⓑ 으면 좋겠어요　ⓒ 아 지고　ⓓ 처럼　ⓔ 가 되면

1) 저도 이후에 어머니 (　　　　　　) 자식을 잘 보살펴 주겠어요.

2) 한국어를 배우는 사람들이 점점 많(　　　　　) 있어요.

3) 저도 이 번 방학에 유럽에 여행갔(　　　　　).

4) 그에게 전화를 (　　　　　　) 있는데 전화가 왔어요.

5) 세상에는 부모님 (　　　　　　) 훌륭한 사람이 많아요.

2. 다음에서 밑 줄 친것과 의미가 같은 것을 고르십시오. (选择与画线处意思相同的)

1) 친구와 같이 저녁을 먹을까 생각하고 있었어요.
　① 저녁을 먹었을 것입니다　　　　② 저녁을 먹으려고 했습니다
　③ 저녁에 밥을 먹으면 좋겠습니다　④ 저녁에 먹지 않으려고 했습니다

2) 동생이 점점 훌륭해 지고 있습니다.
　① 좋아 지고 있습니다　　　　② 건강해 지고 있습니다
　③ 커지고 있습니다　　　　　　④ 착해지고 있습니다

3) 그는 남자 친구처럼 나를 보살펴 줍니다.
　① 남자 친구입니다　　　　　　② 남자 친구 같습니다
　③ 남자 친구가 됩니다　　　　　④ 남자 친구를 사귀려고 합니다

4) 저는 지금 한국어를 잘 했으면 좋겠습니다.
　① 한국어를 잘하고 있습니다　　② 한국어를 잘하려고 합니다
　③ 한국어를 잘 하고 싶습니다　　④ 한국어를 잘해야 됩니다

5) 그 사람은 친구 같이 편합니다.
　① 친구이니까 편합니다　　　　② 친구처럼 편합니다
　③ 친구이면 편합니다　　　　　④ 친구는 편합니다

3. 자신의 상황에 비추어 물음에 답하십시오. (根据自己的情况回答问题)

1) 이 번 주말에 무엇을 할까 합니까?

_____

2) 이 번 생일에 무슨 선물을 받았으면 좋겠습니까?

_____

3) 이후에 누구처럼 되고 싶습니까?

_____

4) 한국어 실력이 점점 좋아지고 있습니까?

_____

5) 이후에 사장이 되면 어떻게 하겠습니까?

_____

4. 다음 글을 읽고 물음에 답하십시오. （阅读并回答问题）

> 인생은 등산이나 항해와 비교할 수 있습니다. 등산이나 항해는 모두 목적지가 뚜렷해야 합니다. 인생을 사는 것은 자전거를 타는 것과도 비슷합니다. 자전거는 앞으로 나아갈 때만 균형을 얻습니다. 마찬가지로 인생도 목표를 향해 나아갈 때만 방향감과 안정감이 있습니다. 또한 인생 설계는 집을 짓는 건축과도 비슷합니다. 지혜로운 건축가는 먼 미래를 바라보고 설계를 합니다. 반면에 어리석은 건축가는 먼 장래를 바라보지 않고 생각 없이 집을 짓습니다. 집이 크고 아름다우려면 설계도가 정확하고 자세해야 합니다. 우리의 중요한 인생 설계도도 이와 같이 정확하고 자세하지 않으면 안됩니다.

1) 인생과 자전거 타기는 어떤 면에서 비슷합니까?

_____

2) 집을 짓는 것처럼 인생을 설계하려면 어떻게 해야 할까요?

_____

3) 여러분은 어떤 인생을 설계하고 싶습니까?

_____

5. 다음 대화를 모방하여 대화를 만들어 보십시오. （模仿下面的范文练习会话）

> 여자: 졸업 후에 고향으로 돌아갈 거예요?
> 남자: 아니요, 졸업 후에 북경에 남아서 일을 하고 싶어요.
> 여자: 어디에서 일했으면 좋겠어요?
> 남자: 한국회사에서 일할까 생각하고 있어요.
> 여자: 좋은 생각이에요. 한국어를 배웠으니까 한국회사에서 일하는 게 제일 좋겠어요.
> 남자: 저도 그렇게 생각해요. 그 일이 제 적성에 맞을 것 같아요.
> 여자: 그래요, 열심히 노력하세요.
> 남자: 네, 고마워요.

_____

_____

_____

_____

_____

_____

_____

_____

_____

_____

 补充单词

창조 （名）创造	확정하다 （他）确定
확인하다 （他）确认	진정 （名）真正
천사 （名）天使	산책 （名）散步
넓다 （形）宽, 宽广	정확하다 （形）准确, 正确
하늘 （名）天, 天空	느끼다 （他）感觉, 感受
훌륭하다 （形）优秀, 出众	항해 （名）航海
목적지 （名）目的地	뚜렷하다 （形）明显, 显著
균형 （名）均衡	방향감 （名）方向感
안정감 （名）稳定感	설계 （名）设计
지혜롭다 （形）聪慧	건축가 （名）建筑师
바라보다 （他）遥望, 眺望, 观望	어리석다 （形）愚蠢, 愚笨
장래 （名）将来	설계도 （名）设计图
자세하다 （形）仔细	우울하다 （形）忧郁, 郁闷

제 4 과 설날 (春节)

语法要点

> V-(으)면서
> N-을/를 위해서
> V -기 위해서
> A/V-아/어야(만)
> N-때문에
> A/V -때문에
> N-에서/중에서

巩固练习

1. 다음 빈칸에 알맞은 단어를 넣으십시오. (选词填空)

1) 명절이 되면 가족들이 (　　　　　) 집에 모입니다.
　① 아직　　　　　② 아무도　　　　　③ 모두　　　　　④ 언젠가

2) 제주도는 한국에서 (　　　　　) 큰 섬입니다.
　① 최우수　　　　② 최대한　　　　③ 처음으로　　　　④ 제일

3) (　　　　　) 제가 말 한 것 잊지 마십시오.
　① 아무도　　　　② 아무나　　　　③ 아까　　　　④ 아직도

4) 기분이 우울할 때는 (　　　　) 할 수 있는 것이 필요합니다.
　① 기분전환　　　② 기분소환　　　③ 기분변화　　　④ 기분변환

5) 크리스마스가 되었습니다. (　　　　) 나는 선생님께 카드를 보냈습니다.
　① 그래도　　　　② 그렇지만　　　③ 그런데　　　④ 그래서

2. 다음 보기에서 알맞은 것을 골라 활용하여 (　　　　　)안에 써 넣으십시오.
　(选择适当的词并填空)

> <보기>
> ⓐ 세배를 드리다 ⓑ 정신을 차리다 ⓒ 차례를 지내다 ⓓ 피로를 풀다
> ⓔ 깜빡 졸다 ⓕ 밥맛이 좋다 ⓖ 나이를 먹다

1) 새해가 되면 (　　　　　) 것이 싫습니다. 그래도 가족들이 모이면 즐겁습니다.

2) 한국사람들은 명절에 조상에게 (　　　　　　　) 떡국을 먹습니다.

3) 한국의 어린이들은 명절에 어른들께 (　　　　　　　) 덕담을 듣습니다.

4) 운동을 하니까 (　　　　　　　) 건강해 집니다.

5) 그동안 쌓인 (　　　　　　　) 기 위해 여행을 갔습니다.

6) 어제 술을 너무 많이 마셨습니다. 아침에야 (　　　　　　　)수 있었습니다.

7) 공부를 하다가 (　　　　　　　)기 때문에 아직 숙제를 다 하지 못했습니다.

3. 보기와 같이 상황에 맞게 대답하십시오. （仿照例句回答问题）

> <보기>
> 가: 운전을 하면서 무엇을 합니까?
> 나: <u>운전을 하면서 음악을 듣습니다.</u>

1) 가: 요리를 하면서 무엇을 합니까?
　나:_____

2) 가: 그림을 그리면서 무엇을 합니까?
　나:_____

3) 가: 지하철을 타고 가면서 무엇을 합니까?
　나:_____

4) 가: 산책을 하면서 무엇을 합니까?
　나:_____

5) 가: 앨범을 보면서 무엇을 합니까?
　나:_____

4. 보기와 같이 "V 기 위해서"의 형식으로 쓰십시오. （用"V 기 위해서"完成句子）

> <보기>
> 한국말을 배우다 / 한국에 오다 ⇒ 한국말을 배우기 위해서 한국에 왔습니다.

1) 여행을 가다 / 돈을 모으다
　⇒_____

2) 미국으로 유학을 가다 / 영어 공부를 하다
　⇒_____

3) 옷을 싸게 사다 / 동대문시장에 가다
　⇒_____

4) 증명사진을 찍다 / 사진관에 가다
　⇒_____

5) 장학금을 받다 / 열심히 공부하다
  ⇒_____

5. 보기와 같이 "N 를/을 위해서" 의 형식으로 문장을 만드십시오.
  （用 "N 를/을 위해서" 完成句子）

<보기>
세계 평화 / 일 하다 ⇒ 세계 평화를 위해서 일 합니다.

1) 건강 / 골고루 먹다
  ⇒_____

2) 부모님 / 인삼을 사다
  ⇒_____

3) 듣기 연습 / 매일 라디오를 듣다
  ⇒_____

4) 미래 / 열심히 일하다
  ⇒_____

5) 결혼 / 돈을 벌다
  ⇒_____

6. 이런 경우에는 어떻게 해야 합니까? 보기와 같이 써 보십시오. （仿照例句完成对话）

<보기>
가: 한국어를 잘 하고 싶습니다.
나: 열심히 해야만 잘 할 수 있습니다.

1) 가: 음악회를 보고 싶습니다.
  나:_____어야(만) 들어갈 수 있습니다.

2) 가: 이 번 방학에 여행을 가고 싶습니다.
  나:_____어야(만) 여행을 갈 수 있습니다.

3) 가: 그 모임에 참석하고 싶습니다.
  나:_____어야(만) 참석할 수 있습니다.

4) 가: 저도 취미생활을 하고 싶습니다.
  나:_____어야(만) 취미생활을 할 수 있습니다.

5) 가: 컴퓨터를 사고 싶습니다.
  나:_____어야(만) 살 수 있습니다.

29

7. 보기와 같이 문장을 만드십시오. （仿照例句完成句子）

> **〈보기〉**
> 아기 / 못 자다 ⇒ 아기 때문에 못 잤어요.

1) 친구 / 늦다
   ⇒＿＿＿＿＿＿＿＿＿＿＿＿＿＿＿＿＿＿＿＿＿＿

2) 시험 준비 / 피곤하다
   ⇒＿＿＿＿＿＿＿＿＿＿＿＿＿＿＿＿＿＿＿＿＿＿

3) 감기 / 학교에 못 가다
   ⇒＿＿＿＿＿＿＿＿＿＿＿＿＿＿＿＿＿＿＿＿＿＿

4) 태풍 / 나무가 넘어지다
   ⇒＿＿＿＿＿＿＿＿＿＿＿＿＿＿＿＿＿＿＿＿＿＿

5) 계약 / 출장을 가다
   ⇒＿＿＿＿＿＿＿＿＿＿＿＿＿＿＿＿＿＿＿＿＿＿

8. 다음 보기와 같이 대화를 만드십시오. （完成对话）

> **〈보기〉**
> 가: 어제 왜 학교에 안 왔어요?
> 나: 감기에 걸렸기 때문에 집에서 쉬었어요.

1) 가: 왜 미영 씨가 집에 일찍 갔습니까?
   나:＿＿＿＿＿＿＿＿＿＿＿＿＿기 때문에＿＿＿＿＿＿＿＿＿＿＿

2) 가: 왜 전화를 하지 않았어요?
   나:＿＿＿＿＿＿＿＿＿＿＿＿＿기 때문에＿＿＿＿＿＿＿＿＿＿＿

3) 가: 왜 교실에 학생들이 없지요?
   나:＿＿＿＿＿＿＿＿＿＿＿＿＿기 때문에＿＿＿＿＿＿＿＿＿＿＿

4) 가: 왜 그 그림을 안 사세요?
   나:＿＿＿＿＿＿＿＿＿＿＿＿＿기 때문에＿＿＿＿＿＿＿＿＿＿＿

5) 가: 왜 이번 주에 또 집에 가세요?
   나:＿＿＿＿＿＿＿＿＿＿＿＿＿기 때문에＿＿＿＿＿＿＿＿＿＿＿

9. "N 중에서" 의 형식을 이용하여 문장을 만들어 보십시오. （用 "N 중에서" 完成句子）

1) 여러 가지 채소 / 몸에 해로운 것도 있다
   ⇒＿＿＿＿＿＿＿＿＿＿＿＿＿＿＿＿＿＿＿＿＿＿

2) 연속극 / 이 드라마가 재미있다

⇒_____

3) 사계절 / 여름을 좋아한다

   ⇒_____

4) 한국 연예인 / 장동건을 좋아한다

   ⇒_____

5) 운동 / 줄넘기가 쉽다

   ⇒_____

10. 다음을 한국어로 번역하십시오. （将下列句子译成韩文）

1) 他边打电话边记录，好像有什么重要事情。

   _____

2) 这些颜色当中你最喜欢什么颜色？

   _____

3) 为了我们的美好未来，努力学习吧！

   _____

4) 因为下周有考试，大家都忙着复习呢！

   _____

5) 现在出发才能赶得上火车。

   _____

11. 다음을 중국어로 번역하십시오. （将下列句子译成中文）

1) 많이 듣고 많이 읽고 많이 외우고 많이 사용해야만 한국어를 잘 할 수 있습니다.

   _____

2) 지금까지 만나 본 사람 중에서 어떤 사람이 제일 인상 깊어요?

   _____

3) 자신의 목표를 위해서 앞으로 나아갈 때 행복해요.

   _____

4) 그 사람은 몇 번 만나지 못했기 때문에 잘 몰라요.

   _____

5) 그는 울면서 어제 있은 일을 나에게 이야기 해 주었어요.

   _____

 提高练习

1. 보기에서 알맞은 문법항목을 골라 빈칸에 써 넣으십시오. (选择适当的语法填空)

> <보기>
> ⓐ 야만　ⓑ 를 위해서　ⓒ 면서　ⓓ 기 때문에　ⓔ 기 위해서

1) 운전하 (　　　　　　) 라디오를 들어요.

2) 당신은 사랑 받(　　　　　　) 태어난 사람입니다.

3) 눈이 많이 왔 (　　　　　　) 차가 너무 막혀요.

4) 다른 사람을 존경해 (　　　　　　) 다른 사람의 존경을 받을 수 있어요.

5) 친구(　　　　　　) 자신의 이익을 희생할 수 있는 사람이 진짜 친구예요.

2. 다음에서 밑 줄 친것과 의미가 같은 것을 고르십시오. （选择与画线处意思相同的）

1) 중국은 경제를 발전시켜야만 선진국이 될 수 있어요.
   ① 경제를 발전시켜도　　　　② 경제를 발전시키려고
   ③ 경제를 발전시킬 때만　　　④ 경제가 발전되면서

2) 그는 아르바이트를 하면서 대학을 졸업했어요.
   ① 아르바이트를 하니까　　　② 아르바이트를 했기 때문에
   ③ 아르바이트를 하기 위해서　④ 아르바이트를 하며

3) 세계의 많은 나라 중에서 어느 나라에 제일 가고 싶어요?
   ① 많은 나라 가운데　　　　② 많은 나라 과정에
   ③ 많은 나라처럼　　　　　④ 많은 나라같이

4) 요즘은 환절기이기 때문에 감기에 거리는 사람이 많아요.
   ① 환절기이면　　　　　　② 환전기로
   ③ 환절기이어서　　　　　④ 환절기는

5) 경쟁에서 이기기 위해서 최선을 다했어요.
   ① 이기려면　　　　　　　② 이기려니까
   ③ 이겨서　　　　　　　　④ 이기려고

3. 자신의 상황에 비추어 물음에 답하십시오. （根据自己的情况回答问题）

1) 지금 남자(여자) 친구를 위해서 무엇을 할 수 있어요?

   _____

2) 어떻게 해야만 한국어를 잘 배울 수 있을 것 같아요?

   _____

3) 요즘 밥맛이 어때요? 왜요?

   _____

4) 중국이나 한국의 명절 중에서 제일 좋아하는 날은 언제예요?

_____

5) 친구 중에서 한국어를 제일 잘 하는 사람이 누구예요?

_____

4. 다음 글을 읽고 물음에 답하십시오. （阅读并回答问题）

추석은 한국의 큰 명절중의 하나입니다. 추석이 되면 햇 곡식을 먹을수 있고 풍년을 넉넉하게 즐길 수 있으며 과일도 풍성하고 덥지도 춥지도 않아참 좋습니다. 식구들도 모두 고향에 모입니다. 온 식구가 차례를 지내고 성묘를 합니다. 추석은 가족들이 이야기를 할 수 있는 시간이고 아이들이 가족 전체를 상봉하며 가풍을 익히는 계기이기도 합니다. 추석은 아주 오래 전부터 조상 대대로 지켜 온 한국의 큰명절로 일 년 동안 기른 곡식을 거둬 들인 햇 곡식과 햇 과일로 조상들에게 차례를 지내고,이웃들과 서로 나눠 먹으며 즐겁게 하루를 지냅니다. 이렇게 추석은 즐겁고 신나는 명절이면서 감사를 잊지 않는 날이기도 합니다.

1) 추석에 한국사람들은 무엇을 합니까?

_____

2) 추석은 어떤 계절입니까?

_____

3) 중국에서는 추석을 어떻게 지냅니까?

_____

5. 다음 대화를 모방하여 대화를 만들어 보십시오. （模仿下面的范文练习会话）

왕단: 오늘 백화점에 사람들이 참 많았어요.
수미: 내일이 추석이기 때문에 그래요.
왕단: 네~ 보통 추석에는 무엇을 합니까?
수미: 햇 곡식과 햇 과일로 조상님께 차례를 지내지요.
왕단: 추석날 무엇을 위해서 차례를 지내요?
수미: 풍년을 감사 드리면서 조상님께 제사를 드리는 거예요.
왕단: 중국에서도 추석을 지내요. 그렇지만 한국처럼 크게 지내
　　　지는 않아요.
수미: 중국사람들은 추석에 무슨 음식을 먹어요?
왕단: 한국사람들이 송편을 먹는 것처럼 월병을 먹어요.
수미: 네, 그리고 한국사람들처럼 달구경을 하지요.

_____

_____

_____

_____

_____

_____

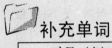 **补充单词**

떡국（名）年糕汤	앨범（名）专集,相册
모으다（他）积攒,收集	증명사진（名）证明照
사진관（名）照相馆	세계평화（名）世界和平
골고루（副）均匀地	참석（名）参加
태풍（名）台风	넘어지다（自）倒,倒塌
계약（名）契约,合同	출장（名）出差
채소（名）蔬菜	해롭다（形）有害
연속극（名）连续剧	드라마（名）电视剧
연예인（名）演艺人	줄넘기（名）跳绳
인상（名）印象	깊다（形）深,深刻
행복하다（形）幸福	존경하다（他）尊敬
이익（名）利益	희생（名）牺牲
진짜（名）真,真的	경제（名）经济
발전（名）发展	환절기（名）换季节的时期
이기다（他）赢	최선을 다하다（词组）竭尽全力
밥맛（名）胃口,食欲	추석（名）中秋节
햇 곡식（名）新的谷物	넉넉하다（形）充裕,充足
차례（名）祭祀,祭礼	성묘（名）扫墓
상봉（名）相逢,相间	가풍（名）家风,门风
익히다（他）熟悉	계기（名）契机
기르다（他）养,饲养	거두다（他）收获,收割
신나다（自）兴致勃勃,兴高采烈	송편（名）松糕
월병（名）月饼	달구경（名）赏月

제 5 과 사과하기 （道歉）

 语法要点

> N -동안
> V -는 동안
> N-마다
> V-(으) 때마다
> N-(이)나
> A/V -ㄴ데/는데/은데

巩固练习

1. 다음 빈칸에 알맞은 단어를 넣으십시오. （选词填空）

1) 그 날 (　　　　　) 일이 생겨서 약속을 취소할 수 밖에 없었습니다.
  ① 순식간에　　② 무엇때문에　　③ 갑자기　　④ 그래서

2) 요즘은 어렸을 때 일이 (　　　) 생각이 납니다.
  ① 한꺼번에　　② 자꾸　　③ 점점　　④ 얼마나

3) 너무 걱정하지 마세요. 공부를 안 한 것은 저도 (　　　)입니다.
  ① 매일마다　　② 마찬가지　　③ 매일처럼　　④ 매일같이

4) 제가 교실에 갔을 때 친구들이 (　　　) 떠났습니다.
  ① 아직　　② 아직도　　③ 벌써　　④ 드디어

5) 내일부터 바쁠 테니까 오늘 (　　　) 쉬십시오.
  ① 열심히　　② 꾸준히　　③ 조용히　　④ 충분히

2. 다음 보기에서 알맞은 단어를 골라 (　　　)안에 써 넣으십시오. （选词填空）

> <보기>
> ⓐ 그리고　ⓑ 그래서　ⓒ 그러면　ⓓ 그렇지만　ⓔ 그래도　ⓕ 그러니까　ⓖ 그렇다면

1) 버스가 안 왔습니다. (　　　　) 걸어서 왔습니다.

2) 머리가 아팠습니다. (　　　　) 약을 안 먹었습니다.

3) 시간이 없습니다. (　　　　) 다음에 또 만납시다.

4) 학생식당에서는 한식을 팝니다. (　　　) 양식과 중식도 팝니다.

5) 가: 이 가방은 값이 쌉니다.
　　나: (　　　　) 그걸 주세요.

6) 한국어는 좀 어렵습니다. (　　　　) 포기하지 않겠습니다.

7) 가: 수미 씨 지금 집에 없습니다.
　　나: (　　　) 또 전화하겠습니다.

3. "V- 는 동안"을 이용해서 문장을 만드세요. （用 "- 는 동안" 完成句子）

1) 버스를 기다리다
　　⇒_____

2) 응원을 하다
　　⇒_____

3) 치료를 받다
　　⇒_____

4) 누워서 쉬다
　　⇒_____

5) 음식을 만들다
　　⇒_____

4. 다음 질문에 답하십시오. （回答问题）

1) 가: 어제 몇 시간 동안 음악 감상을 했어요?
　　나:_____

2) 가: 며칠 동안 일기를 안 썼어요?
　　나:_____

3) 가: 몇 년 동안 그 일을 하셨어요?
　　나:_____

4) 가: 방학 동안 어떤 일을 할 거예요?
　　나:_____

5) 가: 30 분 동안 이 과제를 완성할 수 있어요?
　　나:_____

5. 보기와 같이 쓰십시오. (仿造例句完成句子)

> <보기>
> 비가 오다 / 홍수가 나다 ⇒ 비가 올 때마다 홍수가 납니다.

1) 부모님이 보고 싶다 / 전화를 하다

   ⇒_____

2) 시간이 나다 / 사진을 찍나

   ⇒_____

3) 학교에 가다 / 지하철을 타다

   ⇒_____

4) 방학을 하다 / 여행을 가다

   ⇒_____

5) 크리스마스가 되다 / 선물을 받다

   ⇒_____

6. 다음 대화를 완성하십시오. (完成对话)

1) 가: 하루에 몇 시간이나 공부합니까?

   나:_____

2) 가: 주차장에 차가 몇 대나 있습니까?

   나:_____

3) 가: 한 달에 책을 몇 권이나 읽습니까?

   나:_____

4) 가: 일주일에 용돈을 얼마나 씁니까?

   나:_____

5) 가: 한국어를 얼마 동안이나 배웠습니까?

   나:_____

7. 보기와 같이 "A/V-ㄴ데/은데/는데"로 바꾸십시오. (转换句式)

> <보기>
> 비행기는 비싸지만 빨라요. ⇒ 비행기는 비싼데 빨라요.

1) 여기는 따뜻하지만 밖은 추워요.

   ⇒_____

2) 한국어 문법은 조금 어렵지만 재미있어요.

⇒ _____

3) 언니는 뚱뚱하지만 동생은 날씬해요.

⇒ _____

4) 공부를 잘 하지만 노래는 못 해요.

⇒ _____

5) 선물을 주었지만 좋아하지 않아요.

⇒ _____

8. 다음 대화를 완성하세요. （仿造例句完成对话）

> <보기>
> 가: 우산을 안 가지고 왔는데 어떻게 하죠?
> 나: 그럼 제 우산을 가져가세요.

1) 가: 밥을 많이 먹었는데 배가 부르지 않아요.
   나: _____

2) 가: 김 선생님께 전화했는데 오시지 않았어요.
   나: _____

3) 가: 휴일인데 회사에 가요?
   나: _____

4) 가: 날씨가 추운데 외투가 없어요.
   나: _____

5) 가: 가수인데 노래를 못 해요.
   나: _____

9. 다음을 한국어로 번역하십시오. （将下列句子译成韩文）

1) 我在等你的这段时间看完了一本书。

_____

2) 每个人都很高兴的样子。

_____

3) 每当我想家的时候就给家里打电话。

_____

4) 你的钱包里有多少钱?

_____

5) 外面下着雨，有的人还在操场运动。

_____

10. 다음을 중국어로 번역하십시오. （将下列句子译成中文）

1) 날마다 운동을 해야만 건강을 지킬 수 있어요.

_____

2) 어제 해산물을 먹었는데 배탈이 났어요.

_____

3) 약속을 지켰습니다. 그래도 그 친구는 저를 믿지 않습니다.

_____

4) 어머니가 안 계실 때마다 제가 청소를 하고 집을 봅니다.

_____

5) 술을 몇 병이나 마셨어요? 정신 좀 차리세요.

_____

提高练习

1. 보기에서 알맞은 문법항목을 골라 빈칸에 써 넣으십시오 . （选择适当的语法填空）

<보기>
ⓐ 는 동안   ⓑ 때마다   ⓒ 는데   ⓓ 인데   ⓔ 얼마나

1) 눈은 오(   ) 날이 춥지는 않아요.

2) 그분은 선생님(   ) 선생님 같지 않아요.

3) 음식을 (   ) 준비했어요? 사람들이 많이 올 것 같아요.

4) 학교 앞을 지날 (   ) 고등학교 때가 생각나요.

5) 저는 대학에서 한국어를 배우(   ) 제 친구는 일본어를 배웠어요.

2. 다음에서 밑 줄 친것과 의미가 같은 것을 고르십시오. （选择与画线处意思相同的）

1) 한국에 <u>사는 동안</u> 친구를 많이 사귀었어요.
   ① 살다가   ② 살면서   ③ 사는 사이에   ④ 살았기 때문에

2) 이 인형을 <u>볼 때마다</u> 미국으로 유학 간 친구가 그리워 져요.
   ① 보면서   ② 보니까   ③ 보기 때문에   ④ 보기만 하면

39

3) 장미꽃을 <u>백송이나</u> 샀어요.
　① 백송이까지　　② 백송이만　　③ 백송이도 넘게　　④ 백송이를

4) <u>공부를 안 하는데</u> 시험을 잘 봐요.
　① 공부를 안 하면　② 공부를 안 해도　③ 공부를 안 하려고　④ 공부를 안 하기 위해

5) 그 친구를 <u>20년 동안</u> 못 만났어요.
　① 20년에　　　② 20년까지　　　③ 20년이나　　　④ 20년 후에

3. 자신의 상황에 비추어 물음에 답하십시오. （根据自己的情况回答问题）

1) 한국사람을 만나는 동안 제일 잊을 수 없는 일은 무엇이었어요?
　_____

2) 고민이 있을 때마다 어떻게 해요?
　_____

3) 열심히 공부하는데 성적이 안 좋을 때가 있어요?
　_____

4) 약속시간에 늦었는데 친구가 화를 내지 않은 적이 있어요?
　_____

5) 친구와 오해가 있을 때 어떻게 풀어요?
　_____

4. 다음 글을 읽고 물음에 답하십시오. （阅读并回答问题）

> 며칠 전에, 새로 산 옷을 입고 여자 친구하고 같이 음악회에 갔습니다. 집에 오는 길에 갑자기 비가 와서 옷이 다 젖었습니다. 그래서 세탁기에 넣고 빨았는데 친구의 옷이 줄어 들었습니다. 그 옷은 물에 넣고 빨면 안 되는 옷인데 실수로 물에 넣어서 옷이 줄어든 것입니다. 친구가 아끼는 옷이기 때문에 화를 냈습니다. 나는 친구한테 사과했습니다. 친구도 저에게 사과했습니다.

1) 옷은 왜 젖었습니까?
　_____

2) 친구는 왜 화를 냈습니까?
　_____

3) 두 사람은 왜 사과했습니까?
　_____

4) 누구한테 사과 해 본 적이 있습니까? 무슨 일로 사과했습니까?
　_____

5. 다음 대화를 모방하여 대화를 만들어 보십시오. （模仿下面的范文练习会话）

> 여자: 오래 기다리게 해서 미안해요. 화 났어요?
> 남자: 이럴 수가 있어요?　40 분이나 늦었잖아요.
> 여자: 마침 빈 택시가 와서 그걸 탔는데 차가 너무 막혀서 늦었어요.
> 남자: 지하철을 탔으면 일찍 올 수 있지 않아요?
> 여자: 미안해요.
> 남자: 그렇게 말만 하면 돼요?
> 여자: 그럼 준석 씨는 약속시간에 늦은 적 없어요?
> 남자: 나도 그때는 방법이 없었지요.
> 여자: 저도 마찬가지예요.

_____

_____

_____

_____

_____

_____

_____

 补充单词

순식간 （名）瞬间	한꺼번 （副）一下子
충분히 （副）充分地	포기하다 （他）抛弃,放弃
응원 （名）助威	감상 （名）欣赏
과제 （名）课题, 任务	홍수 （名）洪水, 大水
주차장 （名）停车场	용돈 （名）零花钱
뚱뚱하다 （形）胖	날씬하다 （形）苗条
부르다 （形）饱	외투 （名）外套, 大衣
가수 （名）歌手	해산물 （名）海物, 海产品
배탈 （名）拉肚子	고민 （名）苦闷, 烦恼
젖다 （形）湿	세탁기 （名）洗衣机
빨다 （他）洗	줄다 （形）缩水
실수 （名）失误, 失手	마침 （副）恰巧, 刚好
비다 （形）空	마찬가지 （副）同样, 一样

제6과 만리장성 구경 (游览万里长城)

语法要点

> A/V-네요
> N-로/으로
> A/V-겠
> V-ㄴ지/은지
> V-기(가) 쉽다/어렵다/좋다/싫다

 巩固练习

1. 다음 빈칸에 알맞은 단어를 넣으십시오.　(选词填空)

1) 할아버지께서는 나를 (　　) 사랑하셨어요.
　① 얼마나　　　② 언제든지　　　③ 무척　　　　④ 아무도

2) 저기서 말씀하고 계시는 분이 (　　) 저의 아버님이십니다.
　① 금방　　　　② 방금　　　　③ 지금　　　　④ 바로

3) 저는 봄보다는 가을을 (　　) 더 좋아해요.
　① 매우　　　　② 아주　　　　③ 몹시　　　　④ 훨씬

4) 그곳은 이번 홍수로 (　　) 손실을 입었어요.
　① 최대　　　　② 제일　　　　③ 엄청난　　　　④ 놀랍게

5) 9월이 되니 날씨가 아침 저녁으로 (　　) 졌어요.
　① 살살해　　　② 팔팔해　　　③ 펄펄해　　　④ 쌀쌀해

2. 다음 보기에서 알맞은 단어를 골라 활용하여 (　　　)안에 써 넣으십시오.
　(选择适当的词并填空)

> <보기>
> ⓐ 굉장하다　ⓑ 자랑거리　ⓒ 서두르다　ⓓ 불가사의　ⓔ 부드럽다

1) 이 집트의 피라미드는 세계 (　　　) 중의 하나입니다.

2) 그는 너무 똑똑해서 언제나 부모님의 (   )였어요.

3) 중국은 개혁개방 이후 (   ) 발전하였습니다.

4) 그녀는 성격이 (   ) 화를 내지 않습니다.

5) 아침에 너무 (   ) 집을 나왔기 때문에 교과서를 가지고 오지 않았어요.

3. "A/V-아요" 체를 "A/V-네요" 체로 고치십시오. （把 "-아요" 体改成 "-네요" 体）

　　1) 이제는 나뭇잎이 떨어져요.

　　　⇒_____

　　2) 지금 떠나면 9시에 도착하지 못하겠어요.

　　　⇒_____

　　3) 그 친구는 한국말 실력이 대단해요.

　　　⇒_____

　　4) 겨울에는 눈이 많이 와요.

　　　⇒_____

　　5) 등산하러 오는 사람이 많아요.

　　　⇒_____

4. 다음 질문에 대답해 보십시오. （回答下面的问题）

　　1) 가: 대련에서 북경까지 어떤 교통수단으로 가면 제일 좋습니까?
　　　　나:_____

　　2) 가: 숙제는 손으로 써도 됩니까?
　　　　나:_____

　　3) 가: 불고기를 먹을 때 상추는 어떻게 먹습니까?
　　　　나:_____

　　4) 가: 집에서 학교까지 지하철로 얼마나 걸립니까?
　　　　나:_____

　　5) 가: 무슨 목적으로 그런 행동을 했습니까?
　　　　나:_____

5. "A/V-ㄹ거예요" 를 "A/V-겠" 으로 바꿔 보십시오. （把 "A/V-ㄹ 거예요" 转换成 "A/V-겠"）

　　1) 내일은 아마 비가 올 거예요.

⇒ _____

2) 그 나라가 더 아름다울 거예요.
　⇒ _____

3) 어제 일을 많이 해서 피곤할 거예요.
　⇒ _____

4) 이 길은 많이 복잡할 거예요.
　⇒ _____

5) 이 꽃보다 저 꽃을 더 좋아할 거예요.
　⇒ _____

6. 보기와 같이 고쳐보십시오. （仿照例句改写句子）

> <보기>
> 10년 전에 고등학교를 졸업했어요. ⇒ 고등학교를 졸업한 지 10년이 되었어요.

1) 3개월 전에 그 영화를 보았어요.
　⇒ _____

2) 5년 전에 결혼을 했어요.
　⇒ _____

3) 1년 전에 한국에 왔어요.
　⇒ _____

4) 두세 시간 전에 시험이 끝났어요.
　⇒ _____

5) 사흘 전에 그 노래를 배웠어요.
　⇒ _____

7. 자신의 상황에 비추어 대답해 보십시오. （根据自己的情况回答问题）

1) 가: 이 대학교에 온 지 얼마나 되었어요?
　나: _____

2) 가: 한국어를 배운 지 얼마나 되었어요?
　나: _____

3) 가: 부모님께 전화한 지 얼마나 되었어요?
　나: _____

4) 가: 여자 친구(남자 친구)를 사귄 지 얼마나 되었어요?
　나: _____

5)가: 지금 신은 신발을 산 지 얼마나 되었어요?

　　나:_____

8. 다음 문장을 완성하십시오. （完成下列句子）

1) 오늘은 날씨가 너무 좋아서_____기 싫어요.

2) 이곳은 여름에 덥지 않아서_____기 좋아요.

3) 도서관에서 공부하는 학생이 많아서_____기 어려워요.

4) 오늘은 너무 피곤해서_____기 싫어요.

5) 이 노래는 가사가 간단해서_____기 쉬워요.

6) 서울은 교통이 편리해서_____기 좋아요.

7) 중국은 나라가 너무 커서_____기 어려워요.

8) 요즘은 인터넷이 발달해서_____기 쉬워요.

9. 다음을 한국어로 번역하십시오. （将下列句子翻译成韩文）

1) 你的韩国语说得真好啊！

_____

2) 这菜是用什么方法做的，太好吃了。

_____

3) 我已经两年没有去韩国了。

_____

4) 韩国歌曲非常柔和，学起来很容易。

_____

5) 今天有点儿不舒服，不想到外面去。

_____

10. 다음을 중국어로 번역하십시오. （将下列句子译成中文）

1) 한국어 발음이 배우기 어려워서 포기하는 사람이 많아요.

_____

2) 이 옷이 너무 잘 어울리네요. 이걸로 정합시다.

_____

3) 결혼한 지 10년이 넘었는데 아직 미혼 같아요.

_____

4) 이 계절에는 배로 가면 바다 구경도 할 수 있어 좋아요.

5) 기말이니 요즘은 정신이 없겠어요.

提高练习

1. 보기에서 알맞은 문법항목을 골라 빈칸에 써 넣으십시오. （选择适当的语法填空）

<보기>
ⓐ 기 쉬워서 ⓑ 겠 ⓒ 네요 ⓓ 로 ⓔ 기 싫은데 ⓕ 은 지 ⓖ 기 어렵지만

1) 그 기술은 배우 (　　　　　) 잘 배우면 좋은 회사에 취직할 수 있어요.

2) 한국요리를 먹(　　　) 일주일 밖에 안 되었는데 또 먹고 싶어요.

3) 한국에 와서 고생 많이 했 (　　　　) 어요.

4) 한국어 타이핑은 배우 (　　　　　) 한 시간이면 다 배울 수 있어요.

5) 와~ 밖에 눈이 오(　　　　). 우리 눈싸움하러 가요.

6) 이런 곳에 오 (　　　　) 친구가 너무 오라고 해서 왔어요.

7) 요즘은 실크(　　　) 한복을 많이 만들어 입어요.

2. 다음에서 밑 줄 친 것과 의미가 같은 것을 고르십시오. （选择与画线处意思相同的）

1) 아이들이 <u>눈싸움을 하네요</u>.
① 눈싸움을 하려고 하네요　　　　② 눈싸움을 하고 있네요
③ 눈싸움을 하러 가네요　　　　　④ 눈싸움을 하고 싶네요

2) 혼자서 유학생활을 하면 가족들이 많이 <u>생각나겠어요</u>.
① 생각날까요　　　　　　　　　　② 생각납니다
③ 생각나지요　　　　　　　　　　④ 생각날 거예요

3) 한국노래는 <u>듣기 좋아서</u> 중국사람들도 아주 좋아해요.
① 듣기 좋아해서　　　　　　　　② 듣기 쉬워서
③ 듣기 아름다워서　　　　　　　④ 듣기 어려워서

4) 한국어를 <u>배운 지 4 년이 넘었어요</u>.
① 4 년 동안 배웠어요　　　　　　② 4 년까지 배웠어요
③ 4 년 넘게 배웠어요　　　　　　④ 4 년부터 배웠어요

5) 이 요리는 <u>닭고기로 만든</u> 치킨수프예요.
① 닭고기를 사서　　　　　　　　② 닭고기를 사용하여
③ 닭고기를 좋아해서　　　　　　④ 닭고기를 만들어서

3. 자신의 상황에 비추어 물음에 답하십시오. （根据自己的情况回答问题）

1) 고향에 갔다 온 지 얼마나 되었어요?

2) 한국요리를 먹어 보았어요? 맛이 어떠했습니까?

3) 한국어를 배울 때 무엇을 하기 제일 어려웠어요?

4) 운동 중에 어떤 운동을 하기 좋아해요?

5) 제일 하기 싫어하는 일이 무엇이에요?

4. 다음 글을 읽고 물음에 답하십시오. (阅读并回答问题)

> 안동의 하회마을처럼 한국의 유교문화를 잘 볼 수 있는 곳도 없습니다. 지금
> 도 그곳은 옛날 조상들의 생활모습을 잘 보존하고 있습니다. 그곳은 태백산맥과
> 소백산맥이 있어 서구문명이 늦게 들어온 곳인데 최근 영국의 엘리자베스 여왕이
> 방문했기 때문에 세계적으로 유명해졌습니다. 안동의 하회마을에 가면 탈춤을
> 구경할 수 있습니다. 국보 제121호로 지정된 하회탈, 병산탈의 본고장이 바로 이
> 안동의 하회마을입니다. 지금 이 탈들은 서울 국립중앙박물관에서도 전시하고 있
> 으며 하회마을에서도 구경할 수 있습니다.

1) 하회마을은 어떤 곳입니까?

2) 하회마을이 세계적으로 유명해진 이유는 무엇입니까?

3) 하회마을은 무엇으로 유명합니까?

5. 다음 대화를 모방하여 대화를 만들어 보십시오. (模仿下面的范文练习会话)

> 수진: 안나 씨, 여기가 어디인지 알아요?
> 안나: 예, 덕수궁이지요? 안내 책자에서 보았어요.
> 수진: 맞아요. 덕수궁은 왕위를 물려 준 왕이 살던 궁이에요.
> 안나: 그래요? 제가 매표소에 가서 입장권을 사 오겠습니다.
> 수진: 저기 보이는 문이 대한문이에요. 궁마다 문 이름이 달라요. 경복궁 정
> 문은 광화문, 창덕궁 정문은 돈화문, 창경궁 정문은 홍화문, 덕수궁 정
> 문은 대한문이에요.
> 안나: 그래요? 오늘 정말 많은 것을 배우네요.

―――――――――――――――――――――――――

―――――――――――――――――――――――――

―――――――――――――――――――――――――

―――――――――――――――――――――――――

―――――――――――――――――――――――――

―――――――――――――――――――――――――

―――――――――――――――――――――――――

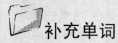 补充单词

바로（副）就是，正是	나뭇잎（名）树叶
실력（名）实力，水平	상추（名）生菜
행동（名）行动	가사（名）歌词
간단하다（形）简单	편리하다（形）便利，方便
인터넷（名）互联网	미혼（名）未婚
어울리다（形）和谐，适合	기술（名）技术
타이핑（名）打字	눈싸움（名）雪仗
실크（名）丝绸	닭（名）鸡
안동（名）安东	마을（名）村子
유교（名）儒教	문화（名）文化
모습（名）模样，样子	보존하다（他）保存
태백산맥（名）太白山脉	소백산맥（名）小白山脉
서구문명（名）西欧文明	엘리자베스（名）伊丽莎白
방문（名）访问	탈춤（名）假面舞
국보（名）国宝	지정（名）指定
하회탈（名）河回面具	고장（名）地方
책자（名）小册子	왕위（名）王位
물리다（他）传给	매표소（名）售票处
입장권（名）入场券	

제 7 과 계획 세우기 (制定计划)

语法要点

> 不定阶
> A/V-아/여, A/V-았/었어,
> V-ㄹ까/을까, V-ㄹ래/을래,
> A/V-지, -A/니, N-이야,
> V-아라/어라/여라, V-자
> 호격 N-아/야

巩固练习

1. 다음 빈칸에 알맞은 단어를 넣으십시오. (选词填空)

1) 그 사람은 제가 학교 갈 때 (   ) 만나던 사람이에요. 잘 몰라요.
① 아무나   ② 언제든지   ③ 가끔   ④ 자주

2) 그 친구는 자존심이 강한 사람이니까 (   )지 마세요.
① 놀지   ② 놀리지   ③놀게   ④ 놀려고

3) (   ) 부터 회의를 시작하겠습니다. 조용히 하십시오.
① 다음   ② 언제   ③ 그때   ④ 이제

4) 요즘은 취직시험을 준비하기 때문에 (   ) 지냅니다.
① 정신 나가게   ② 정신 들게   ③ 정신 없이   ④ 정신 나게

5) 오랫동안 만나지 못한 친구가 갑자기 나타나서 (   ) 놀랐어요.
① 껌뻑   ② 깜빡   ③ 깜깜   ④ 깜짝

2. 다음 보기에서 알맞은 단어를 골라 활용하여 (   )안에 써 넣으십시오.
(选择适当的词并填空)

> <보기>
> ⓐ 보람 있다 ⓑ 손꼽아 기다리다 ⓒ 침을 뱉다 ⓓ 출발하다
> ⓔ 도착하다 ⓕ 꽃이 피다 ⓖ 커피를 타다 ⓗ 마중하다

1) 추운 겨울이 지나고 (   ) 봄이 왔습니다.

2) 지금 (   ) 제 시간에 도착할 수 있어요.

3) (   ) 일을 하면 기분이 좋아요.

4) 어머니께서 걱정하시니까 (   ) 잊지 말고 꼭 전화하세요.

5) 걱정하지 마세요. 친구가 공항에서 (   ) 거예요.

6) 공공장소에서 (   ) 행위에서 그 사람의 인격을 알 수 있어요.

7) 너무 졸리면 제가 (   ) 드릴게요.

8) (   ) 방학이 되었어요. 이 번 방학을 즐겁게 보내려고 해요.

3. 보기와 같이 "A/V-니, A/V - 아/여" 형태를 사용하여 물음에 답하십시오.
   (用 " A/V-니, A/V - 아/여" 回答问题)

> <보기>
> 설악산, 어떠하다 / 너무, 아름답다
> 가: 설악산 어땠니?
> 나: 너무 아름다웠어.

1) 한국, 좋다 / 너무 깨끗하다, 편리하다
   가:_____?
   나:_____.

2) 영화 "신화", 재미있다 / 성룡과 김희선, 연기 좋다
   가:_____?
   나:_____.

3) 요즘, 잘 지내다 / 취직 준비, 바쁘다
   가:_____?
   나:_____.

4) 계절학기, 신청하다 / 신청하는 사람, 많다, 못 하다
   가:_____?
   나:_____.

5) 새로 생긴 피자헛, 가 보다 / 지난 주, 가다, 포테이토피자, 먹다
   가:_____?
   나:_____.

4. "V-(으)ㄹ까, V-(으)ㄹ래" 형태를 사용하여 물음에 답하십시오.
   (用 "-(으)ㄹ까, -(으)ㄹ래" 回答问题)

> 〈보기〉
> 가: 우리 다음 주에 등산 갈까?
> 나: 요즘 너무 피곤해서 <u>집에서 쉴래.</u>

1) 가: 오늘 점심에는 비빔밥 먹을까?
   나:_____

2) 가: 오후에 시간 있으면 친구 병문안 갈까?
   나:_____

3) 가: 우리 이 번 여름방학에 태권도 배워 볼까?
   나:_____

4) 가: 이 번에는 아버지 생일에 넥타이를 선물할까?
   나:_____

5) 가: 오늘은 시간이 없으니까 다음에 갈까?
   나:_____

5. 보기와 같이 "V-(으)ㄹ래, V-자" 형태를 사용하여 다음 대화를 완성하십시오.
   (用 "V-(으)ㄹ래, V-자" 完成对话)

> 〈보기〉
> 설렁탕, 먹다 / 덥다, 냉면, 먹다
> 가: 설렁탕 먹을래?
> 나: 아니, 더우니까 냉면 먹자.

1) 버스, 타다 / 길이 막히다 , 지하철, 타다
   가:_____?
   나:_____.

2) 잠실, 만나다 / 너무 멀다, 동대문, 만나다
   가:_____?
   나:_____.

3) 커피, 마시다 / 시간이 없다, 그냥 가다
   가:_____?
   나:_____.

4) 이 꽃, 사다 / 돈이 모자라다, 사지 말다

가:_____?

나:_____.

5) 주말, 만나다 / 약속이 있다, 다음, 만나다

가:_____?

나:_____.

6. "A/V-지, A/V-아/어"를 사용하여 대화를 완성하십시오. (用 "A/V-지, A/V-아/어" 完成对话)

> 〈보기〉
> 가: 이 음악 좋지?
> 나: 응, <u>참 좋아.</u>

1) 가: 숙제 다 했지?

　　나: 아니,_____

2) 가: 여기서 학교까지 시간이 얼마나 걸리지?

　　나:_____

3) 가: 수미 남자 친구 잘 생겼지?

　　나: 그래_____

4) 가: 이 식당 비빔밥 정말 맛있지?

　　나: 응,_____

5) 가: 요즘 한국드라마 인기 많지?

　　나:_____

7. 아이와 어머니가 이야기 합니다. 어머니가 무슨 말을 했을까요? 보기와 같이 대답해 보십시오. (下面是小孩和妈妈的对话，根据情况回答问题)

> 〈보기〉
> 아　이: 텔레비전 조금만 더 보고 잘게요.
> 어머니: <u>안돼. 늦었으니까 자(라).</u>

1) 아이: 친구하고 영화 보러 가도 돼요?

　　어머니:_____

2) 아이: 저 옷 사 주세요. 마음에 들어요.

　　어머니:_____

3) 아이: 바지보다 치마를 입고 싶어요.
　　어머니:＿＿＿＿＿＿＿＿＿＿＿＿＿＿＿＿＿＿＿＿

4) 아이: 머리가 아파요. 내일 학교 가기 싫어요.
　　어머니:＿＿＿＿＿＿＿＿＿＿＿＿＿＿＿＿＿＿＿＿

5) 아이: 옷을 많이 사 오셨네요. 어느 것이 제 거예요?
　　어머니:＿＿＿＿＿＿＿＿＿＿＿＿＿＿＿＿＿＿＿＿

8. 다음 상황에 맞게 물음에 답하십시오. （根据下列情况回答问题）

> <보기>
> 손 자: 할아버지, 이거 뭐예요?
> 할아버지: 그거 할아버지 약이야.

1) 아　이 (8 살): 언니, 어느 나라 사람이에요?
　소피아(25 살):＿＿＿＿＿＿＿＿＿＿＿＿＿＿＿＿＿＿

2) 아　들: 아버지, 이 번 주말에 쉬실 거예요?
　아버지:＿＿＿＿＿＿＿＿＿＿＿＿＿＿＿＿＿＿＿＿

3) 학　생: 선생님, 선생님께서 추천해 주셨던 책 이름이 뭐예요?
　선생님:＿＿＿＿＿＿＿＿＿＿＿＿＿＿＿＿＿＿＿＿

4) 후　배: 선배는 듣기, 읽기, 말하기, 쓰기 중에서 어느 것을 제일 잘 해요?
　선　배:＿＿＿＿＿＿＿＿＿＿＿＿＿＿＿＿＿＿＿＿

5) 아　들: 엄마, 지금 몇 시쯤 됐어요?
　어머니:＿＿＿＿＿＿＿＿＿＿＿＿＿＿＿＿＿＿＿＿

9. 빈칸에 "N-아, N-야"를 넣어 보십시오. （选择"N-아, N-야"填空）
1) 수미 (　　), 문 좀 열어 줘.
2) 영숙 (　　), 너도 갈래?
3) 철수 (　　), 커피 좀 타줘.
4) 동호 (　　), 우리 내일 등산 가자.
5) 이 사람 (　　), 좀 빨리 와.

10. "V-는데"를 사용하여 문장을 연결하십시오. （用"V-는데"连接句子）
1) 친구를 만나고 싶습니다. 전화해 볼까요?
　⇒＿＿＿＿＿＿＿＿＿＿＿＿＿＿＿＿＿＿＿＿

2) 비가 많이 옵니다. 내일 갈까요?

　⇒_____

3) 슈퍼에 가요. 과자를 사 드릴까요?

　⇒_____

4) 시간이 없어요. 빨리 가요.

　⇒_____

5) 매일 집에서 놀아요. 아르바이트 할래요?

　⇒_____

11. 다음을 한국어로 번역하십시오. （将下列句子译成韩文）

　1) 老师：王东，你等我一下。
　　　王东：知道了，老师。

_____

_____

　2) 爸爸：你去给我买瓶啤酒。
　　　儿子：好，我马上就去。

_____

_____

　3) 老　人：年轻人，韩国银行在哪里？
　　　年轻人：我送您去吧。

_____

_____

　4) 同学 1：到时候打电话联系吧。
　　　同学 2：好吧，我们电话联系。

_____

_____

　5) 叔叔：你爸爸在家吗？
　　　秀民：现在不在家。

_____

_____

12. 다음을 중국어로 번역하십시오. （请将下列句子译成中文）

　1) 운동 중에 네가 제일 잘 하는 운동이 뭐야?

_____

2) 나는 이 세상에 살면서 보람 있게 살고 싶어.

_____

3) 다른 사람 걱정하지 말고 네 일이나 잘해.

_____

4) 방학을 그렇게 손꼽아 기다렸는데 우리 즐겁게 보내자.

_____

5) 누가 마중하러 나오지 않으면 혼자서 찾아 갈 수 있겠니?

_____

 提高练习

1. 다음 글을 반말체로 고치십시오. （把下面的文章改成不定阶）

> 할 일이 너무 많아서 정신이 없는 것과 할 일이 너무 없어서 심심한 것 중 어느 것이 더 나을까요? 요즘 사람들은 아이에서부터 어른들까지 바쁘지 않은 사람이 없어요. 우리가 살고 있는 시대가 우리를 바쁘게 하는 것 같아요. "바빠요, 빨리요." "너무 바빠서 아무 것도 할 수가 없어요." "오늘도 시간 안됩니까?" 우리는 이런 말을 쉽게 하고 또 쉽게 듣지요. 아무리 바빠도 건강을 잃으면 안 되겠지요?

_____

_____

_____

_____

_____

_____

2. （   ）에 맞는 말을 쓰십시오. （判断语境填空）

1) 너 서울병원이 어디인지 아니? -아니, （   ）.

2) 이 가방 (　　　　　　　　)?　-아니, 내 거 아니야.

3) 영화 시작 시간까지 아직 20 분이나 남았으니까 너무 서두르지 마.　-알았어.
서두르지 (　　　　　　).

4) 우리 냉면 먹을까?　-그래, (　　　　　　　　).

5) 지금 식당에 갈 거야?　-아니, (　　　　　　　　).

6) 오늘은 산에 못 가. 너 혼자 가.　-왜? (　　　　　　　　)?

7) (　　　　　　　　　　　　　)?　-아니, 너무 추워서 잘 못 잤어.

8) 네 전화번호가 742-1171 지?　-응, (　　　　　　　　).

9) 내일은 바쁘니까 우리 내일은 (　　　　　　　　).　-알았어. 그럼 모레 만나자.

3. 다음 말을 반말로 바꾸어서 친구와 이야기해 보십시오. (转换成不定阶与朋友进行对话)
1) 지금 어디에서 사십니까?
_____

2) 피곤한데 커피나 마십시다.
_____

3) 한국말 배우는데 재미있어요?
_____

4) 무슨 음식을 좋아해요?
_____

5) 숙제가 많아서 힘들지요?
_____

6) 몇 시쯤 집에 갈 거예요?
_____

7) 졸업하면 어디에 취직하고 싶어요?
_____

8) 어떤 사람과 결혼하고 싶어요?
_____

9) 평소에 아르바이트도 하세요?
_____

10) 주말에 보통 무엇을 하십니까?
_____

4. 다음 글을 읽고 물음에 답하십시오. （阅读并回答问题）

> 수연이의 일기
> 2006 년 1 월 10 일 （화） 약간의 눈 그리고 바람
>
> 내일이면 마지막 과목 기말고사가 끝나. 그러면 손꼽아 기다리던 겨울방학이 시작되는 거야. 이 번 방학은 어떻게 지낼까? 와~ 너무 기대되네. 먼저 친구와 하얼빈에 가서 얼음 축제를 구경할 거야. 내 고향은 해남노라서 얼음 축제를 본 적이 없으니까 재미있을 거야. 하얼빈에 한국 친구랑 같이 가니까 가능하면 한국어로 많이 대화할래. 그동안 내 한국어 실력이 얼마나 늘었는지 확인해 봐야지. 그리고 한국 친구를 내 고향으로 데리고 가서 내 고향을 구경시켜줘야지. 북국의 경치를 보다가 남쪽의 경치를 보면 너무 신기하고 즐거울 거야. 다른 방학 계획은 천천히 세울 거야.

1) 수연이는 무엇을 하러 하얼빈에 갑니까?

_____

2) 수연이가 한국 친구랑 같이 여행을 가면 무슨 좋은 점이 있을까요?

_____

3) 수연이는 왜 한국 친구를 자기 고향으로 초대할까요?

_____

4) 수연이는 왜 방학을 손꼽아 기다렸을까요?

_____

5) 여러분은 방학 계획을 세웠나요? 무엇을 할 생각이세요?

_____

5. 다음 대화를 모방하여 대화를 만들어 보십시오. （模仿下面的范文练习会话）

> 주혁: 방학에 무슨 특별한 계획 있니?
> 마이클: 서울에만 있으니까 답답해서 일 주일쯤 여행을 갈 생각이야.
> 주혁: 그래? 나, 똑같은 생각을 하고 있었어.그럼 우리 같이 여행 계획을 세우면 어때?
> 마이클: 좋아. 마침 여행사 광고를 보고 있었는데, 내일 수업 끝나고 여행사에 가볼까?
> 주혁: 직접 가지 말고 먼저 전화로 알아 보자.
> 마이클: 알았어. 그러자.

_____

_____

_____

_____

_____

_____

_____

_____

_____

 补充练习

자존심 （名）自尊心	강하다 （形）强
취직시험 （名）就业考试	깜빡 （副）突然, 眨眼
공공장소 （名）公共场所	행위 （名）行为
인격 （名）人格	졸리다 （自）困, 困倦
성룡 （名）成龙	김희선 （名）金喜善
계절학기 （名）短学期, 寒暑假学期	신청하다 （他）申请
피자헛 （名）必胜客	포테토피자 （名）土豆比萨
병문안 （名）探病	설렁탕 （名）牛杂碎汤
모자라다 （形）不够, 缺少	추천하다 （他）推荐
선배 （名）学长	듣기 （名）听力
말하기 （名）会话	읽기 （名）阅读
쓰기 （名）写作	보람 （名）意义
마중하다 （他）迎接, 出迎	손꼽아 기다리다 （词组）翘首以待
잃다 （他）丢失, 遗失	마지막 （名）最后
과목 （名）课目	얼음축제 （名）冰灯节
하얼빈 （名）哈尔滨	늘다 （自）增加, 增长
데리다 （他）带, 领	신기하다 （形）神奇
천천히 （副）慢慢的	답답하다 （形）郁闷
광고 （名）广告	여행사 （名）旅行社

제 8 과 주구점 （周口店）

语法要点

> V-아/어 있다
> V-다(가)
> A/V-지만
> A/V-군요/구나
> N-에 따라

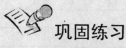 巩固练习

1. 다음 빈칸에 알맞은 단어를 넣으십시오. (选词填空)

1) 어제 백화점에서 (   ) 고등학교 친구를 만났습니다.
   ① 공연히   ② 당연히   ③ 우연히   ④ 정연히

2) 제가 잘못한 (   )가 있으면 알려 주세요. 꼭 고치겠습니다.
   ① 군데   ② 데   ③ 것   ④ 곳

3) 그 옷이 마음에 드는데 돈이 (   ) 모자랍니다.
   ① 약소   ② 얼마나   ③ 약간   ④ 어느 정도

4) 어제는 (   ) 집에서 한국드라마를 봤습니다. 너무 재미있었어요.
   ① 하루사이   ② 하루종일   ③ 하루만에   ④ 하루정도

5) 물은 많은 곳에 (   ) 물이 없으면 살 수 없습니다.
   ① 쓰이고   ② 쓰며   ③ 쓰니까   ④ 쓰여서

2. 다음 보기에서 알맞은 단어를 골라 활용하여 (   )안에 써 넣으십시오.
   (选择适当的词活用并填空)

> <보기>
> ⓐ 거대하다 ⓑ 귀중하다 ⓒ 방문하다 ⓓ 이용되다 ⓔ 열리다
> ⓕ 발견하다 ⓖ 발굴하다 ⓗ 추천하다

1) 중한 수교이후 중국을 (   ) 한국 관광객이 많아 졌습니다.

2) 2008 년 올림픽이 중국 북경에서 (　　　　) 되었습니다.

3) 신대륙을 (　　　　　) 사람은 유명한 항해가 콜룸부스입니다.

4) 10 여 년이 지난 후 그 기업은 (　　　　　) 기업으로 성장했어요.

5) 전쟁으로 원명원의 (　　　　) 문화재가 소실되었습니다.

6) 교수님께서 저를 (　　　　　) 기 때문에 저는 그 회사에 입사할 수 있었습니다.

7) 인재를 (　　　　) 기업이 정말로 좋은 기업입니다.

8) 이 재료는 식품을 만드는 데 많이 (　　　　　).

3. 다음 단어들을 활용하면서 "V-아/어 있다" 와 "V-고 있다" 의 차이점을 느껴 보십시오. (用 "V-아/어 있다" 和 "V-고 있다" 练习单词活用)

-아/어 있다	-고 있다
앉다 ⇒	기다리다 ⇒
서다 ⇒	보다 ⇒
눕다 ⇒	사다 ⇒
걸리다 ⇒	내리다 ⇒
놓이다 ⇒	빌리다 ⇒
붙다 ⇒	만들다 ⇒
쓰이다 ⇒	쌓다 ⇒
매이다 ⇒	구경하다 ⇒
꽂히다 ⇒	늘다 ⇒

4. 보기와 같이 다음 대화를 완성하십시오. (仿照例句完成对话)

> **〈보기〉**
> 가: 사전이 어디에 놓여 있어요?
> 나: 사전이 책상 위에 놓여 있어요.

1) 가: 그분은 지금 어디에 가 있어요?
　 나: _____

2) 가: 저기 쌓여 있는 쓰레기는 언제 버릴 거예요?
　 나: _____

3) 가: 회의 안내는 어디에 붙어 있어요?
　 나: _____

4) 가: 숙제가 아직 얼마나 남아 있어요?
　 나: _____

5) 가: 저기에 걸려 있는 것은 무엇입니까?
　 나: _____

5. 보기와 같이 "V-다가"를 이용하여 문장을 이으십시오. （用 "V-다가" 完成句子）

> <보기>
>
> 뉴스를 듣다 / 잠이 들다 ⇒ 뉴스를 듣다가 잠이 들었어요.

1) 공부를 하다 / 쉬다
   ⇒_____

2) 밥을 먹다 / 전화를 받다
   ⇒_____

3) 계단을 내려가다 / 넘어지다
   ⇒_____

4) 영화를 보다 / 밖으로 나오다
   ⇒_____

5) 한국에서 살다 / 중국으로 오다
   ⇒_____

6. 보기와 같이 다음 대화를 완성하십시오. （仿照例句，完成对话）

> <보기>
>
> 가: 왜 영화를 보다가 나갔어요?
> 나: 영화를 보다가 재미 없어서 나갔어요.

1) 가: 왜 친구를 기다리다가 돌아왔어요?
   나:_____

2) 가: 왜 학교에 가다가 돌아왔어요?
   나:_____

3) 가: 왜 친구하고 놀다가 싸웠어요?
   나:_____

4) 가: 왜 잠을 자다가 깜짝 놀랐어요?
   나:_____

5) 가: 왜 책을 읽다가 웃었어요?
   나:_____

7. 보기와 같이 다음 문장을 연결하십시오. （仿照例句，连接句子）

> <보기>
>
> 한국말은 어렵습니다. 그렇지만 재미있습니다.
> ⇒ 한국말은 어렵지만 재미있습니다.

1) 배가 부릅니다. 그렇지만 더 먹고 싶어요.
   ⇒_____

2) 얼굴은 잘 알아요. 그렇지만 이름은 모릅니다.

　⇒＿＿＿＿＿＿＿＿＿＿＿＿＿＿＿＿＿＿＿＿＿＿＿＿＿＿＿＿＿＿＿

3) 바나나는 좋아해요. 그렇지만 배는 싫어해요.

　⇒＿＿＿＿＿＿＿＿＿＿＿＿＿＿＿＿＿＿＿＿＿＿＿＿＿＿＿＿＿＿＿

4) 품질은 좋아요. 그렇지만 값이 비싸요.

　⇒＿＿＿＿＿＿＿＿＿＿＿＿＿＿＿＿＿＿＿＿＿＿＿＿＿＿＿＿＿＿＿

5) 방 안은 따뜻해요. 그렇지만 밖은 추워요.

　⇒＿＿＿＿＿＿＿＿＿＿＿＿＿＿＿＿＿＿＿＿＿＿＿＿＿＿＿＿＿＿＿

8. "A/V-지만"을 넣어서 질문에 답하십시오. （用"A/V-지만"回答问题）

> <보기>
> 가: 시험이 어려웠습니까?
> 나: 시험이 어려웠지만 성적은 괜찮을 것 같아요.

1) 가: 그 영화가 어떻습니까?
　나:＿＿＿＿＿＿＿＿＿＿＿＿＿＿＿＿＿＿＿＿＿＿＿＿＿＿＿＿＿＿

2) 가: 여행을 가고 싶어요?
　나:＿＿＿＿＿＿＿＿＿＿＿＿＿＿＿＿＿＿＿＿＿＿＿＿＿＿＿＿＿＿

3) 가: 오늘 날씨가 어떻습니까?
　나:＿＿＿＿＿＿＿＿＿＿＿＿＿＿＿＿＿＿＿＿＿＿＿＿＿＿＿＿＿＿

4) 가: 저 식당 음식이 맛있습니까?
　나:＿＿＿＿＿＿＿＿＿＿＿＿＿＿＿＿＿＿＿＿＿＿＿＿＿＿＿＿＿＿

5) 가: 대학교 생활이 어떻습니까?
　나:＿＿＿＿＿＿＿＿＿＿＿＿＿＿＿＿＿＿＿＿＿＿＿＿＿＿＿＿＿＿

9. "A/V-네요"가 쓰인 문장을 "A-군요, V-는군요"로 바꿔 보십시오.
　（把"A/V-네요"形式转换成"A-군요, V-는군요"形式）

> <보기>
> 밖에 비가 오네요. ⇒ 밖에 비가 오는군요.

1) 저 여배우가 미인이네요.

　⇒＿＿＿＿＿＿＿＿＿＿＿＿＿＿＿＿＿＿＿＿＿＿＿＿＿＿＿＿＿＿．

2) 저 산이 참 높고 아름답네요.

　⇒＿＿＿＿＿＿＿＿＿＿＿＿＿＿＿＿＿＿＿＿＿＿＿＿＿＿＿＿＿＿＿

3) 고속열차가 생겨서 서울에서 부산까지 정말 빠르네요.

　⇒＿＿＿＿＿＿＿＿＿＿＿＿＿＿＿＿＿＿＿＿＿＿＿＿＿＿＿＿＿＿＿

4) 미선 씨는 한국요리를 정말 잘 만드네요.
⇒ _____

5) 여기는 겨울에 눈이 정말 많이 오네요.
⇒ _____

10. "N-에 따라"를 사용하여 문장을 완성하십시오. （用 "N-에 따라" 完成句子）

> ＜보기＞
> 날씨 / 계획이 바뀌다
> ⇒ 날씨에 따라 계획이 바뀔 수 있어요.

1) 스케줄 / 움직이다
⇒ _____

2) 능력 / 월급을 받다
⇒ _____

3) 식성 / 좋아하는 음식이 다르다
⇒ _____

4) 손님 / 다른 물건을 고르다
⇒ _____

5) 부모님 말씀 / 결정하다
⇒ _____

11. 다음을 한국어로 번역하십시오. （将下列句子译成韩文）
1) 我去的时候，门开着人不在。
_____

2) 我去韩国出差，上周回来的。
_____

3) 虽然外边刮着风，但不太冷。
_____

4) 我看你天天都这么忙啊！
_____

5) 一到春天，校园处处开着花，很美丽。
_____

12. 다음을 중국어로 번역하십시오. （将下列句子译成中文）
1) 사람들은 책을 통해서 많은 것을 배우고 많은 것을 느낀다.
_____

2) 라면은 조리 방법에 따라 끓이면 쉽다.

_____

3) 창문 옆에 앉아서 왔다 갔다 하는 사람들을 구경하고 있다.

_____

4) 벽에는 지도가 걸려 있고 테이블 위에는 꽃병이 놓여 있다.

_____

5) 사람들은 하고 싶어하는 일이 많겠지만 그것을 다 할 수는 없다.

_____

 提高练习

1. 보기에서 알맞은 문법항목을 골라 빈칸에 써 넣으십시오. （选择适当的语法填空）

> ＜보기＞
> ⓐ 다가 　ⓑ 지만 　ⓒ 군요 　ⓓ 구나 　ⓔ 걸려 있는 　ⓕ 앉아 있던

1) 저기 (　　　　　　) 옷 좀 보여 주세요.

2) 운동을 정말 좋아하시는(　　　　).

3) 여기 (　　　　　　) 분 못 보셨어요?

4) 이렇게 아름다운 곳이 있었(　　　). 나는 여기에서 오래 살았는데 몰랐어.

5) 친구 만나러 가(　　　) 부모님 전화 받고 돌아왔어요.

6) 지금은 어렵(　　　) 언젠가는 좋은 날이 올 거예요.

2. 다음 문장과 의미가 같은 것을 고르십시오. （选择意思相同的句子）

1) 물가는 계속 오르지만 우리의 월급은 오르지 않아요.

① 물가가 오르는 것처럼 우리의 월급은 오르지 않아요.
② 물가는 계속 오르는 데 우리의 월급은 오르지 않아요.
③ 물가가 오르지 않으면 우리의 월급이 오르지 않아요.
④ 물가가 계속 오르다가 우리의 월급은 오르지 않아요.

2) 영화를 보다가 재미 없어서 나왔어요.

① 영화를 보니까 재미 없어서 나왔어요.
② 영화를 보고 재미 없어서 나왔어요.
③ 영화를 다 못 보고 재미 없어서 나왔어요.
④ 영화를 보지만 재미 없어서 나왔어요.

3) 너 오래간만에 보는구나.

① 너를 오래간만에 보겠네.　　　② 너를 오래간만에 봤지.
③ 너를 오래간만에 봐라.　　　　④ 너를 오래간만에 보네.

4) 사람들은 대화를 통해 서로 이해할 수 있다.

① 사람들은 대화로 서로 이해할 수 있다.
② 사람들은 대화를 해야 서로 이해할 수 있다.
③ 사람들은 대화를 하다가 서로 이해할 수 있다.
④ 사람들은 대화를 하니까 서로 이해할 수 있다.

5) 사람들은 때와 장소에 따라 옷차림을 다르게 할 때도 있다.

① 사람들은 때와 장소를 골라서 옷차림을 다르게 할 때도 있다.
② 사람들은 때와 장소에 맞게 옷차림을 다르게 힐 때도 있다.
③ 사람들은 때와 장소를 선택하여 옷차림을 다르게 할 때도 있다.
④ 사람들은 때와 장소가 다를 때마다 옷차림을 다르게 할 때도 있다.

3. 자신의 상황에 비추어 물음에 답하십시오. （根据自己的情况回答问题）

1) 지금 여러분의 방에 있는 책상 위에는 무엇이 놓여 있어요?

_____

2) 여러분은 친구들한테 무엇이라고 불려요?

_____

3) 여러분이 살고 있는 곳에 유적지가 있어요? 이름이 뭐예요?

_____

4) 오늘 학교에 오다가 무엇을 봤어요?

_____

5) 여러분은 어떤 장점을 가지고 있어요? 예를 들어 "키는 작지만 운동을 잘 한다"등.

_____

4. 다음 글을 읽고 물음에 답하십시오. （阅读并回答问题）

> 보고 싶은 진수에게
> 안녕?
> 그 동안 잘 지냈니?
> 보내 준 편지와 선물 잘 받았어. 정말 고마워. 기쁜 소식이 있어. 나 다음 주에 한국에 갈 거야. 아르바이트 한 돈으로 비행기표를 샀어. 이 번에 한국에 가면 하고 싶은 게 너무 많아. 지난 번에는 학교공부 때문에 바빠서 여행도 못 갔잖아?그래서 이 번에 한국에 가면 꼭 여행을 가고 싶어. 내가 가고 싶은 곳은 경주하고 지리산이야. 10원짜리 동전에 있는 그 탑이 경주에 있지? 이 번에 가면 꼭 그 탑을 보고 싶어. "다보탑"이라고 했지? 내 얘기만 길게 해서 미안해. 진수 네 얘기는 다음주에 만나서 들을게. 기다려 줘. 그럼 만날 때까지 건강해.
> 안녕.
>
> > 2005년 10월 10일
> > 런던에서 리차드
>
> *㉠ 내가 타고 가는 비행기는 10 월 21 일 오후 네 시 삼십 분 서울도착,KE101 편이야.

1) 리차드가 한국에 와서 하고 싶은 것은 무엇입니까?

　　　　① 아르바이트　　　　② 공부　　　　　③ 쇼핑　　　　　　　④ 여행

2) 리차드는 왜 경주에 가 보고 싶어 합니까?
　　(　　　　　　　　　　　　　　　　　　　　　　　　　　　　　　)

3) ㉠을 쓴 이유는 무엇입니까?
　　① 진수가 비행기를 타고 가기 때문에
　　② 진수가 서울에 없기 때문에
　　③ 편지를 보내기 위해서
　　④ 공항에서 만나기 위해서

4) 글의 내용과 같은 것은 어느 것입니까?
　　① 리차드는 다시 한국에 올 것입니다.
　　② 리차드 부모님께서 비행기표를 사 주셨습니다.
　　③ 진수는 리차드에게 선물을 보내지 않았습니다.
　　④ 진수는 리차드를 만나고 싶지 않습니다.

5. 다음 대화를 모방하여 대화를 만들어 보십시오. （模仿下面的范文练习会话）

> 해돋이 구경
>
> <성산일출봉 아래서>
> 민정: 유민 아, 저기 보이는 곳이 바로 유명한 성산일출봉이야.
> 유민: 그래? 제주도의 유명한 관광지라는 말 들었어.
> 민정: "성산일출봉" 이름처럼 해돋이가 유명해.
> 유민: 제주도에 정말 잘 왔네. 좋은 구경 할 수 있어서.
> 민정: 그런데 너 내일 아침에 일찍 일어날 수 있니? 해돋이를 보려면
> 　　　일찍 일어나야 돼.
> 유민: 걱정 마. 꼭 일어 날게.
>
> <해돋이 구경>
> 유민: 와~ 해돋이 정말 멋져!
> 민정: 그래, 세상이 참 아름다운 것 같고 새출발을 결심하게 돼.
> 유민: 그래, 새해에 해돋이도 구경했으니 우리 열심히 살자.
> 민정: 그래, 너도 올 한 해에 좋은 일만 가득 했으면 좋겠다.
> 유민: 너도!

 补充单词

공연히 （副）徒劳, 徒然	당연히 （副）当然
약소 （名）微小, 少	약간 （名）若干
수교 （名）建交	신대륙 （名）新大陆
콜롬부스 （名）哥伦布	기업 （名）企业
성장 （名）发展, 增长	전쟁 （名）战争
원명원 （名）圆明园	문화재 （名）文物
소실 （名）消失, 丢失, 遗失	입사 （名）进公司
인재 （名）人才	재료 （名）材料
식품 （名）食品	쓰레기 （名）垃圾
계단 （名）阶梯	품질 （名）品质
여배우 （名）女演员	미인 （名）美人
고속열차 （名）高速火车	스케줄 （名）日程
움직이다 （他）动, 移动	능력 （名）能力
월급 （名）工资	식성 （名）胃口
결정하다 （他）决定	조리방법 （名）烹饪方法
물가 （名）物价	옷차림 （名）打扮, 装束
장점 （名）优点, 长处	경주 （名）庆州
지리산 （名）智异山	탑 （名）塔
일출봉 （名）日出峰	관광지 （名）旅游胜地
해돋이 （名）日出	결심 （名）决心
가득 （副）满, 满满的	

제 9 과 인물소개（人物介绍）

 语法要点

> 基本阶　V-ㄴ다/는다,
> A-다
> A/V-았/었다
> A/V-겠다
> A/V-지 알다/모르다
> N-같은

巩固练习

1. 다음 빈칸에 알맞은 단어를 넣으십시오. （选词填空）

1) 수미 씨는 （　　　　） 유명한 인물 중에 누구를 제일 좋아하세요?
　① 시간상　　　　　② 역사상　　　　　③ 인물상　　　　④ 서적상

2) 아이가 （　　　） 자라는 것이 부모에게는 제일 기쁜 일이에요.
　① 단단히　　　　　② 탄탄히　　　　　③ 튼튼히　　　　④ 딴딴히

3) 그 작품은 알고 있지만 그 작품의 내용은 （　　　） 몰라요.
　① 높이　　　　　② 넓게　　　　　③ 심히　　　　④ 깊이

4) 가고 싶었던 대학에 붙은 것보다 더 （　　　） 일이 있을까?
　① 신나는　　　　② 즐겁게　　　　③ 실컷　　　　④ 기쁘게

5) 해마다 한 번씩 （　　　） 대련국제패션쇼는 그 명성을 더 하고 있다.
　① 열게 하는　　　② 열리는　　　③ 열려고 하는　　　④ 열 수 있는

2. 다음 보기에서 알맞은 단어를 골라 （　　　）안에 써 넣으십시오.
　（选择适当的词并填空）

> ＜보기＞
> ⓐ과학적　ⓑ독창적　ⓒ경제적　ⓓ정치적　ⓔ이상적　ⓕ역사적　ⓖ열정적　ⓗ정신적

1) 그는 회사 회의에서 （　　　　）인 아이디어를 내 놓아 사람들이 깜짝 놀라게 했다.

68

2) 한국 국민은 노력하여 (   ) 위기에서 벗어 났다.

3) 누구에게나 (   )인 사회는 있을 수 없다.

4) 한국은 (   )인 전통을 자랑하는 “동방예의지국”이다.

5) 누구나 (   )인 사랑을 꿈 꾸고 있다.

6) 징딩 싸움은 (   )인 보복의 일종일 수도 있다.

7) 그 일로 그는 많은 (   )인 고통을 받았다.

8) 그 논문이 설득력을 얻으려면 (   )인 근거를 보여 주어야 한다.

3. 다음 문장을 “V-ㄴ다/는다” 형으로 고치십시오. （下列句子改成 “V-ㄴ다/는다” 体）

> ＜보기＞
> 저는 주말마다 부모님께 전화를 합니다.
> ⇒ 나는 주말마다 부모님께 전화를 한다.

1) 내 친구는 회사에 다녀요.
　 ⇒ _____

2) 수미 씨는 중국말을 중국사람처럼 잘 하네요.
　 ⇒ _____

3) 신발이 참 편해 보이는군요.
　 ⇒ _____

4) 내일은 여기 저기 많이 다니며 시장 조사를 해야 합니다.
　 ⇒ _____

5) 겨울이 되니까 날씨가 점점 추워져서 옷을 많이 입어야 합니다.
　 ⇒ _____

4. 다음 문장을 “A-다” 형으로 고치십시오. （把下列句子改成 “A-다” 体）

> ＜보기＞
> 고향은 정말 아름답고 고향 사람들은 정말 착해요.
> ⇒ 고향은 정말 아름답고 고향 사람은 정말 착하다.

1) 오늘은 비가 와서 방안이 어두워요.
　 ⇒ _____

2) 북경은 대련에서 멀군요.
　 ⇒ _____

3) 그 한국영화를 보고 나는 마음이 슬펐습니다.

　⇒_____

4) 요즘은 회사일이 많아서 너무 바빠요.

　⇒_____

5) 오늘 그 사람의 행동이 너무 이상하군요.

　⇒_____

5. 다음 문장을 "A/V-았다 /었다" 형으로 치십시오. (把下列句子改成 "A/V-았다/었다" 体)

> <보기>
> 늦게 나가서 10 시 기차를 놓쳤어요.
> ⇒ 늦게 나가서 10 시 기차를 놓쳤다.

1) 어제 나는 친구들을 집에 초대했어요.

　⇒_____

2) 아침을 먹지 않아 나는 아주 배가 고팠습니다.

　⇒_____

3) 오늘 시험이 있었는데 어렵지 않았어요.

　⇒_____

4) 이 번 방학에는 부모님과 여행을 갔다 왔어요.

　⇒_____

5) 좋은 회사에 취직하기 위해 열심히 한국어를 공부했습니다.

　⇒_____

6. 다음 문장을 "A/V-겠다" 형으로 고치십시오. (把下列句子改成 "A/V-겠다" 体)

> <보기>
> 내일은 날씨가 춥겠어요.
> ⇒ 내일은 날씨가 춥겠다.

1) 그 영화 소개를 보니 참 재미있겠어요.

　⇒_____

2) 오늘 남자 친구 편지를 받아서 기분이 좋겠네요.

　⇒_____

3) 주말이어서 그 길이 복잡하겠어요.

　⇒_____

4) 그 가방이 무겁겠어요.

　⇒＿＿＿＿＿＿＿＿＿＿＿＿＿＿＿＿＿＿＿＿＿＿＿＿＿＿＿

5) 다음 주부터는 일이 많아서 바쁘겠어요?

　⇒＿＿＿＿＿＿＿＿＿＿＿＿＿＿＿＿＿＿＿＿＿＿＿＿＿＿＿

7. 나늠 문장을 "N 이다" 형으로 고치십시오. （把下列句子改成 "N 이다" 体）

```
<보기>
그 노래는 사람들이 좋아하는 것이에요.
⇒ 그 노래는 사람들이 좋아하는 것이다.
```

1) 지금 그는 고등학교 학생일 거예요.

　⇒＿＿＿＿＿＿＿＿＿＿＿＿＿＿＿＿＿＿＿＿＿＿＿＿＿＿＿

2) 이 모임에 참가한 사람은 대부분이 대학생이군요.

　⇒＿＿＿＿＿＿＿＿＿＿＿＿＿＿＿＿＿＿＿＿＿＿＿＿＿＿＿

3) 내가 제일 가고 싶은 나라는 프랑스예요.

　⇒＿＿＿＿＿＿＿＿＿＿＿＿＿＿＿＿＿＿＿＿＿＿＿＿＿＿＿

4) 요즘 사람들이 선호하는 직업은 공무원이네요.

　⇒＿＿＿＿＿＿＿＿＿＿＿＿＿＿＿＿＿＿＿＿＿＿＿＿＿＿＿

5) 이 기차는 심양에 가는 기차예요.

　⇒＿＿＿＿＿＿＿＿＿＿＿＿＿＿＿＿＿＿＿＿＿＿＿＿＿＿＿

8. "N/A/V-지 알다 " 를 이용하여 질문해 보십시오.
　（用 "N/A/V-지 알다" 回答问题）

```
<보기>
서울 인구가 얼마입니까?
⇒서울 인구가 얼마인지 아세요?
```

1) 저분의 직업이 무엇입니까?

　⇒＿＿＿＿＿＿＿＿＿＿＿＿＿＿＿＿＿＿＿＿＿＿＿＿＿＿？

2) 왕룽 씨가 왜 꽃을 샀어요?

　⇒＿＿＿＿＿＿＿＿＿＿＿＿＿＿＿＿＿＿＿＿＿＿＿＿＿＿？

3) 여권을 신청할 때 무엇이 필요합니까?

　⇒＿＿＿＿＿＿＿＿＿＿＿＿＿＿＿＿＿＿＿＿＿＿＿＿＿＿？

4) 졸업식을 몇 시에 시작해요?

　⇒＿＿＿＿＿＿＿＿＿＿＿＿＿＿＿＿＿＿＿＿＿＿＿＿＿＿？

5) 이 컴퓨터를 어떻게 사용해요?

⇒ _____?

9. "V-지 알다/모르다"를 이용하여 상황에 맞게 질문에 답하십시오.
   (用 "V-지 알다/모르다" 回答问题)

1) 가: 겨울방학을 언제 하는지 아세요?
   나: _____

2) 가: 수미 씨한테 남자 친구가 있는지 아세요?
   나: _____

3) 가: 이 단어를 한국어로 어떻게 말하는지 아세요?
   나: _____

4) 가: 이 회사는 보통 몇 시간 일하는지 아세요?
   나: _____

5) 가: 이 번 학기에 누가 장학금을 받았는지 아세요?
   나: _____

10. 다음 문장을 완성하십시오. (完成下列句子)

1) 오늘 같은 날에는_____

2) 삼성같은 한국의 큰 회사에는_____

3) 어머님 같으신 선생님께서는_____

4) "태극기 휘날리며" 같은_____

5) 그 사람 같은 사람이면_____

11. 다음을 한국어로 번역하십시오. (用基本阶将下列句子译成韩文)

1) 那个女孩子真漂亮啊!

_____

2) 雨下得太大了!

_____

3) 做得真好!

_____

4) 去年夏天在一个聚会上偶然认识了他。

_____

5) 我不知道这句话用韩国语怎么说。

_____

12. 다음을 중국어로 번역하십시오. (将下列句子译成中文)

1) 그해 겨울은 너무 추웠었다.

_____

2) 남자 친구한테서 선물을 받았으니 좋겠다.

_____

3) 나는 그가 그 때 왜 화를 냈는지 몰랐다.

_____

4) 오늘 같은 날에는 집에서 잠을 푹 자는 게 제일이다.

_____

5) 한국의 멜로드라마는 사람들을 감동시키고 재미있다.

_____

提高练习

1. 다음 글을 "해라체" 로 고치십시오. (把下面的文章改成 "基本阶")

> 이수경 씨는 올해 대학을 졸업했습니다. 대학을 졸업하니까 결혼 생각도 하게 되었습니다. 수경 씨는 세 명의 남자를 알고 있는데 그 중 한 명과 결혼하려고 합니다. 한 남자는 키가 크고 잘 생겼습니다. 그렇지만 성격이 좋지 않습니다. 다른 한 남자는 키가 크지 않고 평범하게 생겼습니다. 그렇지만 착하고 마음이 넓습니다. 마지막 남자는 뚱뚱하고 키가 크지 않습니다. 그렇지만 성격이 제일 좋고 같이 있을 때 제일 편합니다. 수경 씨는 고민하고 있습니다. 어느 남자를 선택하면 좋을지 잘 모르기 때문입니다. 세 사람의 장점을 합했으면 좋겠습니다.

_____

_____

_____

_____

_____

2. 다음 (　　　)에 알맞은 것을 고르십시오. （选择适当的填空）

1) 가: 이 다음에 어떤 사람이 되고 싶어요?
　　나: 저의 (　　　　　　　) 사람이 되고 싶어요.
　　① 아버지 같은　　　　　　　　② 아버지처럼
　　③ 아버지 같이　　　　　　　　④ 아버지듯이

2) 가: 지금 출발해요?
　　나: (　　　　　　　　). 서두르자.
　　① 늦었을 것이다　　　　　　　② 늦겠다
　　③ 늦을 수 있다　　　　　　　　④ 늦어도 된다

3) 가: 잠실운동장에 한 번 가 보고 싶어요.
　　나: (　　　　　　　) 아세요?
　　① 어떻게 하는지　　　　　　　② 어떻게 물어보는지
　　③ 어떻게 운전하는지　　　　　④ 어떻게 가는지

4) 가: 수미 씨 참 어려요.
　　나: 수미 씨는 (　　　　　　　) 아직 철이 없어요.
　　① 막내에 따라　　　　　　　　② 막내로 태어나서
　　③ 막내이었기 때문에　　　　　④ 막내인 것 같으니까

5) 가: 한국어 타이핑 잘 해요?
　　나: 한국어는 (　　　　　　　) 글자수가 많지 않아서 타이핑하기 쉬워요.
　　① 중국어같이　　　　　　　　　② 중국어같은
　　③ 중국어처럼　　　　　　　　　④ 중국어듯이

3. 자신의 상황에 비추어 물음에 답하십시오. （根据自己的情况回答问题）

1) 역사적인 인물 중에 누구를 제일 존경해요?

2) 한국의 민속놀이 중에 좋아하는 것 있어요?

3) 언제 몇 째 아들(딸)로 태어 났어요?

4) 이후에 누구와 같은 사람이 되고 싶어요?

5) 여러분은 사람들에게 어떤 첫 인상을 줍니까?

4. 다음 글을 읽고 물음에 답하십시오. （读下面的文章回答问题）

> ### 나의 동료 마이클
>
> 마이클은 회사 동료 중의 한 사람이다. 중간 키에 체격이 좋다. 갈색 곱슬머리에 흰 살결, 갸름한 얼굴을 하고 있다. 마이클이 가장 매력적인 부분은 눈이다. 긴 속눈썹 안의 짙은 갈색 눈은 살아 있는 것처럼 정신이 있다. 마이클은 첫인상이 참 좋다. 언제나 웃는 인상을 주는 그는 마음이 좋고 활발하다. 사실 마이클은 성격이 원만하고 사교적이라서 인기가 많다. 마이클의 옷차림은 다소 보수적이다. 언제나 회색이나 짙은 남색 정장을 한다. 그러나 넥타이는 화려한 것을 맨다. 밝은 색 넥타이나 꽃무늬가 있는 넥타이를 즐겨맨다. 마이클은 말은 아주 빠르지만 목소리가 부드럽다. 그는 농담을 잘하여 우리를 즐겁게 한다. 마이클은 아주 다재다능하다. 운동도 잘하고 악기도 잘 다룬다. 특히 색소폰을 제일 잘 연주한다. 우리 회사 동료들은 대부분 마이클을 좋아한다.

1) 마이클의 외모에 대해 이야기 해 보세요.

_____

2) 마이클은 어떤 옷차림을 좋아합니까?

_____

3) 마이클의 성격은 어떻습니까?

_____

4) 마이클의 취미는 무엇일까요?

_____

5. 다음 대화를 모방하여 대화를 만들어 보십시오. （模仿下面的范文练习会话）

> 마이클: 민수 씨, 이 번 주말에 시간 있어요?
> 민　수: 네, 토요일 오후에 시간이 있는데요.
> 마이클: 민수 씨에게 여자 친구를 소개해 주려고 합니다.
> 민　수: 고맙습니다. 그런데 소개해 주려는 사람은 어떤 사람입니까?
> 마이클: 제 대학교 동창입니다. 안나라고 하는데 한국말을 조금 할 수 있어요.
> 민　수: 그래요? 그런데 안나 씨는 어떻게 생겼습니까? 예쁘게 생겼습니까?
> 마이클: 물론이지요. 예쁘고 귀엽게 생겼습니다. 성격이 아주 활발하고 좋습니다. 사교적입니다.
> 민　수: 지금 무슨 일을 하고 있습니까?
> 마이클: 한국 대학교에서 영어를 가르치고 있는데 학생들한테 인기가 아주 많습니다.
> 민　수: 빨리 소개받고 싶군요.

_____

_____

_____

_____

_____

_____

 补充单词

단단히 （副）结实, 坚强		실컷 （副）尽情地	
패션쇼 （名）服装节		명성 （名）名声	
아이디어 （名）方法, 点子		위기 （名）危机	
전통 （名）传统		자랑 （名）白豪, 骄傲	
동방예의지국 （名）东方礼仪之国		짙다 （形）浓, 深	
정당 （名）政党		싸움 （名）打架	
보복 （名）报复		고통 （名）痛苦	
논문 （名）论文		설득력 （名）说服力	
근거 （名）根据		시장조사 （名）市场调查	
슬프다 （形）悲伤		이상하다 （形）异常, 奇怪	
대부분 （名）大部分		선호하다 （他）偏爱, 喜爱	
공무원 （名）公务员		심양 （名）沈阳	
여권 （名）护照		졸업식 （名）毕业典礼	
삼성 （名）三星		태극기 （名）太极旗	
휘날리다 （他）飘扬		태극기 휘날리며 （电影名）太极旗飘扬	
푹 （副）熟透, 深深		멜로드라마 （名）爱情片	
평범하다 （形）平凡		성격 （名）性格	
막내 （名）老幺		민속놀이 （名）民俗游戏	
동료 （名）同事		체격 （名）体格	
갈색 （名）褐色		곱슬머리 （名）卷发	
갸름하다 （形）稍长, 略长		매력적 （名）魅力	
속눈썹 （名）睫毛		활발하다 （形）活泼, 开朗	
원만하다 （形）圆满		사교적 （名）爱交际的	
인기 （名）人气		보수적 （名）保守	
화려하다 （形）华丽		꽃무늬 （名）花纹	
부드럽다 （形）柔软, 温柔		농담 （名）玩笑	
다재다능 （名）多才多艺		악기 （名）乐器	
다루다 （他）操纵, 使用		색소폰 （名）萨克斯	
연주 （名）演奏		회색 （名）灰色	
정장 （名）正装			

제 10 과 공항 （机场）

语法要点

> N-뿐이다,
> V-(으)ㄹ 뿐이다
> N-말고
> V-자마자
> V-기 시작하다
> N-덕분에
> V-(으)ㄴ 덕분에

 巩固练习

1. 다음 빈칸에 알맞은 단어를 넣으십시오. （选词填空）

1) 하고 싶은 말이 있었는데 (　　　　) 잘 왔네.
   ① 바로　　　② 마침　　　③ 훨씬　　　④ 너무

2) 한국요리를 너무 좋아해서 하루 안 먹으면 생각날 (　　) 예요.
   ① 처럼　　　② 같이　　　③ 정도　　　④ 밖에

3) 수업을 (　　　　) 가야 할 곳이 있어서 오늘은 같이 식사를 못 하겠어요.
   ① 끝나면　　② 끝내니까　③ 끝나려면　④ 끝내고

4) 보고서를 (　　　　) 내일까지 교수님께 드려야 해요.
   ① 만들고　　② 작성해서　③ 끝내고　　④ 조성해서

5) 그 사람을 (　　　　　) 노력하는데 잘 안 돼요.
   ① 사귀면　　② 싸우려고　③ 이해하려고　④ 잊었기 때문에

2. 다음 보기에서 알맞은 것을 골라 활용하여 (　　　)안에 써 넣으십시오.
   （选择正确的并填空）

> <보기>
> ⓐ실력이 늘다 ⓑ계획을 세우다 ⓒ피아노를 치다 ⓓ일을 처리하다 ⓔ비행기를 탑승하다

1) 그럼 수미 씨가 (　　　　　　　　) 제가 노래를 부를게요.

2) 출국수속을 끝내신 손님께서는 (　　　　　　　　) 주십시오.

3) 새로운 시스템이 도입되어 지금은 (　　　　　　) 속도가 빠릅니다.

4) 매일 열심히 한국어를 공부하니까 요즘은 (　　　　　) 것 같아요.

5) (　　　　　　　　) 방학을 보람있게 보낼 수 있어요.

3. "N 뿐이다"를 이용하여 문장을 만드십시오. (用 "N 뿐이다" 完成句子)

> <보기>
> 비행기 표를 사다, 왕룽 씨, 학생, 우리 반
> ⇒ 우리 반에서 비행기표를 산 학생은 왕룽 씨뿐입니다.

1) 읽고 싶다, 만화책, 책, 이 서점
   ⇒_____

2) 구경하다, 민속박물관, 곳, 이 도시
   ⇒_____

3) 시간이 있다, 세 번째 토요일, 날, 이번 달
   ⇒_____

4) 만나야 하다, 고등학교 동창, 사람, 이 학교
   ⇒_____

5) 좋아하다, 된장찌개, 한국음식, 이 식당
   ⇒_____

4. "N-말고"를 이용하여 다음 대화를 완성하십시오. (用 "N-말고" 完成对话)

> <보기>
> 가: 수미 씨는 이 노래 말고 다른 노래도 할 수 있어요?
> 나: 제가 할 수 있는 노래는 이 노래뿐입니다.

1) 가:_____?
   나: 지금은 마실 것이 커피 뿐입니다.

2) 가:_____?
   나: 검은색은 매진되어서 지금은 빨간색 뿐입니다.

3) 가:_____?
   나: 지금 교실에는 왕룽 씨 밖에 없습니다.

4) 가:_____?
   나: 저는 이번 주 수요일 밖에 시간이 없습니다.

5) 가:_____?
   나: 저는 외국어는 영어 밖에 할 수 없습니다.

5. "V-자마자"를 이용해서 문장을 만드십시오. （用 "V - 자마자" 完成句子）

> <보기>
> 졸업을 하다 / 한국회사에 취직하다.
> ⇒ <u>졸업을 하자마자</u> 한국회사에 취직했어요.

1) 아침에 일어나다 / 신문을 보다.
   ⇒ _____

2) 전화를 받다 / 밖으로 나가다.
   ⇒ _____

3) 운전면허를 따다 / 차를 사다.
   ⇒ _____

4) 제주도에 도착하다 / 한라산에 가다.
   ⇒ _____

5) 차를 타다 / 잠을 자다.
   ⇒ _____

6. "V-자마자"를 이용해서 질문에 답하십시오. （用 "V-자마자" 回答问题）

1) 가: 언제 차를 샀어요?
   나: _____

2) 가: 어제 언제 회사에 갔어요?
   나: _____

3) 가: 집에 가면 제일 먼저 뭘 해요?
   나: _____

4) 가: 언제 집에 전화할 거예요?
   나: _____

5) 가: 언제부터 그 사람과 사귀었어요?
   나: _____

7. "S-기 시작하다"를 이용하여 문장을 만드십시오.
   （用 "S-기 시작하다" 完成句子）

> <보기>
> 갑자기 열이 나다. ⇒ 갑자기 열이 나기 시작했어요.

1) 회의를 하기 위해서 사람들이 모이다.
   ⇒ _____

2) 가을이 되니까 낙엽이 지다.
   ⇒ _____

3) 여기저기 예쁜 꽃이 피다.

　　⇒_____

4) 조금 전부터 아이가 울다.

　　⇒_____

5) 가을부터 태권도를 배우다.

　　⇒_____

8. "-N 덕분에"를 이용하여 문장을 이으십시오. （用 "-N 덕분에" 完成句子）

1) 친구 / 일이 빨리 끝나다.

　　⇒_____

2) 부모님 / 해외유학을 가다.

　　⇒_____

3) 오빠 차 / 학교에 빨리 오다.

　　⇒_____

4) 안내방송 / 아이를 찾다.

　　⇒_____

5) 인터넷 / 많은 정보를 알다.

　　⇒_____

9. "V-(으)ㄴ덕분에"를 이용하여 다음 대화를 완성하십시오.
　　（用 "V-(으)ㄴ덕분에" 完成对话）

<보기>
가: 이제는 한국어를 잘 하네요.
나: 한국인 친구가 많이 도와준 덕분에 한국어 실력이 좀 늘었어요.

1) 가: 어려운 시험인데 합격했네요.
　 나:_____

2) 가: 어떻게 알고 오셨어요?
　 나:_____

3) 가: 병이 다 나은 것 같아요.
　 나:_____

4) 가: 크게 성공하신 거 축하 드립니다.
　 나:_____

5) 가: 여자 분이 어떻게 이 일을 하게 되었어요?
　 나:_____

10. 다음을 한국어로 번역하십시오. （将下列句子译成韩文）

1） 我只是见过他一两次而已，并不熟悉。

　　_____

2） 这里 10 月末就开始下雪。

　　_____

3） 我回到家放下行李就出去找朋友了。

　　_____

4） 这些年我取得了一些成绩的话，那都是托了老师您的福。

　　_____

5） 除了面包没有别的可吃的吗？

　　_____

11. 다음을 중국어로 번역하십시오. （将下列句子译成中文）

1） 휴대폰 덕분에 빨리 연락을 받을 수 있었어요.

　　_____

2） 제 말이 끝나자마자 그 여자는 울기 시작했습니다.

　　_____

3） 저는 친구로서 해야 할 일을 했을 뿐이니까 그런 말 하지 마세요.

　　_____

4） 이것 말고 더 좋은 것을 선물하려고 했는데 돈이 좀 부족했어. 미안해.

　　_____

5） 열심히 취직 준비를 한 덕분에 대기업에 입사할 수 있었어요.

　　_____

 提高练习

1. 보기에서 알맞은 것을 골라 빈칸에 써 넣으십시오. （选择适当的语法填空）

> <보기>
> ⓐ 을 뿐　ⓑ 말고　ⓒ 자마자　ⓓ 기 시작하여　ⓔ 덕분에　ⓕ -은 덕분에

1） 그 사람과는 2 년 전부터 사귀（　　　　　　　） 올해 5 월에 결혼했다.

2） 부모님 （　　　　） 오늘의 제가 있을 수 있었습니다.

3） 그는 나를 보（　　　） 웃으며 뛰어 왔다.

4） 아침을 많이 먹（　　　　） 이 시간까지 일할 수 있었다.

5) 나는 일본 (　　　　) 한국에 유학 가고 싶다.

6) 교실에는 수미 혼자 공부하고 있(　　　　) 다른 사람은 없었다.

2. 다음 문장과 의미가 같은 것을 고르십시오. （选择意思相同的句子）

1) 나는 사실을 얘기할 뿐입니다.
① 나는 사실이어서 이야기 한다.
② 나는 사실인 것만 이야기 한다.
③ 나는 사실이면 이야기 한다.
④ 나는 사실마다 이야기 한다.

2) 한국 친구가 도와 준 덕분에 유학생활에 빨리 적응할 수 있었어요.
① 한국 친구가 도와주어야 유학생활에 빨리 적응할 수 있었다.
② 한국 친구가 도와 주는 동안 유학생활에 빨리 적응할 수 있었다.
③ 한국 친구가 도와 줄 때 유학생활에 빨리 적응할 수 있었다.
④ 한국 친구가 도와주었기 때문에 유학생활에 빨리 적응할 수 있었다.

3) 해마다 이때가 되면 개나리가 피기 시작하고 만물이 소생한다.
① 해마다 이때가 되어도 개나리가 피기 시작하고 만물이 소생한다.
② 해마다 이때가 되지 않아도 개나리가 피기 시작하고 만물이 소생한다.
③ 해마다 이때가 되기 전에 개나리가 피기 시작하고 만물이 소생한다.
④ 해마다 이때부터 개나리가 피기 시작하고 만물이 소생한다.

4) 내가 방에 들어가자마자 전화가 울렸어요.
① 내가 방에 들어가면 전화가 울렸어요.
② 내가 금방 방에 들어 간 후 금방 전화가 울렸어요.
③ 내가 방에 들어가는 동안 전화가 울렸어요.
④ 내가 방에 들어갈 때 전화가 울렸어요.

5) 그 친구 말고 연락할 수 있는 다른 사람은 없어요?
① 그 친구 한사람만 연락하려고 해요?
② 그 친구한테만 연락하지 않겠어요?
③ 그 친구 밖에 다른 사람한테는 연락할 수 없어요?
④ 그 친구만 연락할 수 없어요?

3. 자신의 상황에 비추어 물음에 답하십시오. （根据自己的情况回答问题）

1) 언제부터 한국이나 한국어에 관심을 가지기 시작했어요?

_____

2) 누구 덕분에 좋은 성적을 얻을 수 있었어요?

_____

3) 처음 비행기를 탈 때 공항에서 당황한 적 있어요?

_____

4) 지금 다니는 대학 말고 다니고 싶었던 대학 있어요?

_____

5) 수업이 끝나면 보통 무엇을 해요?

4. 다음 글을 읽고 물음에 답하십시오. （阅读并回答问题）

공항안내방송

텍스트 1

　인천에서 출발하여 런던으로 가는 k888 항공편 승객 여러분, 안내 말씀 드리겠습니다. 현재 런던에 연일 짙은 안개가 끼어 시야가 좋지 않은 관계로 현재 출발이 지연되고 있습니다. 탑승수속을 마친 손님 여러분께서는 대기실에서 기다려 주시기 바랍니다. 승객 여러분께 불편을 끼쳐 드려 죄송합니다. 런던 쪽에서 소식이 오면 다시 안내 말씀 드리도록 하겠습니다. 다시 한 번 죄송하다는 말씀 드리며 승객 여러분께서 양해를 바랍니다. 감사합니다.

텍스트 2

　인천에서 출발하여 런던으로 가는 k888 항공편 승객 여러분, 안내 말씀 드리겠습니다. 런던 쪽의 기상상황이 좋아져 조금 후인 10 시 40 분에 출발할 예정입니다. 승객 여러분께서는 35 번 탑승구를 이용해 탑승해 주시기 바랍니다. 인천공항에서 2 시간 30 분 지연되었기 때문에는 런던에는 저녁 10 시 40분쯤 도착할 것으로 예상됩니다. 승객 여러분의 양해에 감사 드리며 서둘러 탑승해 주실 것을 부탁드립니다.

1) 인천에서 런던으로 가는 비행기는 왜 지연되었습니까?

_____

2) 인천에서 런던까지 얼마나 걸립니까?
　① 14 시간　　　② 12 시간·　　　③ 15 시간　　　④ 10 시간

5. 다음 대화를 모방하여 대화를 만들어 보십시오. （模仿下面的范文练习会话）

공항에서

안내원: 어서 오세요. 뭘 도와 드릴까요?
외국인: 제 가방이 안 보여요.
안내원: 그럼 분실물 센터에 같이 가 보시겠어요?

<가방을 찾은 후>
외국인: 덕분에 가방을 찾았어요. 정말 감사합니다. 이 번 비행기를 못 타면 안 되니까요.
안내원: 가방을 찾으셔서 다행입니다. 시간이 없으니까 빨리 탑승 수속을 하는 게 좋겠어요.

<탑승 수속>
직　원: 보낼 짐이 얼마나 됩니까?
외국인: 2 개인데 이것은 깨지기 쉬우니까 스티커를 붙여 주세요. 그리고 좌석은 창 옆으로 해 주세요.
직　원: 운이 좋으시군요. 창 옆자리가 한 자리 남았습니다. 편안한 여행 되십시오.
외국인: 감사합니다. 수고 하세요.

_____

_____

_____

_____

_____

_____

_____

 ## 补充单词

작성하다 (他) 制定, 草拟	조성하다 (他) 组成, 构成
출국수속 (名) 出国手续	도입 (名) 引进
시스템 (名) 系统	운전면허 (名) 驾驶证
낙엽 (名) 落叶	피다 (自) 开 (花)
해외유학 (名) 海外留学	안내방송 (名) 广播通知
정보 (名) 情报, 信息	휴대폰 (名) 手机
부족하다 (形) 不足, 不够	적응하다 (自) 适应
개나리 (名) 连翘花, 迎春花	만물 (名) 万物
소생하다 (自) 复苏	당황하다 (形) 惊慌, 慌张
승객 (名) 乘客	안개 (名) 雾
끼다 (自) 笼罩, 弥漫	지연 (名) 延迟, 拖延
탑승수속 (名) 登机手续	마치다 (他) 结束, 完成
대 기실 (名) 候机厅	불편 (名) 不便, 麻烦
끼치다 (他) 打搅, 干扰	양해 (名) 谅解
바라다 (他) 希望, 期望	런던 (名) 伦敦
기상상황 (名) 天气情况	탑승구 (名) 登机口
서두르다 (他) 急着, 忙着	예상 (名) 预想, 预料
분실물 (名) 遗失物	센터 (名) 中心
깨지다 (自) 碎, 破碎	스티커 (名) 不干胶
좌석 (名) 座位, 座席	

제 11 과 음식,맛 (饮食，味道)

🔍 语法要点

> 얼마나 A/V-(으)ㄴ지
> V-(으)니까 (제시)
> V-게 되다
> N-에 비하다
> V-ㄴ 편이다

 巩固练习

1. 다음 빈칸에 알맞은 단어를 넣으십시오. (选词填空)

1) 이 방법 말고 더 (　　　) 할 수 있는 방법 좀 생각해 보세요.
　① 쉬우면　　　　② 쉽게　　　　　③ 쉬우니까　　　④ 쉬우려면

2) 일을 좀 더 (　　) 해 주시면 사람들이 믿을 거예요.
　① 확실하면　　　② 확실하려고　　③ 확실히　　　　④ 확실하니까

3) 유럽 쪽에 여행 갔는데 음식이 입에 맞지 않아서 (　　　　　　).
　① 혼을 냈어요　② 혼이 나겠어요　③ 혼을 내겠어요　④ 혼 났어요

4) 원래 (　　　) 먹으면 체해요. 천천히 드세요.
　① 급하면　　　　② 급하게　　　　③ 급해서　　　　④ 급하기 때문에

5) 이 요리는 처음 먹는데 (　　　) 맛있네요.
　① 굉장하면　　　② 굉장히　　　　③ 굉장하다가　　④ 굉장해서

2. 다음 보기에서 알맞은 것을 골라 활용하여 (　　　)안에 써 넣으십시오.
　(选择适当的词并填空)

> <보기>
> ⓐ 시다 ⓑ 쓰다 ⓒ 달다 ⓓ 맵다 ⓔ 구수하다 ⓕ 얼큰하다 ⓖ 입에 맞다

1) 어디서 (　　　　　) 냄새가 나요. 뭐 맛있는 거 했어요?

2) 한국음식은 (　　　　　) 일본음식은 (　　　　　).

3) 날씨가 더워서 김치가 빨리 (　　　　) 것 같으니까 빨리 먹어요.

4) 김치라면이 (　　　　) 그 걸 드셔 보세요.

5) 약은 워낙 (　　　　) 효과가 좋아요.

6) 왜 그렇게 조금 밖에 안 먹어요. 음식이 (　　　　　　　　　)?

3. 보기와 같이 문장을 만드십시오. (仿照例句，完成下列句子)

> **〈보기〉**
> 잠을 자다. ⇒ 잠을 얼마나 자는지 몰라요.

1) 날씨가 좋다. ⇒_____

2) 노래를 부르다. ⇒_____

3) 영화가 재미있다. ⇒_____

4) 시간이 빠르다. ⇒_____

5) 몸이 피곤하다. ⇒_____

4. "얼마나 …… 지 몰라요"를 이용하여 질문에 답하십시오.
   (用"얼마나 …… 지 몰라요"句式回答问题)

1) 가: 그 선생님 어때요?
   나:_____

2) 가: 퇴근시간에 교통이 복잡하지요?
   나:_____

3) 가: 커피를 많이 마셔요?
   나:_____

4) 가: 그 만화 재미있어요?
   나:_____

5) 가: 그곳에 눈이 많이 왔어요?
   나:_____

5. "V(으)니까"를 이용하여 다음 질문에 답하십시오. (用"V(으)니까"回答问题)

> **〈보기〉**
> 가: 한국에 가 봤어요?
> 나: 한국에 가 보니까 깨끗하고 아름다웠어요.

1)가: 서점에 책 사러 갔어요?

　나:_____

2)가: 그 사람을 만나 보셨어요?

　나:_____

3)가: 새 카메라로 사진을 찍어 보셨어요?

　나:_____

4)가: 김 선생님 강의를 들어 보셨어요?

　나:_____

5)가: 한국요리를 만들어 보았어요?

　나:_____

6. "A/V-게 되다" 를 이용하여 문장을 완성하십시오. (用 "A/V-게 되다" 完成下列句子)

> <보기>
> 많은 사람들이 그의 말을 <u>믿게 되었어요</u>. (믿다)

1) 아이들 덕분에 집이_____. (즐겁다)

2) 온 가족이 함께_____. (살다)

3) 새 집을 사서_____. (이사하다)

4) 가을이 되면 은행잎이_____. (노랗다)

5) 환경오염 때문에 동물들이_____. (사라지다)

7. 보기와 같이 대화를 만드십시오. (仿照范例完成对话)

> <보기>
> 가: 얼마 동안 한국말을 배웠어요?
> 나: <u>다섯 달 동안</u> 배웠어요.
> 가: 그런데 어떻게 <u>한국말을 배우게 되었어요</u>?
> 나: <u>한국인 친구가 있어서 배우게 되었어요.</u>

1)가: 얼마 동안 식당에서 일했어요?

　나: _____일 했어요.

　가: 그런데 어떻게 식당에서 _____?

　나: _____.

2)가: 얼마 동안 중국에서 살았어요?

　　나: _____중국에서 살았어요.

　　가: 그런데 어떻게 중국에 _____?

　　나: _____.

3)가: 얼마 동안 태권도를 배웠어요?

　　나: _____태권도를 배웠어요.

　　가: 그런데 어떻게_____?

　　나: _____.

4)가: 여자 친구와 얼마 동안 사귀었어요?

　　나: _____동안 사귀었어요.

　　가: 그런데 어떻게 _____?

　　나: _____.

5)가: 이 회사에서 얼마 동안 근무했어요?

　　나: _____근무했어요.

　　가: 그런데 어떻게_____?

　　나: _____.

8. "N비해서"의 형식으로 문장을 만드십시오. (用 "N비해서" 完成下列句子)

1) 북쪽 기후 / 남쪽 기후 / 더 따뜻하다.
　　⇒_____

2) 이 사전 / 저 사전 / 설명이 더 구체적이다.
　　⇒_____

3) 언니 / 동생 / 노래를 더 잘 한다.
　　⇒_____

4) 중국요리 / 한국요리 / 더 맵다.
　　⇒_____

5) 언니 / 오빠 / 성격이 좋다.
　　⇒_____

9. "A/V-(으)ㄴ/는 편이다"를 이용하여 질문에 답하십시오.
　　(用 "A/V-(으)ㄴ/는 편이다" 回答问题)

1)가: 매운 음식을 잘 먹습니까?
　　나:_____

2)가: 스포츠를 좋아합니까?
　　나:_____

3)가: 바지를 잘 입어요? 치마를 잘 입어요?

나:_____

4) 가: 이곳에는 겨울에 눈이 많이 내려요?
　　나:_____

5) 가: 돈을 잘 써요?
　　나:_____

10. 맞는 것끼리 연결하세요. （连线完成句子）

① 어른에 비하면　　　　　　　ⓐ 시골이 공기가 맑고 깨끗한 편이에요.

② 도시에 비하면　　　　　　　ⓑ 결과가 나쁜 편이에요.

③ 그의 능력에 비하면　　　　　ⓒ 상품이 좋지 않은 편이에요.

④ 가격에 비하면　　　　　　　ⓓ 아이들이 순수한 편이에요.

⑤ 우리 정성에 비하면　　　　　ⓔ 월급이 많은 편은 아니에요.

11. 다음을 한국어로 번역하십시오. （将下列句子译成韩文）

1) 她不知有多高兴，竟然哭了。
_____

2) 打开房门一看，空无一人。
_____

3) 我下个月就要结婚了，你们都来祝贺我，好吗?
_____

4) 他在我们班韩国语算是说得最好的。
_____

5) 今天天气比起昨天算是暖和点儿了。
_____

12. 다음을 중국어로 번역하십시오. （将下列句子译成中文）

1) 이곳은 이전에 비해 교통편이 많이 좋아진 편이다.
_____

2) 동생은 형에 비해서 성격이 외향적이고 사교적이다.
_____

3) 친구의 소개로 만나게 되었는데 성격이 비슷하고 취향이 같아서 금방 사랑하게 되었다.
_____

4) 한국요리를 먹어 보니까 맵지만 담백하고 입에 맞았어요.
_____

5) 그가 하는 행동이 얼마나 미운지 내 동생이면 화를 냈을 거예요.

提高练习

1. 보기에서 알맞은 문법항목을 골라 빈칸에 써 넣으십시오. （选择适当的语法填空）

> <보기>
> ⓐ 얼마나 슬픈지 ⓑ 니까 ⓒ 게 되면 ⓓ 에 비하면 ⓔ 은 편인데

1) 그 시장이 이 시장보다 물건이 많 (   ) 멀어서 자주 가지 못해요.

2) 기숙사에 혼자 남으니 (   ) 한참 울었어요.

3) 겨울방학을 하(   ) 못 만났던 친구들도 만나고 영화도 실컷 볼 것이다.

4) 그때 우리 집도 가난했지만 그 집(   ) 그래도 괜찮은 편이었다.

5) 그 사람과 사귀어 보(   ) 정말 착하고 마음이 넓어요.

2. 다음에서 이어질 수 있는 말로 알맞은 것을 고르십시오. （选择能够衔接的句子）

1) 가: 올해 눈 참 많이 오죠?
   나: _____
   ① 눈이 많이 오면 풍년이 들어요.
   ② 눈이 많이 와서 풍년이 들었어요.
   ③ 눈이 얼마나 많이 오는지 귀찮을 정도예요.
   ④ 눈이 많이 와서 아이들이 좋아했어요.

2) 가: 수미 씨가 많이 아픈것 같아요. 수업에 안 나왔어요.
   나: _____
   ① 아프면 병원에 가야 해요.   ② 가서 보니까 괜찮았어요.
   ③ 수업에 자주 안 나와요.   ④ 아프면 수업에 안 나가요.

3) 가: 방학 동안 뭘 할 거예요?
   나: _____
   ① 방학이 그렇게 짧아요?
   ② 방학에 여행을 많이 다니는 편이에요.
   ③ 방학이 참 빨리 지나갈 거예요.
   ④ 친구가 아르바이트를 소개해 주어서 회사에서 일하게 되었어요.

4) 가: 동생이 수민 씨와 형제 같지 않네요.
   나: _____
   ① 그래요? 우리는 형제 아닌 것 같아요.
   ② 어느 집이나 형제는 얼마나 비슷한지 몰라요.
   ③ 제가 동생에 비해서 성격이 급하고 사교적이어서 그렇게 생각할 거예요.
   ④ 하는 행동을 보면 동생이 저한테 형 같지요?

5) 가: 민정 씨는 검은색 옷을 많이 입는 것 같아요.

　나: _____

　① 다른 색보다 검은색 옷을 많이 입으면 좋아요.

　② 저는 밝은 색보다 어두운 색을 더 좋아하는 편이에요.

　③ 사람마다 좋아하는 색깔이 달라서 색깔이 다양한 것 같아요.

　④ 옷하고 성격하고 관계가 있는 것 같아요.

3. 자신의 상황에 비추어 물음에 답하십시오. (根据自己的情况回答问题)

　1) 보통 중국음식을 많이 먹는 편이에요?

　_____

　2) 한국어 실력이 지난 학기에 비해서 많이 늘었어요?

　_____

　3) 지금의 여자 친구(남자 친구)를 어떻게 알게 되었어요?

　_____

　4) 한국 드라마나 영화를 보니까 어땠어요?

　_____

　5) 운동을 많이 하는 편이에요? 주로 어떤 운동을 하세요?

　_____

4. 다음 글을 읽고 물음에 답하십시오. (读下面的文章回答问题)

> 한국의 겨울은 비슷한 위도에 있는 다른 지역에 비해서 매우 춥고 기간도 긴 편이다. 그러므로 긴 겨울 동안 영양이 풍부한 채소를 계속 섭취하기 위해 가을에 미리 많은 양의 김치를 담가야만 했는데, 이를 김장이라고 한다. 겨울철에 김치 밖에 다른 반찬거리가 없었고 대식구가 모여 살았던 옛날에는 김장을 하는 양도 많았기 때문에 2~3 일에 한 번씩 여러 사람이 같이 김장을 했다. 그러나 식구가 줄고 외식의 기회가 많아진 요즘에는 김치 소비량도 줄어서 김장의 규모도 줄고 아예 김장을 하지 않는 사람들도 많아졌다.

　1) 위의 글에서 김장을 하는 이유는 무엇입니까?

　① 외식하지 않고 김치 소비량을 늘이기 위해서

　② 대식구가 모여 사는 풍습을 유지하기 위해서

　③ 긴 겨울 동안 필요한 영양을 계속 공급 받기 위해서

　④ 여러 사람이 모여서 서로 돕는 기회를 만들기 위해서

　2) 위의 글의 내용과 다른 것을 고르십시오.

　① 한국의 겨울은 비교적 길고 기온도 낮은 편이다.

　② 요즘에는 가족의 수에 비해서 김장의 양이 많아졌다.

　③ 옛날에는 김장을 할 때 여러 사람이 모여 같이 했다.

④ 한국에서는 가을에 한꺼번에 많이 담근 김치를 겨울동안 먹는다.

5. 다음 대화를 모방하여 대화를 만들어 보십시오. （模仿下面的范文练习会话）

미경: 왕단아, 어서 와.

왕동: 안녕, 미경아. 상의할 게 있어서 왔어. 다음 주 토요일에 우리 집에서 중
국 유학생 모임이 있는데 한국음식을 좀 배우고 싶어.

미경: 그래? 지난 번에 같이 먹었던 잡채는 어땠어? 그건 그리 어렵지 않아.

왕단: 그거 맛있었어. 어렵지 않으면 한 번 만들어 볼 거야. 그리고 다른 거 하
나 더 가르쳐 줘.

미경: 호박전은 어때? 만드는 방법은 잡채에 비해서 간단한 편이야. 그리고 네
가 잘 만드는 된장찌개하고 샐러드를 하면 진수성찬이 될 거야.

왕단: 좋은 생각이구나. 된장찌개하고 샐러드는 자신이 있어. 그렇지만 호박전
은 손님이 오기 전에 한 번 만들어 보고 싶어.

미경: 그럼 내일 오후에 우리 집에 와. 내가 가르쳐 줄게.

왕단: 정말 고마워. 그럼 내일 보자.

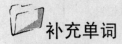

补充单词

유럽 （名）欧洲	혼이 나다 （词组）吓坏, 吓死
체하다 （自）滞食	냄새 （名）气味儿
김치라면 （名）泡菜拉面	워낙 （副）原来, 非常
만화 （名）漫画	카메라 （名）照相机
은행 （名）银杏	환경오염 （名）环境污染
사라지다 （自）消失	근무 （名）工作
설명 （名）说明	구체적 （名）具体
시골 （名）乡下	맑다 （形）清新, 明亮
공기 （名）空气	순수하다 （形）单纯, 纯洁
정성 （名）真诚, 精心	외향적 （名）外向型
취향 （名）爱好, 取向	담백하다 （形）清淡
가난하다 （形）贫穷, 贫苦	풍년 （名）丰收年
귀찮다 （形）烦, 厌烦	색깔 （名）颜色
비슷하다 （形）相似, 差不多	위도 （名）纬度
섭취하다 （他）摄取, 吸取	담그다 （他）浸, 腌
김장 （名）腌泡菜	반찬 （名）菜
거리 （名）材料	외식 （名）在外就餐
소비량 （名）消费量	풍습 （名）风俗
상의 （名）商量, 商议	샐러드 （名）沙拉
진수성찬 （名）美味佳肴	호박전 （名）南瓜饼

제 12 과 제주도（济州岛）

 语法要点

> N-(으)로 유명하다
>
> V-기로 유명하다
>
> N-겸-N
>
> V-ㄹ/을 겸
>
> V-(으)ㄹ 걸 (그랬다)
>
> A/V-(으) ㄹ까요?

巩固练习

1. 다음 빈칸에 알맞은 단어를 넣으십시오. (选词填空)

1) 내가 도착했을 때 기차가 (　　　　) 떠나서 그 친구를 보지 못했다.
① 바로　　　　② 막　　　　③ 이제　　　　④ 빨리

2) 환절기에는 (　　　) 감기를 조심해야 합니다.
① 매우　　　　② 너무　　　　③ 특히　　　　④ 굉장히

3) 꽃 중에서 내가 (　　　) 좋아하는 꽃은 튤립이에요.
① 너무　　　　② 가장　　　　③ 참으로　　　　④ 상당히

4) (　　) 높이,(　　) 멀리,(　　) 빠르게는 올림픽 정신입니다.
① 더　　　　② 더욱더　　　　③ 퍽　　　　④ 훨씬

5) 이 세상에 (　　　) 부터 악한 사람은 없을 것이다.
① 언제　　　　② 지금　　　　③ 언제나　　　　④ 원래

2. 다음 보기에서 알맞은 단어를 골라 활용하여 (　　　)안에 써 넣으십시오.
(选择适当的词并填空)

> <보기>
>
> ⓐ 노랗다 ⓑ 바람 쐬다 ⓒ 붉다 ⓓ 눈을 맞다 ⓔ 떨어뜨리다 ⓕ 줍다

1) 봄이 오니 (　　) 개나리꽃이 활짝 피었어요.

2) 마음이 좋지 않아 (　　　　　) 겸 여행 갔다 왔어요.

3) 그는 (　　　　　) 으면서 10 리 길을 걸어 왔어요.

4) 그 소식을 듣고 그는 손에 들고 있던 컵을 (　　　　　).

5) 단풍이 (　　　) 든 설악산은 정말 아름다웠어요.

6) 그는 내가 기억하고 있던 바닷가에서 조개를 (　　) 던 소녀가 아니었다.

3. "N-은/ 는 N-(으)로 유명하다" 문형을 이용하여 문장을 완성하십시오.
　(用 "N-은/ 는 N-(으)로 유명하다" 完成句子)

1) 이 식당 / 설렁탕
　⇒_____

2) 제주도 / 아름다운 경치
　⇒_____

3) 한국 / IT 기술
　⇒_____

4) 중국 서안 / 유구한 역사
　⇒_____

5) 한국 춘천 / "겨울연가"촬영지
　⇒_____

4. "N-은/는 A/V-기로 유명하다 " 문형을 이용하여 문장을 완성하십시오.
　(用 "N-은/는 A/V -(으)로 유명하다" 完成句子)

1) 장미식당 / 냉면을 잘 하다
　⇒_____

2) 준석 씨 / 춤을 잘 추다
　⇒_____

3) 그 선생님 / 강의를 잘 하다
　⇒_____

4) 이 도서관 / 건물이 아름답다
　⇒_____

5) 그 회사 / 월급이 높다
　⇒_____

5. "V - (으)ㄹ 겸 V - (으)ㄹ 겸" 문형을 사용하여 다음 질문에 답하십시오.
   (用 "V - (으)ㄹ 겸 V - (으)ㄹ 겸" 完成对话)

> 〈보기〉
> 가: 이 번에는 왜 북경으로 가세요?
> 나: 친구도 만날 겸 베이징도 구경할 겸 베이징으로 갑니다.

1) 가: 기회가 있으면 아르바이트를 하겠어요?
   나:＿＿＿＿＿＿＿＿＿＿＿＿＿＿＿＿＿＿＿＿＿＿

2) 가: 어떻게 한국에 오게 되었어요?
   나:＿＿＿＿＿＿＿＿＿＿＿＿＿＿＿＿＿＿＿＿＿＿

3) 가: 이 번 방학에 어디 갔다 왔어요?
   나:＿＿＿＿＿＿＿＿＿＿＿＿＿＿＿＿＿＿＿＿＿＿

4) 가: 보통 주말에 뭐 하세요.
   나:＿＿＿＿＿＿＿＿＿＿＿＿＿＿＿＿＿＿＿＿＿＿

5) 가: 이 번 가족여행은 어디로 가세요?
   나:＿＿＿＿＿＿＿＿＿＿＿＿＿＿＿＿＿＿＿＿＿＿

6. "V -(으)ㄹ 걸 그랬다"를 이용하여 문장을 만드십시오.
   (用 "V -(으)ㄹ 걸 그랬다" 完成句子)

1) 아침을 먹고 오다
   ⇒＿＿＿＿＿＿＿＿＿＿＿＿＿＿＿＿＿＿＿＿＿＿

2) 음식을 조금 만들다
   ⇒＿＿＿＿＿＿＿＿＿＿＿＿＿＿＿＿＿＿＿＿＿＿

3) 편한 옷을 입다
   ⇒＿＿＿＿＿＿＿＿＿＿＿＿＿＿＿＿＿＿＿＿＿＿

4) 미리 컴퓨터를 배우다
   ⇒＿＿＿＿＿＿＿＿＿＿＿＿＿＿＿＿＿＿＿＿＿＿

5) 돈을 아껴 쓰다
   ⇒＿＿＿＿＿＿＿＿＿＿＿＿＿＿＿＿＿＿＿＿＿＿

7. 후회해 본 적이 있습니까? 다음 상황에 맞게 대답해 보십시오.
   (你曾经后悔过吗? 根据情况回答问题)

> 〈보기〉
> 가: 차가 많이 막히네요.
> 나: 지하철을 탈 걸 그랬어요.

1) 가: 기차표를 사기가 어렵군요.

   나:＿＿＿＿＿＿＿＿＿＿＿＿＿＿＿＿＿＿＿＿＿＿＿＿＿＿

2) 가: 수미 씨 춥겠어요.

   나:＿＿＿＿＿＿＿＿＿＿＿＿＿＿＿＿＿＿＿＿＿＿＿＿＿＿

3) 가: 감기에 걸렸군요.

   나:＿＿＿＿＿＿＿＿＿＿＿＿＿＿＿＿＿＿＿＿＿＿＿＿＿＿

4) 가: 이 음식은 처음 먹어 보는데 맛 없군요.

   나:＿＿＿＿＿＿＿＿＿＿＿＿＿＿＿＿＿＿＿＿＿＿＿＿＿＿

5) 가: 오늘 선생님이 수업시간에 화를 내셨어요.

   나:＿＿＿＿＿＿＿＿＿＿＿＿＿＿＿＿＿＿＿＿＿＿＿＿＿＿

8. "A/V - (으)ㄹ까요" 를 사용하여 질문을 만들어 보세요. （用 "A/V - (으)ㄹ까요" 提问）

> 〈보기〉
>
> 가: <u>오늘 비가 올까요?</u>
>
> 나: 비가 올 것 같네요.

1) 가: ＿＿＿＿＿＿＿＿＿＿＿＿＿＿＿＿＿＿＿＿＿＿＿＿＿＿?

   나: 이 영화 말고 저 영화가 재미있을 것 같아요.

2) 가: ＿＿＿＿＿＿＿＿＿＿＿＿＿＿＿＿＿＿＿＿＿＿＿＿＿＿?

   나: 아마 오늘은 오지 않을 것입니다.

3) 가: ＿＿＿＿＿＿＿＿＿＿＿＿＿＿＿＿＿＿＿＿＿＿＿＿＿＿?

   나: 저 사람은 학생인 것 같습니다.

4) 가: ＿＿＿＿＿＿＿＿＿＿＿＿＿＿＿＿＿＿＿＿＿＿＿＿＿＿?

   나: 두 사람은 행복하게 살았을 것입니다.

5) 가: ＿＿＿＿＿＿＿＿＿＿＿＿＿＿＿＿＿＿＿＿＿＿＿＿＿＿?

   나: 지하철이 더 빠를 것입니다.

9. 보기와 같이 쓰십시오. （仿照例句，完成对话）

> 〈보기〉
>
> 가: <u>몇 시에 만날까요?</u>
>
> 나: 세 시에 만납시다.

1) 가: ＿＿＿＿＿＿＿＿＿＿＿＿＿＿＿＿＿＿＿＿＿＿＿＿＿＿?

   나: 예, 교실을 청소합시다.

2) 가: ＿＿＿＿＿＿＿＿＿＿＿＿＿＿＿＿＿＿＿＿＿＿＿＿＿＿?

   나: 네, 매일 일기를 씁시다.

3) 가: ＿＿＿＿＿＿＿＿＿＿＿＿＿＿＿＿＿＿＿＿＿＿＿＿＿＿?

   나: 장미 꽃을 삽시다.

4) 가: _____?

　　나: 한복을 입읍시다.

5) 가: _____?

　　나: 비빔밥을 만듭시다.

10. 다음을 한국어로 번역하십시오. （请将下列句子译成韩文）

1) 中国的安徽省以黄山闻名天下。

_____

2) 老师是我们严厉的师长也是亲密的朋友。

_____

3) 这里这么美丽，跟男朋友一起来就好了。

_____

4) 猜猜这次你过生日我能送你什么礼物?

_____

5) 到韩国留学，学学韩国语顺便了解一下韩国市场。

_____

11. 다음을 중국어로 번역하십시오. （请将下列句子译成中文）

1) 한국의 내장산은 단풍이 아름답기로 유명한데 이 번 연휴 때 같이 가 보지 않겠어요?

_____

2) 한국에서 쇼핑도 할 겸 한국시장도 알아 볼 겸 친구와 같이 3박 4일 일정으로 왔어요.

_____

3) 지금 알고 있는 것을 그때도 알았으면 좋았을 걸 그랬어요.

_____

4) 내가 이 선물을 그한테 주면 그가 어떤 표정을 지을까요?

_____

5) 글쎄 말이에요. 수미 씨도 어려운데 이런 부탁을 받아서 어떡해요.

_____

 提高练习

1. 보기에서 알맞은 문법항목을 골라 빈칸에 써 넣으십시오. （选择适当的语法填空）

> <보기>
> ⓐ 기로 유명한　ⓑ 을 겸　ⓒ 걸 그랬어　ⓓ 일까요　ⓔ 겸　ⓕ 로 유명한

1) 그 친구가 그렇게 힘든지 몰랐어. 일찍 도와 줄(　　　　　　　　).

2) 제가 이 회사 사장 (　　　　　) 직원이에요. 회사를 금방 차려서 혼자 노력하고 있어요.

3) 잘 생겼 (　　　　　　　) 한국 배우는 장동건이죠. 요즘은 연기도 참 잘 해요.

4) 인생에서 제일 중요한 것이 무엇(　　　　　　　)? 돈, 명예……

5) 중국에서 보이차 생산지(　　　　　　　) 곳은 운남성이에요.

6) 오랫동안 못 먹은 한국요리도 먹(　　　　　　　) 그 근처에 사는 친구도 만날 겸 "고향 집식당" 으로 갔어요.

2. 다음에서 알맞은 것을 골라 대화를 완성하십시오.　（选择能够衔接的句子）

1)가: 그 친구가 왜 그렇게 유명해요?
　나: _____

① 그 친구는 유명하니까 유명해요.
② 그 친구는 농담을 잘 해서 유명했어요.
③ 그 친구는 우리 학과에서 운동을 잘 하기로 유명해요.
④ 그 친구는 돈이 많아서 사람들을 잘 도와줬어요.

2)가: 이 번 방학 어떻게 보낼 거예요?
　나: _____

① 돈을 벌거나 사회경험을 쌓거나 아르바이트를 했습니다.
② 돈도 벌 겸 사회경험도 쌓을 겸 방학에 아르바이트를 하려고 합니다.
③ 돈을 벌면서 사회경험을 쌓으면서 아르바이트를 하고 싶었어요.
④ 돈이나 사회경험이나 중요해서 아르바이트를 많이 해요.

3)가: 이 번 배낭여행이 참 재미있었어요.
　나: _____

① 저도 신청을 하려고 했어요.　　② 저도 같이 갈 걸 그랬어요.
③ 저도 배낭여행을 좋아했어요.　　④ 저도 배낭여행을 하면 돼요.

4)가: 이 번 시험에 붙을 수 있을까요?
　나: _____

① 이 번 시험에 많이 붙었어요.
② 이 번 시험이 어려웠지요?
③ 열심히 하면 누구나 다 잘 할 수 있어요.
④ 열심히 했으니까 붙을 거예요.

5)가: 부모님이 참 이해심이 많으셔서 좋겠어요.
　나: _____

① 네, 저의 부모님은 가까운 친구 겸 선생님이에요.
② 네, 저의 부모님은 아는 것이 많았어요.
③ 네, 저의 부모님은 사람 만나는 것을 좋아해요.
④ 네, 저의 부모님은 저와 성격이 비슷해요.

3. 자신의 상황에 비추어 물음에 답하십시오. （根据自己的情况回答问题）

1) 여러분의 고향에는 무엇이 제일 유명해요?

_____

2) "(으)ㄹ 걸 그랬다"라고 하면서 후회해 본 적 있어요?

_____

3) 여러분의 시험 성적이 잘 나올까요?

_____

4) 기분전환도 할 겸 소풍 한 번 가 보고 싶지 않으세요?

_____

5) 한국에 가면 제일 가고 싶은 곳이 어디예요?

_____

4. 다음 글을 읽고 물음에 답하십시오. （读下面的文章回答问题）

> 윌슨은 철수와 함께 지난 겨울에 제주도에 갔다 왔습니다. 떠나는 날, 윌슨은 기뻐서 아침을 먹을 수가 없었습니다. 윌슨은 제주도 이야기를 많이 들었지만 가 본 적은 없었습니다. 철수는 이 번 제주도 여행이 두 번째 였습니다. 제주도는 한국에서 가장 큰 섬인데, 기후가 따뜻하며 경치가 매우 아름답습니다. 그들은 제주도에 도착해서 먼저 한라산에 올라가 보았습니다. 한라산은 높아서 올라가기가 꽤 힘들었습니다. 한라산에서 내려다 본 바다는 정말 아름다웠습니다. 윌슨은 제주도가 마음에 들었습니다.

1) 위의 글의 내용과 맞지 않는 것은?

① 윌슨은 제주도에 여러 번 가 봤습니다.
② 철수는 제주도에 두 번 가 봤습니다.
③ 제주도에서 두 사람은 제일 먼저 한라산에 갔습니다.
④ 두 사람은 겨울에 제주도에 갔습니다.

2) 제주도에 대한 설명으로 맞지 않는 것은?

① 제주도는 한국에서 제일 큰 섬입니다.
② 제주도에는 한라산이 있습니다.
③ 한라산은 그리 높지 않습니다.
④ 한라산에서 바다를 볼 수 있습니다.

3) 제주도에 여행 가는 날 윌슨 씨는 어떠했습니까?

_____

5. 다음 대화를 모방하여 대화를 만들어 보십시오. （模仿下面的范文练习会话）

> 마이클: 여보세요?
> 직　원: 안녕하십니까? 무궁화 여행사입니다.

마이클: 제주도로 여행을 가려고 하는데요. 제주 패키지 여행은 어떤 것입니까?

직　원: 제주패키지 여행은 제주도의 유명한 곳을 안내를 받으면서 하는 여행입니다. 숙박, 왕복 항공권, 식사와 이틀간의 여행 경비가 모두 포함됩니다. 자유 여행보다 경비가 싸게 듭니다.

마이클: 그런데 여기 광고지에는 한라호텔과 동양호텔이 나와 있군요. 왜 한라호텔이 비쌉니까?

직　원: 한라호텔이 동양호텔보다 제공되는 것이 많기 때문입니다. 동양호텔로 하시면 아침 식사 두 번과 점심 식사 두 번이 제공됩니다. 저녁 식사는 개인적으로 하셔야 합니다. 그렇지만 저녁 식사까지 같이 제공 받으시려면 한라호텔이 좋습니다.

마이클: 네. 잘 알겠습니다. 감사합니다.

 补充单词

조심하다 （自）小心, 谨慎	튤립 （名）郁金香
정신 （名）精神	악하다 （形）恶毒, 凶恶
설악산 （名）雪岳山	조개 （名）贝
서안 （名）西安	유구하다 （形）悠久
촬영지 （名）拍摄地	장미 （名）玫瑰
아끼다 （他）节约, 节省	한복 （名）韩服
내장산 （名）内藏山	보이차 （名）普耳茶
운남성 （名）云南省	사회경험 （名）社会经验
섬 （名）岛	한라산 （名）汉拿山
패키지 （名）组团旅游	숙박 （名）住宿
포함 （名）包含, 包括	자유 （名）自由
광고지 （名）广告单	제공 （名）提供
개인 （名）个人	

제13과 전화하기 2 (打电话 2)

 语法要点

> 간접화법:
> A/V-다고 하다
> N-(이)라고 하다
> A/V-(으)냐고 묻다
> A/V -냐고 묻다 (하다)
> V-(으)라고 하다
> V -자고 하다

巩固练习

1. 다음 빈칸에 알맞은 단어를 넣으십시오. （选词填空）

1) 부모님은 (　　) 자식을 걱정하신다.
① 가끔　　　　　② 아무나　　　　　③ 늘　　　　　④ 언젠가

2) 나는 그의 행동이(　　　) 이해가 가지 않는다.
① 무엇때문에　　② 누구나　　　　③ 아무나　　　④ 도저히

3) 그의 생각이 다른 사람과 많이 달라서 (　　　　) 느껴진다.
① 친절하게　　　② 특별하게　　　③ 특수하게　　④ 다정하게

4) 요즘은 너무 바빠서 친구들을 (　　) 못 만나고 있다.
① 대부분　　　　② 아무튼　　　　③ 거의　　　　④ 항상

5) 내가 막내여서 부모님께서는 나를 (　　) 사랑하셨다.
① 더욱더　　　　② 더욱이　　　　③ 아무튼　　　④ 무척

2. 다음 보기에서 알맞은 단어를 골라 (　　　)안에 써 넣으십시오. （选择适当的词活用并填空）

> <보기>
> ⓐ 가난하다　ⓑ 옮기다　ⓒ 꺼지다　ⓓ 발전하다　ⓔ 웬일　ⓕ 지시하다

1) 수미 씨가 (　　　)로 이 늦은 밤에 찾아 왔어요?

2) 이 일은 사장님께서 직접 (　　　　　)일이어서 신경을 써야 합니다.

3) 한국에 와서 하숙집을 여러 번 (　　　　) 기 때문에 지금 그의 주소를 모릅니다.

4) 개혁개방이후 중국은 크게 (　　　　) 고 있습니다.

5) 집이 (　　　　　)고 하여 꿈이 없는 것은 아닙니다.

6) (　　　　) 불도 다시 보면서 화재를 예방합시다.

3. "V-ㄴ/는다고 하다" 형식을 사용하여 다음 문장을 고치십시오.
　　(用 "V-ㄴ/는다고 하다" 改写句子)

> <보기>
> 내일 친구를 만납니다 ⇒ 내일 친구를 만난다고 합니다.

1) 수미 씨는 매일 6시에 일어납니다.
　⇒ _____

2) 그들은 오늘 한국영화를 봅니다.
　⇒ _____

3) 그는 아침에 빵을 먹어요.
　⇒ _____

4) 아버지는 과장으로 승진하셨어요.
　⇒ _____

5) 오늘 수업은 빨리 끝납니다.
　⇒ _____

4. " A다고 하다" 형식을 사용하여 다음 문장을 고치십시오. (用 " A다고 하다" 改写句子)

> <보기>
> 오늘은 많이 피곤해요. ⇒ 오늘은 많이 피곤하다고 해요.

1) 내 친구는 요즘 아주 바빠요.
　⇒ _____

2) 한국어를 배우는 사람이 많아요.
　⇒ _____

3) 그 사람은 가난해요.
　⇒ _____

4) 그 대학은 괜찮아요.

⇒ _____

5) 그의 고향은 아름다워요.

⇒ _____

5. "N-(이)라고 하다" 형식을 사용하여 다음 문장을 고치십시오.
   (用 "N-(이)라고 하다" 改写句子)

> <보기>
> 수미 오빠는 의사입니다. ⇒ 수미 오빠는 의사라고 해요.

1) 여기는 대한항공입니다.

⇒ _____

2) 여기는 금연구역입니다.

⇒ _____

3) 제가 좋아하는 한국드라마는 "파리의 연인"입니다.

⇒ _____

4) 설에 반드시 먹는 것이 떡국입니다.

⇒ _____

5) 태화전은 중국 최대의 목조건물입니다.

⇒ _____

6. "V-(으)냐고 묻다" 형식을 사용하여 다음 문장을 고치십시오.
   (用 "V-(으)냐고 묻다" 改写句子)

> <보기>
> 시장에서 무엇을 사요? ⇒ 시장에서 무엇을 <u>사냐고 물었어요</u>.

1) 내일 날씨가 추운데 뭘 입어요?

⇒ _____

2) 언제 친구를 만나요?

⇒ _____

3) 누구와 같이 볼링을 쳐요?

⇒ _____

4) 어제 무엇을 먹었는데 배탈이 났어요?

⇒ _____

5) 어디에 신혼여행을 가요?

⇒ _____

7. "A-(으)냐고 묻다" 형식을 사용하여 다음 문장을 고치십시오.
  （用 "V-(으)냐고 묻다" 改写句子）

> <보기>
> 어느 시장이 싸요? ⇒ 어느 시장이 싸냐고 물었어요.

1) 거기는 날씨가 맑아요?

⇒ _____

2) 설악산은 지금 단풍이 빨개요?

⇒ _____

3) 고속철도가 빨라요?

⇒ _____

4) 그 다리가 위험해요?

⇒ _____

5) 이 김치 매워요?

⇒ _____

8. "N-(이)냐고 묻다" 형식을 사용하여 다음 문장을 고치십시오.
  （用 "N-(이)냐고 묻다" 改写句子）

> <보기>
> 이건 누구 모자예요? ⇒ 이건 누구 모자냐고 물었어요.

1) 이건 언제 지은 건물이에요?

⇒ _____

2) 한국사람이에요?

⇒ _____

3) 저 사람이 인기가수예요?

⇒ _____

4) 저기 저 책은 누가 빌린 책이에요?

⇒ _____

5) 제일 좋아하는 운동은?

⇒ _____

9. "A/V-았/었다고 하다", "A/V-겠다고 하다" 형식을 사용하여 다음 문장을 고치십시오.
   (用 "A/V-았/었다고 하다", "A/V-겠다고 하다" 改写句子)

> <보기>
>
> 오늘 아침에 지각했어요. ⇒ 오늘 아침에 지각했다고 했어요.
> 지난 주에 수미 씨는 너무 바빴어요. ⇒ 지난 주에 수미 씨는 바빴다고 했어요.
> 작년까지 그는 학생이었어요. ⇒ 작년까지 그는 학생이었다고 했어요.
> 나는 내년에 유학가겠어요. ⇒ 그는 내년에 유학가겠다고 했어요.

1) 어제 본 영화가 슬펐어요.
   ⇒ _____

2) 친구 집에서 밥을 너무 많이 먹었어요.
   ⇒ _____

3) 그 가수는 그때 인기가수였어요.
   ⇒ _____

4) 그 사람을 만나면 꼭 이 이야기를 하겠어요.
   ⇒ _____

5) 한국에 있을 때 호프집에 간 적이 있었어요.
   ⇒ _____

10. "A/V-았/었느냐고 묻다", "A/V-겠냐고 묻다" 형식을 사용해서 다음 문장을 고치십시오.
    (用 "A/V-았/었느냐고 묻다", "A/V-겠냐고 묻다" 改写句子)

> <보기>
>
> 그 영화 재미있었어요? ⇒ 그 영화가 재미있었냐고 물었어요.
> 영희가 뭐라고 했어요? ⇒ 영희가 뭐라고 했냐고 물었어요.
> 이전에 가수였어요? ⇒ 이전에 가수였냐고 물었어요.
> 졸업 후에 유학하겠어요? ⇒ 졸업 후에 유학하겠냐고 물었어요.

1) 언제 부모님께 편지를 쓰겠어요?
   ⇒ _____

2) 언제 이 많은 것을 다 준비했어요?
   ⇒ _____

3) 지하철이 택시보다 빨랐어요?
   ⇒ _____

4) 언제 한국에 왔어요?
   ⇒ _____

5) 그 기쁜 소식을 들었을 때 기분이 어땠어요?

⇒＿＿＿＿＿＿＿＿＿＿＿＿＿＿＿＿＿＿＿＿＿＿＿＿＿＿＿＿＿＿

11. "V-자고 하다" 형식을 사용하여 다음 문장을 고치십시오.
（用 "V-자고 하다" 改写句子）

> ＜보기＞
> 오후에 영화를 봅시다. ⇒ 수미 씨가 오후에 영화를 보자고 했어요.

1) 정은 씨, 시간이 되면 같이 여행 갑시다.

⇒＿＿＿＿＿＿＿＿＿＿＿＿＿＿＿＿＿＿＿＿＿＿＿＿＿＿＿＿＿

2) 여러분, 오늘은 같이 한국노래를 배워 봅시다.

⇒＿＿＿＿＿＿＿＿＿＿＿＿＿＿＿＿＿＿＿＿＿＿＿＿＿＿＿＿＿

3) 미영 씨, 시간이 있으니까 너무 서두르지 맙시다.

⇒＿＿＿＿＿＿＿＿＿＿＿＿＿＿＿＿＿＿＿＿＿＿＿＿＿＿＿＿＿

4) 정혁 씨, 내일 같이 시장에 가서 옷을 삽시다.

⇒＿＿＿＿＿＿＿＿＿＿＿＿＿＿＿＿＿＿＿＿＿＿＿＿＿＿＿＿＿

5) 정민 씨, 그 음식점에 전화를 해서 예약을 합시다.

⇒＿＿＿＿＿＿＿＿＿＿＿＿＿＿＿＿＿＿＿＿＿＿＿＿＿＿＿＿＿

12. "V-(으)라고 하다" 형식을 사용하여 다음 문장을 고치십시오.
（用 "V-(으)라고 하다" 改写句子）

> ＜보기＞
> 아주머니, 물 좀 주십시오. ⇒ 아주머니에게 물 좀 달라고 했어요.

1) 민우 씨, 사전을 좀 빌려 주십시오.

⇒＿＿＿＿＿＿＿＿＿＿＿＿＿＿＿＿＿＿＿＿＿＿＿＿＿＿＿＿＿

2) 영숙 씨, 저 버스를 타세요.

⇒＿＿＿＿＿＿＿＿＿＿＿＿＿＿＿＿＿＿＿＿＿＿＿＿＿＿＿＿＿

3) 아저씨, 저 약국 앞에서 오른쪽으로 가세요.

⇒＿＿＿＿＿＿＿＿＿＿＿＿＿＿＿＿＿＿＿＿＿＿＿＿＿＿＿＿＿

4) 철수 씨에게 이 편지를 주세요.

⇒＿＿＿＿＿＿＿＿＿＿＿＿＿＿＿＿＿＿＿＿＿＿＿＿＿＿＿＿＿

5) 안나 씨, 내일은 쉬는 날이니까 학교에 오지 마세요.

⇒＿＿＿＿＿＿＿＿＿＿＿＿＿＿＿＿＿＿＿＿＿＿＿＿＿＿＿＿＿

13. 다음을 한국어로 번역하십시오. （将下列句子译成韩文）

1) 弟弟问我这本书有没有意思。

_____

2) 同学要我晚上一起吃饭，我告诉他有事不能去。

_____

3) 妈妈让我放学早点儿回家。

_____

4) 王丹说有空想学跆拳道。

_____

5) 天气预报说今天有雨吗?

_____

14. 다음을 중국어로 번역하십시오. （将下列句子译成中文）

1) 수미 씨는 남자 친구에게 전화를 해서 건강이 어떠냐고 물었어요.

_____

2) 어머니께서 하늘을 보고 소나기가 올 것 같다고 하셨어요.

_____

3) 많은 사람들은 돈과 시간이 있으면 세계 여행을 하고 싶다고 해요.

_____

4) 정민 씨가 오늘은 할 일이 너무 많으니까 일찍 오라고 부탁했어요.

_____

5) 버스시간에 늦을 것 같으니까 일찍 출발하라고 해요.

_____

提高练习

1. 다음 보기에서 알맞은 문법항목을 골라 대화를 만들어 보세요.
   （选择适当的语法完成对话）

> <보기>
>
> ⓐ-냐고 하다 ⓑ-(으) 거라고 하다 ⓒ-(으)ㄹ 거냐고 하다 ⓓ-자고 하다 ⓔ-지 말자고

1) 가: 오늘 아침에 일기예보 들었어요.
   나: 뭐라고 했는데요?
   가: 오후에_____고 했어요.
   나: 그래요? 친구가 같이 _____고 했는데 어떡하지요?
   가: 날씨가 나쁘니까_____고 친구에게 얘기하세요.

2) 나: 마이클 씨가 언제 새 집으로 이사 갈 거라고 했어요?

　　나: _____고 했어요.

　　가: 이사 가려면 힘이 드니까 우리가 도와 주겠다고 마이클 씨에게 전해 주세요.

　　나: 이사를 도와 줄 친구들이 많다고 해요. 그래서 우리가 안 도와 줘도__고 했어요.

3) 가: 내일 저녁 연극표가 3 장 있는데 같이 갈래?

　　나: 좋지. 그런데 민우도 같이 가면 좋은데……

　　가: 그러면 민우에게_____고 물어 봐.

　　나: 물론_____고 할 거야. 민우 연극 굉장히 좋아하잖아.

　　가: 그럼 "세종문화회관" 앞에서_____고 전해 줘.

2. 보기와 같이 쓰십시오. (仿照例句改写句子)

> <보기>
>
> 　재희: 유학 생활 어때요?
>
> 　왕단: 좀 힘들지만 재미있어요.
>
> ⇒ 재희가 유학생활이 어떠냐고 물으니까 왕단 씨가 힘들지만 재미있다고 대답했다.

1) 성호: 축구 구경 가자.

　　민우: 축구 말고 야구 구경 가자.

　　⇒ _____

2) 정호: 설악산에 가 본 적 있어요?

　　마이클: 작년 가을에 한 번 가 봤어요.

　　⇒ _____

3) 아들: 비가 올 것 같아요.

　　어머니: 그러면 나가지 말고 집에서 공부나 해.

　　⇒ _____

4) 우혁: 민우야, 올 때 사진기 좀 가져 와.

　　민우: 알았어. 그런데 사진기는 어디에 쓸 거야?

　　⇒ _____

5) 아버지: 오늘은 너무 피곤하네.

　　어머니: 그럼 정민이 네가 운전해.

　　⇒ _____

3. 다음 글을 읽고 회화체로 고쳐보세요. (把下面的文章改成会话体)

> 　마이클은 미국 뉴욕에서 오고 바바라 씨는 인도 뉴델리에서 왔습니다. 마이클이 바바라에게 지금 뉴델리의 기온이 얼마 쯤 되냐고 물었습니다. 바바라 씨는 최고 기온은 38 도 쯤 될거라고 했습니다. 바바라 씨는 현재 최저기온도 30 도 쯤 된다고 했습니다. 마이클은 뉴델리가 너무 덥다면서 뉴욕도 여름이지만 그 정도로 덥지는 않다고 했습니다. 마이클이 어떻게 여름을 보내냐고 물어보니까 바바라 씨는 여름에 피서하기 위해서 나무 그늘에 앉아 있거나 수영을 많이 한다고 했습니다.

마이클: _____

바바라: _____

마이클: _____

바바라: _____

마이클: _____

바바라: _____

4. 다음 글을 읽고 물음에 답하십시오. （阅读并回答问题）

> 우리는 보통 바쁘다고 하면서 아는 사람들과의 연락을 끊고 지낼 때가 많다. 그러나 사실 그것은 바쁘기 때문인 것보다 게으르기 때문이라고 해야 한다. "오늘은 그 친구에게 꼭 전화를 해야지", "내일은 꼭 편지를 써야지", 하면서도 그 게으름 때문에 결국 못 하는 것이다. 그렇게 시간이 좀 지나면 친구에게 미안한 생각이 들고, 거기서 시간이 더 지나면 그 친구에게 뭔가 잘못을 한 것 같아서 연락을 안 하게 된다. 그렇게 우리는 아는 사람들을 잊고 살고, 또 그 사람들에게서 （ ㉠ ） 간다. 더 늦기전에, 그리고 더 잊혀지기 전에 내가 한때 소중하게 생각했던 사람들에게 （ ㉡ ）.

1) ㉠에 알맞은 표현은 무엇입니까?
   ① 버려져   ② 잊혀져   ③ 없어져   ④ 사라져

2) ㉡에 알맞은 말은 무엇입니까?
   ① 연락을 해야겠다   ② 미안하다고 말해야겠다
   ③ 게으름을 고치라고 해야겠다   ④ 잘못을 이야기해야겠다

3) 글의 내용과 같은 것은 무엇입니까?
   ① 너무 많은 사람을 기억하는 것보다 잊는 것이 낫다.
   ② 오랫동안 안 만나면 서로 미움이 생긴다.
   ③ 소중하게 생각했던 사람도 바쁘면 잊고 살게 된다.
   ④ 아는 사람과 연락이 끊기는 것은 게으름 때문이다.

5. 다음 대화를 모방하여 대화를 만들어 보십시오. （模仿下面的范文练习会话）

> 교환: 안녕하십니까? 국민보험회사입니다.
> 수진: 여보세요? 인사과 좀 부탁합니다.
> 교환: 잠깐만 기다리십시오.
>
> <잠시후>
> 영민: 인사과 박영민입니다.
> 수진: 여보세요? 김민우 과장님 좀 바꿔 주세요.

영민: 지금 자리에 안 계십니다. 외출 중이십니다.
수진: 언제쯤 돌아오신다고 했어요?
영민: 두 시간쯤 후에 돌아오실 겁니다.
수진: 그러면 메모 좀 해 주시겠어요?
영민: 네, 말씀하십시오.
수진: 저는 이수진이라고 하는데요. 내일 제가 지방 출장을 가니까 동창 모임에 못 간다
　　　고 전해 주세요. 부탁 드릴게요.
영민: 알겠습니다. 꼭 전해 드리겠습니다.
수진: 고마워요.

 补充单词

자식 （名）	孩子,子女	다정하다 （形）	亲切
사장 （名）	社长	개혁개방 （名）	改革开放
꿈 （名）	梦,梦想	화재 （名）	火灾
예방 （名）	预防	과장 （名）	科长
승진 （名）	升职	대한항공 （名）	大韩航空
금연구역 （名）	禁烟区	파리 （名）	巴黎
연인 （名）	恋人	볼링 （名）	保龄球
신혼여행 （名）	蜜月旅行	단풍 （名）	枫叶
다리 （名）	桥	지각 （名）	迟到
연극 （名）	剧,话剧	세종문화회관 （名）	世宗文化会馆
야구 （名）	棒球	뉴욕 （名）	纽约
뉴델리 （名）	新德里	피서 （名）	避暑
그늘 （名）	背阴地	끊다 （他）	断绝戒
게으르다 （形）	懒惰	소중하다 （形）	宝贵,珍贵
인사과 （名）	人事科	외출 （名）	外出
메모 （名）	留言,备忘录	지방 （名）	地方

제 14 과 물건사기 2 (买东西 2)

语法要点

> N-어치
> A/V-기는요
> N-에
> -ㄹ 불규칙 (-ㄹ不规则音变)
> 수량명사 (数量名词)

 巩固练习

1. 다음 빈칸에 알맞은 양사를 넣으십시오. (选择量词填空)

<보기>
ⓐ 송이 ⓑ 다발 ⓒ 그루 ⓓ 단 ⓔ 켤레 ⓕ 대 ⓖ 채 ⓗ 봉지 ⓘ 벌 ⓙ 갑 ⓚ 편

1) 지구를 살리기 위해 "사람마다 나무 한(　　)씩 심기" 캠페인을 벌이고 있다.

2) 양말이나 신발을 셀 때는 (　　)라는 수량명사를 써요.

3) 결혼해서 5년 후에 겨우 작은 집 한(　　)를 마련했어요.

4) 어제 시상식에서 그가 받은 꽃은 스무(　　)이 넘는다.

5) 열심히 저축하여 차를 한(　　) 샀어요.

6) 그 남자는 여자 친구에게 장미 99(　　)를 주면서 프로포즈 했어요.

7) 주말에는 비디오 몇(　　) 빌려다가 집에서 하루종일 봐요.

8) 한국의 슈퍼에 가 보니 야채를 한(　　)씩 팔고 있었다.

9) 담배 한(　　)의 가격이 많이 올랐어요.

10) 이 약을 식후에 한 (　　) 씩 드세요

11) 그 때는 가난해서 아내에게 좋은 옷 한(　　) 못 사 줬어요.

2. 다음 보기에서 알맞은 단어를 골라 활용하여 (   )안에 써 넣으십시오.
(选择适当的词活用并填空)

<보기>

ⓐ 게으르다 ⓑ 모르다 ⓒ 마르다 ⓓ 흐르다 ⓔ 고르다

1) 옷이 벌써 다 (   ).

2) 공부하다가 (   )는 것이 있으면 아무 때나 물어 보세요.

3) 직장을 여기저기 (   )다가 지금의 회사에 취직했어요.

4) 그 드라마는 너무 감동적이어서 보는 동안 계속 눈물이 (   ).

5) 요즘은 (   ) 씻을 옷도 많이 쌓이고 집도 엉망이에요.

3. 빈 칸을 완성하십시오. (按要求练习 "-ㄹ不规则音变")

기본형	-아/어/여서	-아/어/여요	-았/었/였습니다	-아/어/여야
고르다	골라서	골라요	골랐습니다	골라야
나르다				
자르다				
가르다				
다르다				
마르다				
모르다				
들르다				
바르다				
부르다				
빠르다				
오르다				
서투르다				
이르다				
지르다				
흐르다				

4. 보기와 같이 쓰십시오. (仿照例句完成对话)

<보기>

가: 이 사과 얼마예요?

나: 한 개에 500 원입니다.

가:_____?

나:_____.

생선,마리, 4,500 원

가:_____?

나:_____.

배추,포기, 1,000 원

가:_____?

나:_____.

구두, 켤레,45,000 원

가:_____?

나:_____.

커피,잔, 4,500 원

가:_____?

나:_____.

화장품,세트, 47,600 원

가:_____?

나:_____.

장미, 다발, 58,000 원

5. "A/V - 기는요"를 이용하여 다음 다음 대화를 완성하십시오.
   （用 "A/V - 기는요" 完成对话）

<보기>

가: 아드님이 참 똑똑하군요.

나: 똑똑하기는요. 다른 애들도 그렇지요 뭐.

---

1)가: 피아노를 정말 잘 치시는군요.

　나：_____？

2)가: 집이 아주 멋있군요.
　나：_____？

3)가: 요리 솜씨가 정말 좋으세요.
　나：_____？

4)가: 시험이 끝나서 한가하시죠?
　나：_____？

5)가: 도와 드리지 못 해서 미안합니다.
　나：_____？

6. 다음을 한국어로 번역하십시오. （将下列句子译成韩文）
　1) 星期天我去书店买了两百多块钱的韩国语书。

　2) 今天我们这样分别，何年何月何日才能再相见啊！

　3) 谢什么呀，朋友之间这点儿事还帮不了吗？

　4) 生活费一天最低要花 50 多元。

　5) 他不知情才这么说的，你别生气。

7. 다음을 중국어로 번역하십시오. （将下列句子译成中文）
　1) 제가 몇 백원짜리 옷을 산 것은 이 번이 처음이에요.

　2) 요리를 잘 하기는요? 라면밖에 끓이지 못해요.

　3) 우리 학교 정문 양 옆에 소나무가 한 그루씩 있어요.

　4) 제주도 여행은 2 박 3 일에 한국돈 25 만 원이에요.

　5) 부모님은 사랑으로 저를 길러 주셨어요.

提高练习

1. 다음 보기에서 알맞은 것을 골라 빈칸에 써 넣으십시오. （选择适当的填空）

> **〈보기〉**
> ⓐ 짜리 ⓑ 에 ⓒ 기는요 ⓓ 어치 ⓔ 말고 ⓕ 어 보다 ⓖ 여 주다

1) 한국에서 귤을 천원(　　　) 사면 7 개 정도밖에 안 돼요.

2) 어제 백화점에서 여러 번 신어 (　　　) 산 신발인데 어때요?

3) 실력이 좋(　　　). 이 번에는 운이 좋았어요.

4) 이 책은 열 권(　　　) 시리즈로 되어 있습니다.

5) 저기 걸려 있는 노란색 블라우스 좀 보(　　　　　).

6) 한 박스(　　) 2만원 하는 딸기 주세요. 그게 더 맛있을 것 같아요.

7) 그 집 딸들은 다 예쁜데 언니 (　　) 동생이 더 예쁘다고 했어요.

2. 밑줄 친 부분에 쓸 수 있는 것을 고르십시오. （选择可以衔接的句子）

1) 가: 부인이 요리를 잘하세요.
　 나: ＿＿＿＿＿＿＿＿＿＿＿＿＿＿＿＿＿＿＿＿
　 ① 잘하기는요.　　　② 잘했어요.　　　③ 잘할 거예요.　　　④ 잘하고 싶어요.

2) 가: 이 귤은 제주도 귤인데 참 맛있어요. 좀 사 가세요.
　 나: ＿＿＿＿＿＿＿＿＿＿＿＿＿＿＿＿＿＿＿＿
　 ① 제주도 귤이 싸다고 했어요.
　 ② 제주도 귤은 사람들이 많이 좋아해요.
　 ③ 제주도 귤이 맛있는 거는 아는데 좀 더 싸지면 살게요.
　 ④ 제주도 귤만 팔아요?

3) 가: 얼마나 드릴까요?
　 나: ＿＿＿＿＿＿＿＿＿＿＿＿＿＿＿＿＿＿＿＿
　 ① 만원짜리 주세요.　　　　　② 만원어치 주세요.
　 ③ 만원처럼 주세요.　　　　　④ 만원같이 주세요.

4) 가: 여기에 이렇게 아름다운 곳이 있는지 몰랐어요.
　 나: ＿＿＿＿＿＿＿＿＿＿＿＿＿＿＿＿＿＿＿＿
　 ① 여기는 가다가 오다가 힘들어서 사람들이 많이 안 와요.
　 ② 여기는 가거나 오거나 힘들어서 사람이 많이 안 와요.
　 ③ 여기는 가고 오기가 힘들어서 사람들이 많이 안 와요.
　 ④ 여기는 가면 오면 힘들어서 사람이 많이 안 와요.

5) 가: 손님, 이건 마음에 안 드세요?
　 나: ＿＿＿＿＿＿＿＿＿＿＿＿＿＿＿＿＿＿＿＿

① 핑크색 말고 검은색은 없어요?   ② 이것 말고 저걸 샀어요.
③ 여기 말고 다른 곳 없어요?   ④ 이것 말고 저걸 사겠다고 했어요.

3. 자신의 상황에 비추어 물음에 답하십시오. (根据自己的情况回答问题)

1) 요리를 잘 한다고 하던데 정말이에요?

_____

2) 보통 어디 가서 쇼핑을 하세요?

_____

3) 물건을 살 때 가격을 잘 깎는 편이에요?

_____

4) 한 번에 마음에 드는 물건을 사는 편이에요, 아니면 샀다가 많이 환불하는 편이에요?

_____

5) 지금까지 산 옷 중에 제일 비싼 옷이 얼마 짜리예요?

_____

4. 다음 글을 읽고 물음에 답하십시오. (读下面的文章回答问题)

늦은 밤, 높은 곳에 올라가 서울을 내려다 보았을 때 서울에서 가장 밝게 빛나는 장소는 어디일까? 모두 잠이 든 어두운 밤에도 교통이 여전히 복잡하고 밝은 불빛으로 가득 찬 장소는 바로 동대문시장이다. 이 곳의 매력은 머리부터 발끝까지 필요한 것은 모두 다 구할 수 있으며, 다른 곳보다 훨씬 싸게 구입할수 있다는 점이다. 언제나 최신 유행의 물건을 찾는 젊은이들로 붐비고 있어서 낮과 밤이 없이 젊음의 힘과 활기가 느껴지는 곳, 이것이 바로 동대문시장의 모습이다.

1) 위 글에 따르면 동대문시장에 젊은이들이 많이 모이는 이유는 무엇입니까?
① 밝게 빛나기 때문에
② 교통이 편리하기 때문에
③ 젊음의 활기가 느껴지기 때문에
④ 유행하는 물건을 살 수 있기 때문에

2) 위 글의 내용과 다른 것을 고르십시오.
① 동대문시장은 밤에만 문을 연다.
② 동대문시장에는 다양한 물건을 팔고 있다.
③ 동대문시장에서는 물건을 싸게 살 수 있다.
④ 밤늦게까지 동대문시장을 찾는 사람들이 많다.

5. 다음 대화를 모방하여 대화를 만들어 보십시오. (模仿下面的会话练习会话)

(백화점에서 손님 한 분이 스웨터 교환을 요구하고 있다.)

손님: 이건 제가 지난 주에 이곳에서 산 스웨터예요. 한 번 빨았는데 이렇게 줄었어요.

점원: 영수증 가지고 오셨어요?

손님: 여기 있어요. 다른 것으로 교환이 됩니까?

점원: 죄송하지만, 이 스웨터는 손님께서 세일기간에 사셨기 때문에 교환이 안 됩니다.
      지금 품절 상태입니다.

손님: 그래요? 그럼 어떡해요? 환불은 안 돼요?

직원: 환불도 안 됩니다. 저희 백화점에서 판매한 제품은 원래 상태를 보존해
      야만 환불이 됩니다.

손님: 그런데 이곳에 "품질에 문제가 있을 경우 1 개월 내에 교환을 보증합니
      다"라고 써 있잖아요.

점원: 저희 백화점 규정상 할인된 상품은 환불이나 교환이 되지 않습니다. 죄
      송합니다, 손님.

손님: 이런 일이 어디 있어요? 참!

_____

_____

_____

_____

_____

_____

_____

_____

_____

_____

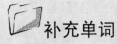 **补充单词**

캠페인 （名）运动, 活动	시상식 （名）颁奖仪式
저축 （名）储蓄	프로포즈 （名）求婚
감동 （名）感动	눈물 （名）眼泪
엉망 （名）乱, 杂乱	피아노 （名）钢琴
한가하다 （形）闲暇, 悠闲	아드님 （名）儿子(尊称)
똑똑하다 （形）聪明	시리즈 （名）系列
블라우스 （名）衬衫(女式)	딸기 （名）草莓
귤 （名）桔子	지르다 （他）喊, 叫喊
핑크색 （名）粉红色	깎다 （他）削价, 减价
환불 （名）退款	빛나다 （词组）闪耀, 发光
구입하다 （他）购买	유행 （名）流行
붐비다 （形）拥挤, 复杂	활기 （名）活力
힘 （名）力气	스웨터 （名）毛衣
영수증 （名）收据	교환 （名）交换, 换
상태 （名）状态, 样子	이르다 （形）早
보증 （名）保证	규정 （名）规定
할인 （名）打折扣	가르다 （他）分, 区分
바르다 （他）涂抹, 擦	서투르다 （形）不熟练, 生硬

제 15 과 이화원 (颐和园)

语法要点

하나도 없다/안/못/모르다
A/V-면 되다
V-ㄹ 만하다
A/V-아/어도/여도
A/V-거든요

 巩固练习

1. 다음 빈칸에 알맞은 단어를 넣으십시오. (选词填空)

1) 이 건물은 (   ) 4 백년 전에 지어졌다고 해요.
   ① 대충   ② 얼마   ③ 아마   ④ 약

2) 그 사람은 나를 보았는데 못 본 것처럼 (   ) 지나 갔어요.
   ① 모양대로   ② 그대로   ③ 나름대로   ④ 생각대로

3) 열심히 준비했으니 이 번에는 (   ) 합격할 것이다.
   ① 아무리   ② 아직도   ③ 아마   ④ 아무튼

4) 이 곳에 (   ) 와 보기 때문에 어디가 어디인지 모르겠어요.
   ① 방금   ② 이제   ③ 처음   ④ 언제

5) 다음 번에 기회가 되면 (   ) 같이 여행 갑시다.
   ① 참   ② 막   ③ 딱   ④ 꼭

2. 다음 보기에서 알맞은 것을 골라 활용하여 (   )안에 써 넣으십시오.
   (选择适当的词或词组活用并填空)

<보기>
ⓐ 세워지다 ⓑ 개방되다 ⓒ 낙제하다 ⓓ 멀미가 나다 ⓔ 싫증이 나다 ⓕ 취하다

1) 그렇게 놀기만 하다가는 (   ) 겠다.

2) 좋은 말도 자꾸 들으면 (   )는데 나쁜 말은 더 듣기 싫지요.

3) 북경 고궁은 현재 일반인들에게 (   ) 있습니다.

4) 어제는 너무 술에 (   ) 무슨 말을 했는지 하나도 모르겠습니다.

5) 요즘은 몸이 많이 약해져서 차를 타면 (   ) 정도예요.

6) 명나라가 멸망하고 청나라가 (   ).

3. "하나도 없다 /안/못/모르다" 를 사용하여 대화를 완성하십시오.
   （用 "하나도 없다 /안/못/모르다" 完成对话）

1) 가: 일본어 할 수 있어요?
   나:_____

2) 가: 오늘 혼자서 음식을 준비해서 많이 피곤하지요?
   나:_____

3) 가: 그 사람 기억하세요?
   나:_____

4) 가: 교실에 가 보니 누가 있었어요?
   나:_____

5) 가: 한국에 오기 전에 한국에 관심 있었어요?
   나:_____

4. "A/V-(으)면 되다" 형식을 사용하여 다음 질문에 답하십시오.
   （用 "A/V-(으)면 되다" 回答问题）

> <보기>
> 가: 이 책 어디에 놓을까요?
> 나: 책상 위에 두면 됩니다.

1) 가: 회의 시간이 되었는데 어떻게 할까요?
   나:_____

2) 가: 저번에 배운 한국노래 괜찮을까요?
   나:_____

3) 가: 한국어를 어떻게 하면 잘 배울 수 있을까요?
   나:_____

4) 가: 어디 가면 그를 찾을 수 있을까요?
   나:_____

5) 가: 저는 늦게 자면 못 일어나요.
   나:_____

5. 보기와 같이 문장을 만드십시오. （仿照例句完成句子）

> **〈보기〉**
> 아이들, 읽다, 책 / 이 동화책
> ⇒ 가: 아이들이 <u>읽을 만한</u> 책이 있어요?
> 　　나: 이 동화책이 <u>읽을 만</u> 해요.

1) 외국사람, 가 보다, 곳 / 인사동
⇒ 가:_____?
　 나:_____.

2) 중국사람, 먹다, 한국요리 / 삼계탕
⇒ 가:_____?
　 나:_____.

3) 고향, 자랑하다, 것 / 과일
⇒ 가:_____?
　 나:_____.

4) 요즘, 보다, 영화 / 신화(神話)
⇒ 가:_____?
　 나:_____.

5) 그 일, 맡기다, 사람 / 수미 씨
⇒ 가:_____?
　 나:_____.

6. 상황에 맞추어 다음 질문에 답하십시오. （根据下列情况回答问题）

> **〈보기〉**
> 가: 한국에서 제일 가 볼만한 곳은 어디입니까?
> 나: 제주도에 가 <u>볼 만</u> 합니다.

1) 가: 외국사람들한테 소개할 만한 중국문화는 무엇입니까?
　 나:_____

2) 가: 그곳에서 사 올 만한 기념품이 있습니까?
　 나:_____

3) 가: 이 열람실에 외국인이 읽을 만한 잡지가 있습니까?
　 나:_____

4) 가: 심심할 때 들을 만한 좋은 음악이 있어요?
　 나:_____

5)가: 우리 회사에 추천할 만한 학생이 있습니까?

나:_____

7. "A/V-어도/아도/여도"를 사용하여 두 문장을 한 문장으로 이으십시오.
(用 "A/V-어도/아도/여도" 连接两个句子)

> <보기>
> 비가 옵니다. 그래도 여행을 갑니다.
> ⇒ 비가 와도 여행을 갑니다.

1) 그 사람은 돈이 많아요. 그래도 안 써요.

⇒ _____

2) 그 책을 여러 번 읽었습니다. 그래도 무슨 뜻인지 모르겠어요..

⇒ _____

3) 감기에 걸려서 약을 먹었습니다. 그래도 낫지 않습니다.

⇒ _____

4) 한국말이 어렵습니다. 그래도 끝까지 배우겠습니다.

⇒ _____

5) 며칠 쉬었어요. 그래도 피곤해요.

⇒ _____

8. "아무리 A/V - 아도/어도/여도" 문형을 사용하여 다음 질문에 답하십시오.]
(用 "아무리 A/V - 아도/어도/여도" 型回答问题)

> <보기>
> 가: 한국어 성적이 많이 좋아 졌어요?
> 나: 아무리 공부해도 성적이 오르지 않아요.

1)가: 요즘 바빠서 아침도 못 먹는 거 아니예요?

나: _____

2)가: 그 사람 이름 생각 났어요?

나: _____

3)가: 사전이 좀 비싼 것 같은데 꼭 사야 해요?

나: _____

4)가: 그 책의 내용을 다 이해했어요?

나: _____

5)가: 병원에 가기 싫은데 어떻게 하지요?
　　나: _____

9. "A/V-거든요"를 사용하여 다음 질문에 답하십시오. （用"A/V-거든요"完成对话）

> <보기>
> 가: 왜 그 세탁소에만 가세요?
> 나: 그 세탁소가 싸고 친절하거든요.

1)가: 왜 이렇게 일찍 가세요?
　　나: _____

2)가: 새 가방을 사셨군요.
　　나: _____

3)가: 오늘 기분이 좋아 보이네요.
　　나: _____

4)가: 오늘 많이 피곤해 보여요.
　　나: _____

5)가: 누구한테 줄 선물인데 이렇게 예뻐요?
　　나: _____

10. 다음을 한국어로 번역하십시오. （请将下列句子译成韩文）

1) 她病了一场以后对过去的事情一点儿也记不起来了。
_____

2) 只要努力谁都能说好韩国语。
_____

3) 给我推荐一下值得一看的韩国电视剧。
_____

4) 再怎么说服他，他也不改变想法。
_____

5) 这么多的菜都是我自己准备的呢！
_____

11. 다음을 중국어로 번역하십시오. （请将下列句子译成中文）

1) 교실에 사람이 하나도 없는데 모두 어디 갔을까?
_____

2) 그 일은 해 볼만 하다고 생각해서 시작한 것이니 다시는 아무 말 하지 마세요.

_____

3) 아무리 화가 나도 그런 말을 하면 안 되죠.

_____

4) 다른 것은 다 준비했으니 수미 씨만 오면 되거든요.

_____

5) 이런 일은 하나도 못한다고 하면서 어떻게 이렇게 잘해요?

_____

提高练习

1. 보기에서 알맞은 것을 골라 활용하여 빈칸에 써 넣으십시오.
   （选择适当的语法活用并填空）

> **＜보기＞**
>
> ⓐ 거든요   ⓑ 하나도 없다   ⓒ 을만 하다   ⓓ 면 되다   ⓔ 여도

1) 사정이 있어서 못 오면 미리 연락 주시(   ).

2) 제가 이 세탁소에 자주 오는 이유는 싸고 친절하(   ).

3) 그 일은 꼭 믿(   ) 사람에게 부탁해 주세요.

4) 세상에는 아무리 노력하(   ) 안 되는 일이 있어요.

5) 냉장고에 맥주가 (   )니까 슈퍼에 좀 갔다 올래요?

2. 다음에서 밑줄 친 것과 의미가 같은 것을 고르십시오. （选择与画线处意思相同的）

1) 그 책은 <u>읽을만 하니까</u> 꼭 한 번 읽어 보세요.
   ① 읽을 수 있다.   ② 읽은 적 있다.
   ③ 읽을 가치가 있다.   ④ 읽어도 된다.

2) <u>아무리 비싸도</u> 필요한 것은 꼭 사야 해요.
   ① 만약 비싸면   ② 매우 비싼데
   ③ 비싸게 팔지만   ④ 비쌀 수 있어도

3) 결과를 보려면 <u>조금만 더 기다리면 됩니다.</u>
   ① 조금만 더 기다릴 수 있다.   ② 조금만 더 기다리려고 한다.
   ③ 조금만 더 기다려야 한다.   ④ 조금만 더 기다리고 싶다.

4) 벌써 자요? -내일 <u>일찍 일어나야 하거든요.</u>
   ① 일찍 일어날 것 같아서   ② 일찍 일어나야 하기 때문에
   ③ 일찍 일어나고 싶어서   ④ 일찍 일어나지 않으면 안 돼서

5) 그 사람 주변에 <u>믿을 만한 사람이 하나도 없대요.</u>

① 믿을 수 있는 사람이 전혀 없다.　　② 믿고 싶은 사람이 한사람도 없다.
③ 믿으려고 하는 사람이 한사람도 없다.　　④ 믿고 싶지만 사람이 없었다.

3. 자신의 상황에 비추어 물음에 답하십시오. （根据自己的情况回答问题）

1) 어떤 낯선 곳에 갔는데 지갑을 잃어 버렸어요. 그런데 그곳에 아는 사람이 하나도 없어요. 이럴 때 어떻게 할 거예요?

_____

2) 한 여자를 너무 좋아하는데 아무리 사귀려고 노력해도 기회가 없어요. 이럴 때 어떻게 할 거예요?

_____

3) 목표를 이루기 위해서는 다른 사람의 도움이 필요해요. 한 사람의 도움만 있으면 되는데, 도움을 줄 수 있는 사람은 자기와 이전에 큰 오해가 있었던 사람이에요. 이럴 때 어떻게 할 거예요?

_____

4) 지금까지 그 사람은 믿을 만한 사람이라고 생각했는데 그 사람이 여러분을 배신하는 뜻밖의 일을 했어요. 이럴 때 어떻게 할 거예요?

_____

4. 다음 글을 읽고 물음에 답하십시오. （读下面的文章回答问题）

　　서울은 대한민국의 수도이며 600여년의 역사를 가진 도시이다. 서울의 면적은 605.33㎢이며 인구는 1,100만명을 넘는다. 이 인구는 한국 인구의 1/4에 해당되는데 실제로 서울의 인구는 도쿄와 비슷하며 미국 L.A. 인구의 3배나 된다. 그러나 서울 인구 중에서 서울에서 태어난 사람들은 10%도 안 되고, 대부분은 전국에서 모인 타지방 사람들이다. 서울은 한반도의 중앙에 위치하고 있으며 한강을 사이에 두고 남북으로 길게 뻗어있다. 서울은 봄, 여름, 가을, 겨울의 사계절이 뚜렷하다. 7월의 평균기온은 24.6이고 1월의 평균기온은 -3.4℃로 대륙성 기후를 나타낸다. 6월중 순부터 한달 동안은 비가 계속해서 내리는 장마인데 이 기간의 강수량은 전체의 58%를 차지한다. 서울은 정치, 경제, 사회, 문화적 중심지이므로 많은 교육기관, 도서관, 박물관, 연구기관, 언론기관 그리고 스포츠 시설과 문화 시설이 집중되어 있다. 그리하여 한국의 인구가 서울로 몰리게 되었다. 이 외에도 서울은 교통의 중심지이기 때문에 대중 교통이 다양하게 발달되어있다. 그리고 국내 최대의 상업 중심지이어서, 소규모 시장에서부터 대규모 백화점까지있다.

1) 서울의 지리적인 조건에 대해 말해 보세요.

_____

2) 서울의 기후는 어떻습니까?

_____

3) 서울은 왜 정치, 경제, 사회, 문화 중심지로 불릴까요?

_____

4) 서울은 왜 교통의 중심지, 상업의 중심지일까요?

_____

5. 다음 대화를 모방하여 대화를 만들어 보십시오. （模仿下面的范文练习会话）

유진: 왕단아, 오늘 뭐 할 거야?
왕단: 집 청소 하고 낮잠이나 자야지 뭐.
유진: 그럼 청소 끝내고 나와 같이 대학로 구경 가자.
왕단: 대학로? 거기가 어떤 곳이야?
유진: 젊은 사람들이 아주 가 볼 만한 곳이지.
왕단: 그래? 그럼 지금 가자.
유진: 청소 안 해?
왕단: 갔다 와서 하지 뭐.

<대학로에서>
왕단: 이런 곳도 있었구나.
유진: 젊은 사람들 참 많지. 대학로에 서울대학교 의과대학, 한국방송통신대,
　　　성균관대 등 대학들이 있어. 그래서 대학로라 부르지.
왕단: 그렇구나. 정말 젊음이 살아 있는 거리인 것 같아.
유진: 여기 대학로에 오면 연극을 볼 수 있고 여러 가지 문화축제도 열리고
　　　그래. 키피숍도 많고 호프집도 많고…아무튼 놀기 참 좋은 곳이야.
왕단: 그래? 그럼 좋은 곳 많이 소개해 줘. 서울에 아무리 오래 살아도 다 알 수
　　　없는 것 같아.

_____

_____

_____

_____

_____

_____

_____

_____

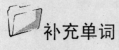

补充单词

합격 （名）合格, 及格	자꾸 （副）总是
일반인 （名）一般人, 普通人	약하다 （形）弱, 虚弱
동화책 （名）童话书	삼계탕 （名）参鸡汤
기념품 （名）纪念品	열람실 （名）阅览室
세탁소 （名）洗衣店	친절하다 （形）亲切
사정 （名）事情	미리 （名）事先
부탁 （名）拜托, 嘱托	결과 （名）结果
낯설다 （形）陌生	배반 （名）背叛, 背信弃义
역사 （名）历史	면적 （名）面积
실제 （名）实际	도쿄 （名）东京
해당 （名）相当, 相当	한반도 （名）韩半岛
중앙 （名）中央	위치 （名）位置
한강 （名）汉江	뻗다 （自）伸, 延伸
평균 （名）平均	대륙성 （名）大陆性
중순 （名）中旬	차지하다 （他）占
강수량 （名）降水量	장마 （名）雨季
집중 （名）集中	중심지 （名）中心地
몰리다 （自）聚集, 集中	언론 （名）言论

제 16 과 은행 （银行）

语法要点

> N-(으)로
> V-(으)려고
> N-이/가 아니라
> N-에다(가)
> N-든지

巩固练习

1. 다음 빈칸에 알맞은 단어를 넣으십시오. （选词填空）

1) 손님, 저희 식당은 손님이 많으니까 （   ） 6 시까지 와 주세요.
　① 시간 되면　　　　② 가능하면　　　　③ 급하면　　　　④ 배 고프면

2) 저기요, （   ） 김수미 씨 아니예요?
　① 만약　　　　　② 정말　　　　③ 혹시　　　　④ 아무튼

3) 손님, 저희 식당에서 （   ） 출시한 요리인데요. 맛 좀 보시겠어요?
　① 다시　　　　② 언제　　　　③ 새로　　　　④ 바로

4) 수미 씨, 시간 있을 때 （   ） 오세요. 저는 시간 많으니까요.
　① 누구든지　　　② 아무든지　　　③ 언제든지　　　④ 어디든지

5) 죄송하지만 길 （   ） 비켜 주세요. 급한 일이 생겼거든요.
　① 전혀　　　　② 좀　　　　③ 참　　　　④ 어디

2. 다음 보기에서 알맞은 단어를 골라 （   ） 안에 써 넣으십시오. （选择适当的单词填空）

> <보기>
> ⓐ 수수료　ⓑ 서명　ⓒ 수표　ⓓ 지폐　ⓔ 현금　ⓕ 비밀번호　ⓖ 문의사항

1) 손님, （   ） 이 있으시면 안내 데스크로 가 주십시오.

2) 요즘은 신용카드나 직불카드를 쓰기 때문에 （   ） 많이 가지고 다니지 않습니다.

3) 현금 인출기에 "(　　　　)를 입력하십시오."라고 하는 글이 나왔습니다.

4) 돈이 좀 많으니까 현금 말고 (　　　　) 로 주십시오.

5) 이 계약서에 (　　　) 만 하시면 계약이 끝납니다.

6) 손님, (　　　　)으로 계산하시면 좀 할인해 드리겠습니다.

7) 현금카드를 만들 때 (　　　　)는 인민폐 10 원입니다.

3. 보기와 같이 대답하십시오. （仿照例句回答问题）

> <보기>
> 가: 어떻게 오셨어요?
> 나: <u>중국돈을 한국돈으로</u> 바꾸고 싶어요.

1) 가: 이 중국어 자료를 어떻게 번역하면 돼요?
   나: ＿＿＿＿＿＿＿＿＿＿＿＿＿＿＿＿＿＿＿＿＿

2) 가: 2 시였던 회의시간을 어떻게 변경할까요?
   나: ＿＿＿＿＿＿＿＿＿＿＿＿＿＿＿＿＿＿＿＿＿

3) 가: 흰색 옷을 어떻게 할까요?
   나: ＿＿＿＿＿＿＿＿＿＿＿＿＿＿＿＿＿＿＿＿＿

4) 가: 전공을 바꾸었어요?
   나: ＿＿＿＿＿＿＿＿＿＿＿＿＿＿＿＿＿＿＿＿＿

5) 가: 모임장소가 이 건물이 아니었어요?
   나: ＿＿＿＿＿＿＿＿＿＿＿＿＿＿＿＿＿＿＿＿＿

4. 보기와 같이 다음 문장을 한 문장으로 이으십시오. （仿照例句连接句子）

> <보기>
> 낚시를 하다 / 사람들이 많이 모이다
> ⇒ 낚시를 하려고 사람들이 많이 모여요.

1) 한복을 입다 / 고무신을 사다
   ⇒＿＿＿＿＿＿＿＿＿＿＿＿＿＿＿＿＿＿＿＿＿

2) 한국역사를 공부하다 / 한자를 배우고 있다
   ⇒＿＿＿＿＿＿＿＿＿＿＿＿＿＿＿＿＿＿＿＿＿

3) 돈을 예금하다 / 은행에 가다
   ⇒＿＿＿＿＿＿＿＿＿＿＿＿＿＿＿＿＿＿＿＿＿

4) 택시를 잡다 / 30 분 동안 기다리다

⇒_____

5) 부모님께 드리다 / 선물을 사다

⇒_____

5. 보기와 같이 다음 질문에 답하십시오   （仿照例句回答问题）

<보기>
가: 왜 돈을 빌리려고 합니까?
나: <u>컴퓨터가 필요해서 컴퓨터를 사려고 합니다.</u>

1)가: 왜 자동차를 사려고 합니까?
　나: _____아서(어서/여서)_____

2)가: 왜 갑자기 운동을 하려고 해요?
　나: _____아서(어서/여서)_____

3)가: 왜 한국노래를 배우려고 해요?
　나: _____아서(어서/여서)_____

4)가: 어디 가려고 해요?
　나: _____아서(어서/여서)_____

5)가: 이 꽃을 누구에게 주려고 해요?
　나: _____아서(어서/여서)_____

6. "N-가/이 -아니라" 를 사용하여 문장을 완성하십시오. （用 "N-가/이 -아니라" 完成句子）

<보기>
도서관 / 식당
⇒여기는 도서관이 아니라 식당이에요.

1) 사귀는 사람, 일본사람 / 중국사람

⇒_____

2) 내가 산 물건 / 친구가 산 물건

⇒_____

3) 새로 산 자동차 / 2 년 된 자동차

⇒_____

4) 내 남자 친구, 의사 / 변호사

⇒_____

5) 여행한 곳, 미국 / 유럽

⇒ _____

7. 보기와 같이 다음 문장을 이으십시오. （仿照例句完成句子）

> <보기>
> 책상위 / 숙제책을 놓았어요.
> ⇒ 책상위에다가 숙제책을 놓았어요.

1) 시험지 / 이름을 쓰다

⇒ _____

2) 수첩 / 전화번호를 쓰다

⇒ _____

3) 커피 / 설탕을 넣다

⇒ _____

4) 벽 / 달력을 걸다

⇒ _____

5) 바닥 / 휴지를 버리다

⇒ _____

8. 상황에 맞게 다음 질문에 답하십시오. （根据下列情况回答问题）

1) 전화 요금은 어느 곳에서 냅니까?

⇒ _____

2) 이 약은 어디에다가 바르는 겁니까?

⇒ _____

3) 지금 어디에다가 전화합니까?

⇒ _____

4) 쓰레기는 어디에다가 버립니까?

⇒ _____

5) 커피에다가 보통 무엇을 넣습니까?

⇒ _____

9. "N - 든지"를 사용하여 질문에 답하십시오. （用 "N - 든지" 完成对话）

1) 가: 무슨 음식으로 준비할까요?
　　나: _____

2) 가: 어느 식당을 예약할까요?
   나: _____

3) 가: 어떤 사람을 소개시켜 드릴까요?
   나: _____

4) 가: 특별히 가고 싶은 학교가 있어요?
   나: _____

5) 가: 지금 너무 늦었으니까 내일 연락할까요?
   나: _____

10. 다음을 한국어로 번역하십시오. （请将下列句子译成韩文）

   1) 我们约定见面的必胜客不是那里的，是东大门附近的那家。
   _____

   2) 我在他的桌子上留了纸条了。
   _____

   3) 不管何时何地我们的友情不变。
   _____

   4) 他接你去了，你没看见吗?
   _____

   5) 你把这篇文章翻译成日本语。
   _____

11. 다음을 중국어로 번역하십시오. （请将下列句子译成中文）

   1) 물이 얼음으로 되었다가 다시 물로 되었어요.
   _____

   2) 친구한테 소식을 알려 주려고 갔었는데 집에 없었어요.
   _____

   3) 형이 사교적인 것이 아니라 동생이 외향적이고 사교적이에요.
   _____

   4) 그 일은 마음에다가 두지 말고 빨리 잊어버리세요.
   _____

   5) 누구든지 마음껏 사랑하면서 행복하게 살고 싶어 할 것이다.
   _____

📖 **提高练习**

1. 보기에서 알맞은 문법항목을 골라 빈칸에 써 넣으십시오. （选择适当的语法填空）

```
                        <보기>
        ⓐ 으로 ⓑ 든지 ⓒ 에다가 ⓓ 려고 ⓔ 이 아니라
```

1) 하얀 종이 위(　　　　) 여자 친구의 얼굴을 그려 보았어요.

2) 내가 약속을 지키지 않은 것(　　　　) 네가 안 기다린 거지.

3) 무슨 요구(　　　) 말해 봐. 내가 가능하면 다 들어 줄게.

4) 출국하 (　　　) 공항에서 기다리고 있다가 뜻밖에 고등학교 친구를 만났어요.

5) 한국에서 출판된 책에는 "잘못 된 책은 새 책(　　　) 바꿔 드립니다"라고 쓰여 있어요.

2. 다음 문장과 의미가 같은 것을 고르십시오. （选意思相同的句子）

1) 우정이 사랑으로 되었다.

① 우정은 사랑으로 변하기 쉽다.　② 우정이 있어야 사랑이 된다.
③ 우정을 지키다가 사랑을 하게 되었다.　④ 우정마다 사랑이 된다.

2) 논문자료를 찾으려고 도서관에 갔다.

① 논문자료를 찾을 때 도서관에 간다.　② 논문자료를 찾는데 도서관에 갔다.
③ 논문자료를 찾다가 도서관에 갔다.　④ 논문자료를 찾으러 도서관에 갔다.

3) 오늘은 목요일이 아니라 금요일이다.

① 오늘은 목요일이고 내일은 금요일이다.
② 어제는 목요일이고 오늘은 금요일이다.
③ 내일이 금요일이고 오늘은 목요일이다.
④ 어제가 목요일이면 오늘은 금요일이다.

4) 우유에다가 꿀을 좀 넣어 주세요.

① 우유와 꿀은 같이 먹는 것이다.　② 우유 속에 꿀을 넣어 먹겠다.
③ 우유는 꿀과 먹으면 맛있다.　④ 우유는 꿀과 같이 먹으면 좋다.

5) 어느 회사든지 적성에 맞으면 입사할 것이다.

① 아무 회사나 조건 없이 입사하겠다.
② 무슨 회사나 마음에 들면 입사하겠다.
③ 어떤 회사나 나한테 맞으면 입사하겠다.
④ 어디 회사나 조건이 좋으면 입사하겠다.

3. 다음 문장들에서 잘 못 된 곳을 찾아 고치십시오. （改错）

1) 지금 유학하러 서류를 준비하고 있어요.

_____

2) 이 지도를 벽에서다 걸어 주세요.

_____

3) 술을 안 마시지 아니라 못 마셔요.

_____

4) 누가든지 오라고 해 주세요.

_____

5) 편지든지 다 괜찮아요.

_____

4. 다음 글을 읽고 물음에 답하십시오. （阅读并回答问题）

> 나는 두달 전에 한국에 온 미국사람입니다. 그 동안 은행을 많이 다녔지만 통장이 없었습니다. 한국말을 잘못해서 통장을 만들 수 없었습니다. 그렇지만 수업시간에 은행에서 통장을 만드는 법을 배운 후에 드디어 (나도) 통장을 만들었습니다. 먼저 신분증을 준비했습니다. 외국인은 외국인등록증이나 여권을 준비하면 됩니다. 은행 창구에 가서 "통장을 만들고 싶은데요."라고 말하고 은행의 여직원에게 신분증을 주었습니다. 전에는 도장이 꼭 필요했지만 요즘은 서명만 해도 됩니다. 제일 먼저 "은행거래신청서"를 썼습니다. 이름과 주소, 직업, 비밀번호 등을 쓰는 종이였습니다. 신청서를 쓰고 10 분쯤 앉아서 기다렸습니다. 기다리는 동안 은행을 둘러보았습니다. 금요일이기 때문에 사람이 많았습니다. 10 분 후 통장과 현금카드가 나왔습니다. 내 이름이 있는 통장과 카드를 보니까 기분이 아주 좋았습니다. 현금카드를 들고 현금 지급기에 돈을 찾으러 갔습니다. 수업시간에 배운 것처럼 해 보았습니다. 카드를 넣고 비밀번호를 눌렀습니다. 그 다음에 찾을 금액을 눌렀습니다. 조금 후에 돈이 나왔습니다. 이제 나도 현금카드를 사용할 수 있습니다. 외국에서 사는것은 가끔 불편하기도 하지만 이런 어려운 것을 하나하나 배우는 즐거움이 있습니다. 한국에서 사는 동안 더 많은것을 경험하고 배우게 될 겁니다.

1) 통장을 만들 때 무엇을 준비해야 합니까?

_____

2) 은행에 가서 제일 먼저 무엇을 썼습니까? 거기에다가 무엇을 썼습니까?

_____

3) 현금 지급기에서 돈을 찾는 순서를 말해 보십시오.

_____

5. 다음 대화를 모방하여 대화를 만들어 보십시오. （模仿下面的范文练习会话）

> 은행원: 예금은 어떻게 하실 거예요?
> 왕　단: 외국인이어서 잘 모르겠네요.
> 은행원: 네, 그래요? 저축예금이 어떨까요? 그게 보통 예금보다 이자가 높아요.
> 왕　단: 그럼 그렇게 해 주세요.
> 은행원: 여기에다가 여권번호를 적으세요. 그리고 이름과 주소를 쓰신 후에 서명
> 　　　　하세요.
> 왕　단: 알겠습니다. 얼마나 기다리면 돼요?
> 은행원: 금방 됩니다. (잠시 후) 왕단 손님! 여기 현금과 통장 확인해 보세요.
> 왕　단: 네, 맞습니다. 수고하세요.

_____

_____

_____

_____

_____

 补充单词

혹시 (副) 或许, 也许	출시 (名) 上市
비키다 (他) 让开, 躲开	전혀 (副) 完全, 一点也
신용카드 (名) 信用卡	직불카드 (名) 现金卡
입력하다 (他) 输入	계약서 (名) 合同
자료 (名) 资料	고무신 (名) 胶鞋
예금 (名) 存款	변호사 (名) 律师
수첩 (名) 手册	달력 (名) 日历
바닥 (名) 底	출판 (名) 出版
바꾸다 (他) 换	우정 (名) 友情
꿀 (名) 蜂蜜	조건 (名) 条件
창구 (名) 窗口	직원 (名) 职员
신분증 (名) 身份证	외국인등록증 (名) 外国人登录证
준비하다 (他) 准备	서명 (名) 签名
거래 (名) 交易	경험 (名) 经验, 经历
종이 (名) 纸	즐겁다 (形) 高兴, 愉快
순서 (名) 顺序	

제 17 과 미장원, 이발소 （美容院，理发店）

🔍 语法要点

> V-는 게 좋겠다
> V-ㄴ 김에
> A-아/어 보이다
> N-아니면
> "ㅅ" 불규칙

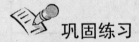

巩固练习

1. 다음 빈칸에 알맞은 단어를 넣으십시오. （选词填空）

1) 학생은 옷차림을 (　　　　　) 해야 돼요.
　① 복잡하게　　　　② 단정하게　　　　③ 주의하게　　　　④ 아름답게

2) 제 친구에게 여자 친구가 생겼는데 둘이 너무 잘 (　　　　　).
　① 생겼어요　　　　② 사랑했어요　　　　③ 어울려요　　　　④ 다녀요

3) 선생님, (　　) 오늘 저희가 해야 할 일을 말씀해 주세요.
　① 처음　　　　　② 우선　　　　　③ 다음　　　　　④ 마지막

4) 저는 (　　　　　) 친구를 해치는 일을 할 수 없습니다.
　① 참으로　　　　② 정말　　　　　③ 절대로　　　　　④ 실제로

5) 오늘 동생이 아파서 제가 (　　　) 아르바이트 하러 왔습니다.
　① 대체　　　　　② 대강　　　　　③ 대등　　　　　④ 대신

2. 다음 보기에서 알맞은 단어를 골라 활용하여 (　　　　　)안에 써 넣으십시오.
（选择适当的单词活用并填空）

> **＜보기＞**
> ⓐ 헹구다　ⓑ 자르다　ⓒ 다듬다　ⓓ 손질하다　ⓔ 감다　ⓕ 파마하다

1) 이 미장원은 좋은 약을 써서 (　　　　　) 주어요.

2) 길을 (   )어서 차가 다니기 편해 졌어요.

3) 날씨가 무더우니까 머리를 짧게 (   ) 주세요.

4) 저는 하루에 한 번씩 머리를 (   ).

5) 채소를 깨끗한 물에 잘 (   ) 주세요.

6) 이 책상은 (   )면 아직 쓸 수 있어요.

3. 맞는 것끼리 연결하세요. （连线完成句子）

① 시간이 없으니까   ⓐ 선생님께 질문하는 게 좋겠어요.
② 은행에 사람이 많을 때는   ⓑ 정장을 입는 게 좋겠어요.
③ 집안 공기가 안 좋으면   ⓒ 택시를 타는 게 좋겠어요.
④ 면접을 보려면   ⓓ 현금카드를 이용하는 게 좋겠어요.
⑤ 모르는 것이 있으면   ⓔ 창문을 여는 게 좋겠어요.

4. "V-는게 좋겠다"를 사용하여 인터뷰하십시오. （用"V-는게 좋겠다"进行采访）

질문내용 ＼ 친구이름		
배가 고픈데 돈이 많지 않아요. 이럴 때는 무엇을 먹는 게 좋겠어요?		
여자 친구가 화가 많이 났어요. 어떻게 하는 게 좋겠어요?		
선물을 받았는데 마음에 들지 않아요. 어떻게 하는 게 좋겠어요?		
길이 막혀서 친구와의 약속시간에 늦을 것 같아요. 어떻게 하는 게 좋겠어요?		
내 생일인데 친구들이 몰라요. 어떻게 하는 게 좋겠어요?		

5. 보기와 같이 다음 질문에 답하십시오. （仿照例句回答问题）

<보기>
가: 졸업 후에 무슨 직업을 선택하면 좋을까요?
나: 혼자서 고민하는 것보다 부모님과 상의해서 결정하는 게 좋아요.

1)가: 의사선생님, 수술하는 게 더 나을까요?
  나: _____보다 _____는 게 좋아요.

2)가: 이 구두는 좀 작고 저 구두는 좀 큰데 어느 것을 살까요?

   나: _____보다 _____는 게 좋아요.

3)가: 목이 마른데 아이스크림 하나 주세요.

   나: _____보다 _____는 게 좋아요.

4)가: 이 시간에 버스가 더 빠를까요?

   나: _____보다 _____는 게 좋아요.

5)가: 여자 친구한테 지갑을 선물하면 어떨까요?

   나: _____보다 _____는 게 좋아요.

6. "V-ㄴ/는/은 김에" 를 사용하여 다음 대화를 완성하십시오.
   (用 "V-ㄴ/는/은 김에" 完成对话)

> <보기>
> 가: 어떻게 저를 찾아 오셨어요?
> 나: 이쪽으로 출장 온 김에 만나 보려고 왔어요.

1)가: 은행에 가려고 하는데 부탁할 거 없어?

   나: _____

2)가: 이 옷은 언제 샀어요?

   나: _____

3)가: 시간이 있으면 고등학교 친구를 만나 보고 가세요.

   나: _____

4)가: 그 친구와 무슨 말을 그렇게 오래 했어요?

   나: _____

5)가: 맥주를 사러 갔는데 빵도 사 왔네요.

   나: _____

7. 보기와 같이 쓰십시오. (仿照例句改写句子)

> <보기>
> 기분이 좋습니다. ⇒ 기분이 좋아 보여요.

1) 요즘 건강합니다. ⇒ _____

2) 걱정이 있습니다. ⇒ _____

3) 나이가 어립니다. ⇒ _____

4) 까만 색 옷을 입으니까 날씬합니다. ⇒ _____

5) 높은 구두를 신으니까 키가 큽니다. ⇒ _____

8. "A-아/어 보이다"를 사용해서 대화를 완성하십시오. （用 "A-아/어 보이다" 完成对话）

> **＜보기＞**
> 가: 제가 입은 이 옷 어때요?
> 나: 질이 좋아 보이고 예뻐요.

1) 가: 이 책을 살까 하는데 어때요?
　　나: ＿＿＿＿＿＿＿＿＿＿＿＿＿＿＿＿＿＿

2) 가: 이 비빔밥 한 번 먹어 볼까요?
　　나: ＿＿＿＿＿＿＿＿＿＿＿＿＿＿＿＿＿＿

3) 가: 오늘 선생님 기분이 어땠어요?
　　나: ＿＿＿＿＿＿＿＿＿＿＿＿＿＿＿＿＿＿

4) 가: 집을 이렇게 꾸미니까 어때요?
　　나: ＿＿＿＿＿＿＿＿＿＿＿＿＿＿＿＿＿＿

5) 가: 그 사람을 만나 보니까 어때요?
　　나: ＿＿＿＿＿＿＿＿＿＿＿＿＿＿＿＿＿＿

9. 보기와 같이 대답해 보십시오. （仿照例句回答问题）

> **＜보기＞**
> 가: 민정 씨 결혼식이 언제예요?
> 나: 토요일 아니면 일요일이에요.

1) 가: 친구 생일이 몇 월이에요?
　　나: ＿＿＿＿＿＿＿＿＿＿＿＿＿＿＿＿＿＿

2) 가: 수미 씨 가방이 어느 것이에요?
　　나: ＿＿＿＿＿＿＿＿＿＿＿＿＿＿＿＿＿＿

3) 가: 오늘 뭘 먹을까?
　　나: ＿＿＿＿＿＿＿＿＿＿＿＿＿＿＿＿＿＿

4) 가: 여자 친구는 무슨 색을 좋아해?
　　나: ＿＿＿＿＿＿＿＿＿＿＿＿＿＿＿＿＿＿

5) 가: 뭘 마실까요? 주문하세요.
　　나: ＿＿＿＿＿＿＿＿＿＿＿＿＿＿＿＿＿＿

10. 보기와 같이 바꿔 쓰십시오. （仿照例句改写句子）

> **＜보기＞**
> 그 사람은 동생이 아니라 친구예요. ⇒ 그 사람은 동생 아니면 친구예요.

1) 그가 배우려고 하는 것은 일본어가 아니라 한국어예요.
   ⇒ _____

2) 수미 씨가 산 선물은 지갑이 아니라 넥타이예요.
   ⇒ _____

3) 철수 씨는 그 영화를 두 번이 아니라 세 번 봤어요.
   ⇒ _____

4) 부모님은 9 월이 아니라 10 월에 여행 가셨어요.
   ⇒ _____

5) 선생님이 추천해 주신 책은 이것이 아니라 저 책이에요.
   ⇒ _____

11. 빈칸을 완성하십시오. （按要求活用单词）

기본형	-아/어/여서	-아/어/여요	-았/었/였습니다	-아/어/여야
낫다	나아서	나아요	나았습니다	나아야
붓다				
긋다				
짓다				
잇다				
젓다				

12. 다음을 한국어로 번역하십시오. （请将下列句子译成韩文）

1) 今天太晚了，我看还是明天去好。
   _____

2) 今天有什么好事吗？ 你看起来心情很好。
   _____

3) 那天我买衣服的商店不是这家就是那家， 进去看看吧。
   _____

4) 我得回家做饭去了。
   _____

5) 你回家的时候顺便拉我一程吧。
   _____

13. 다음을 중국어로 번역하십시오. （请将下列句子译成中文）

1) 다른 사람의 의견을 물어 보고 결정하는 게 좋겠어요.
   _____

2) 놀러 온 김에 며칠 더 놀다 가세요.

_____

3) 파마를 하니까 10년은 더 젊어 보여요.

_____

4) 이번 주 아니면 다음 주에 동창모임을 하기로 했어요.

_____

5) 어제 많이 울어서 눈이 다 부었어요.

_____

 提高练习

1. 보기에서 알맞은 문법항목을 골라 활용하여 빈칸에 써 넣으십시오.
   (选择适当的语法活用填空)

> <보기>
> ⓐ 김에   ⓑ 여 보이다   ⓒ 는 게 좋겠다   ⓓ 아니면   ⓔ 아니라

1) 오랜만에 고향에 돌아간 (   ) 고향 친구도 만나고 고향음식도 많이 먹고 오래 놀다가 돌아 왔어요.

2) 민우 씨는 올해 (   ) 내년 쯤 한국에 유학간다고 했어요.

3) 이 일은 혼자 결정할 일이 (   ) 모두의 의견을 들어 본 후 결정할 일이예요.

4) 오랜만에 고등학교 동창을 만났는데 아주 행복하 (   ) 였어요.

5) 오늘은 아무래도 이 일을 끝낼 수 없을 것 같으니 내일 계속하(   )지 않을까요?

2. 다음에서 밑 줄 친 것과 의미가 같은 것을 고르십시오. (选择与画线处意思相同的)

1) <u>수요일 아니면 목요일에</u> 연설대회가 열린다고 해요.

① 연설대회가 열리는 날은 수요일 말고 목요일이다.
② 연설대회가 열리는 날은 수요일이 아니라 목요일이다.
③ 연설대회가 열리는 날은 수요일과 목요일 중 하나이다.
④ 연설대회가 열리는 날은 수요일이었다가 목요일이 되었다.

2) <u>부엌 수리를 하는 김에</u> 화장실도 고쳤어요.

① 부엌 수리를 하다가 화장실도 고쳤다.
② 부엌을 수리하면서 화장실도 함께 고쳤다.
③ 부엌을 수리하자마자 화장실도 고쳤다.
④ 부엌을 수리할 겸 화장실을 고쳤다.

3) 미장원에서 머리를 하니 <u>열 살은 젊어 보입니다.</u>

① 미장원에서 머리를 해서 열 살이 젊어 졌다.
② 미장원에서 머리를 하면 열 살이 젊어 진다.

③ 미장원에서 머리를 하면 열 살이 젊어 질 수 있다.
④ 미장원에서 머리를 하니 열 살이 젊어 진 것 같다.

4) 시간을 절약하기 위해 자가용을 타는 것보다 대중 교통수단을 이용하는 게 좋겠어요.

① 시간을 절약하려면 대중 교통수단을 이용하면 된다.
② 시간을 절약하기 위해 대중 교통수단을 이용할까 생각한다.
③ 대중 교통수단 덕분에 시간이 절약된다.
④ 자가용에 비해서 대중 교통수단이 시간이 절약될 것 같다.

5) 머리를 감을 때는 샴푸 대신에 비누로 감습니다.

① 머리를 감을 때는 샴푸 아니면 비누로 감는다.
② 머리를 감을 때는 샴푸가 아니라 비누로 감는다.
③ 머리를 감을 때는 샴푸를 쓰지 않고 비누를 써야 한다.
④ 머리를 감을 때는 샴푸 말고 비누를 쓰면 된다.

3. 다음 문장들에서 잘 못 된 곳을 찾아 고치십시오. （改错）

1) 그 문제는 쉬어 보였는데 풀어 보니 결코 쉽지 않았어요.

_____

2) 독감에 걸렸는데 한 주일이 지나서 나았어요.

_____

3) 오늘 내일 모두 비가 온다고 하니까 체육대회를 연기하는 게 좋을까 생각해요.

_____

4) 이야기를 꺼낸 길에 하고 싶은 이야기를 다 했어요.

_____

5) 수미 씨는 내 여자친구가 아니면 민우 씨 여자친구예요.

_____

4. 다음 글을 읽고 물음에 답하십시오. （读下面的文章回答问题）

저는 긴 생머리를 하고 있어요. 많은 친구들이 어떻게 하면 머리가 빨리 자라냐고 물어봐요. 저에게 무슨 특별한 비결은 없지만 제 경험을 소개해 드릴게요. 저는 머리를 매일 감아요. 그래서 그런지 머리가 빨리 자라요. 참, 머리 감을 때 자주 하는 게 있어요. 꼭 머리 맛사지를 해 주고 머리를 감은 후에는 엣센스를 발라 주어요. 그리고 또 하나 브러쉬를 가지고 다니면서 시간이 있을 때마다 자주 빗어 주어요. 그러면 두피에 자극을 주기 때문에 많은 효과가 있어요. 물론 머리결도 굉장히 좋아져요. 그리고 또 한가지 단백질이 풍부한 식품을 많이 먹으면 머리가 빨리 자라요. 계란이나 두부, 된장국 같은 것을 많이 먹으면 좋아요. 머리가 길기 때문에 2주에 한 번씩 미장원에 가서 영양을 보충해주어요. 제 생각에 무엇보다 제일 좋은 방법은 자기 머리를 소중히 여기는 마음이에요. 지나치게 머리에 스트레스를 주지 말고 편하게 해 주면 머리가 잘 자라게 돼요. 어때요? 저처럼 해 보고 싶지 않으세요?

1) 다음 중 머리를 빨리 자라게 하는 방법이 <u>아닌 것은</u>?

① 매일 머리를 감는다.　　　　② 머리를 자주 빗는다.
③ 머리에 엣센스를 발라준다.　④ 샴푸 대신 비누로 머리를 감는다.

2) 머리를 빨리 자라게 하기 위해 많이 섭취해야 하는 영양소는?

_____

3) 머리를 빨리 자라게 하는 제일 좋은 방법은 무엇인가?

_____

5. 다음 대화를 모방하여 대화를 만들어 보십시오. （模仿下面的范文练习会话）

> 윤경: 진아 씨, 머리를 비누로 감아요?
> 진아: 네, 요즘 수질 오염이 아주 심각하다고 하잖아요. 그래서 샴푸를 쓰다가
> 　　　얼마 전부터 비누로 바꿨어요.
> 윤경: 그렇게 하니까 어때요?
> 진아: 처음엔 좀 이상하게 느껴졌는데 이젠 괜찮아요. 샴푸는 피부에도 나쁘다
> 　　　고하니 비누를 쓰면 건강에도 좋고 공해도 방지하고, 일석이조 아니겠어
> 　　　요?
> 윤경: 그러면 린스도 안 쓰겠네요? 그러면 머리가 좀 뻣뻣하지 않아요?
> 진아: 아니요, 머리를 다 감고 나서 식초를 한두 방울 떨어뜨려서 헹구면 아주
> 　　　부드러워요. 윤경 씨도 한 번 해 보세요.
> 윤경: 아직 믿을 수는 없지만 한 번 해 보고 싶어요.

_____

_____

_____

_____

_____

_____

_____

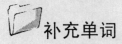

补充单词

믿다（他）相信, 信赖	해치다（他）谋害, 损害
대체（名）代替	대강（副）马马虎虎, 草草
대등（名）对等	면접（名）面试
질문하다（他）提问	인터뷰（名）采访
선택하다（他）选择	고민하다（他）烦恼, 苦恼
상의하다（他）商议, 商量	수술하다（他）手术
목이 마르다（词组）口渴	아이스크림（名）冰淇淋
질（名）质量	고등학교（名）高中
비빔밥（名）拌饭	꾸미다（他）装饰, 打扮
넥타이（名）领带	비결（名）秘诀
동창모임（名）同学聚会	연설대회（名）演讲大赛
부엌（名）厨房	수리하다（他）修理
고치다（他）修改, 改正	화장실（名）卫生间
자가용（名）自家车，轿车	대중교통수단（名）公共交通工具
절약하다（他）节约, 节省	독감（名）重感冒
체육대회（名）运动会	연기하다（他）延期
이야기를 꺼내다（词组）打开话匣子	생머리（名）直发
맛사지（名）按摩	엣센스（名）精华素
브러쉬（名）刷子, 头梳	빗다（他）梳（头）
두피（名）头皮	떨어뜨리다（他）滴入, 弄掉
자극（名）刺激	효과（名）效果
단백질（名）蛋白质	풍부하다（形）丰富
두부（名）豆腐	계란（名）鸡蛋
된장국（名）大酱汤	영양（名）营养
보충하다（他）补充	소중히（副）珍惜地, 爱惜地
지나치다（形）过分	수질오염（名）水质污染
심각하다（形）严重	공해（名）公害
일석이조（名）一举两得	린스（名）护发素
뻣뻣하다（形）生硬, 发涩	식초（名）食醋
방울（依存）滴	

제18과 금강산 (金剛山)

🔍 语法要点

> V-기는 하다
> N-뿐만 아니라
> A/V-(으)ㄹ 뿐만 아니라
> N-(이)나
> V-고 싶어하다
> V-는가 보다
> A-(으)ㄴ가 보다

 巩固练习

1. 다음 빈칸에 알맞은 단어를 넣으십시오. （选词填空）

   1) 민우 씨는 말은 많이 하지 않지만은 참으로 (　　) 따뜻한 사람이에요.
      ① 안　　　　　　② 속　　　　　　③ 내부　　　　　　④ 내면

   2) 사람들의 얼굴이 다른 것처럼 사람들의 생각도 (　　) 예요.
      ① 여러 모양　　② 여러 색깔　　③ 여러 가지　　④ 여러 형태

   3) 설악산의 경치는 (　　　) 아름다워서 관광객들이 돌아갈 길을 잊게 해요.
      ① 고향처럼　　② 생각처럼　　③ 모양처럼　　④ 그림처럼

   4) 세상에서 (　　) 소중한 것이 무엇이냐고 물으면 저는 사랑이라고 대답하겠어요.
      ① 특히　　　　② 특별히　　　③ 굉장히　　　④ 제일

   5) 교과서에서만 듣던 세종문화회관은 정말 (　　) 모습이었다.
      ① 거대한　　　② 웅장한　　　③ 방대한　　　④ 성대한

2. 다음 보기에서 알맞은 단어를 골라 활용하여 (　　　)안에 써 넣으십시오.
   （选择适当的词活用并填空）

> <보기>
> ⓐ 모양을 하다 ⓑ 바위 ⓒ 봉우리 ⓓ 절벽 ⓔ 경치도 좋다 ⓕ 폭포 ⓖ 해돋이

1) 새해 첫날 (   )를 구경하면서 새해의 계획을 세웠다.

2) 황산의 산 (   )들은 저마다 서로 다른 아름다움을 자랑하고 있었다.

3) 산 정상에 오른 우리는 넓은 (   )에 앉아 맛있는 점심식사를 하였다.

4) 높은 곳에서 떨어지는 (   )가 우리를 시원하게 해 주었다.

5) 요즘에는 운동을 히기 위해 (   )을 등반하는 사람들이 점점 많아지고 있다.

6) 바닷가에서 여러 가지 (   ) 돌을 주으며 즐겁게 놀았다.

7) (   ) 고 살기도 좋은 곳이 바로 내가 사랑하는 고향이다.

3. "V-기는 하는데" 형식을 사용하여 문장을 이으십시오. (用 "V-기는 하는데" 完成句子)

> **<보기>**
> 맥주를 마시다 / 좋아하지는 않다 ⇒ 맥주를 마시기는 하는데 좋아하지는 않아요.

1) 여기도 눈이 오다 / 그리 많지 않다.
⇒ _____

2) 스키를 타다 / 자주 타지 못하다
⇒ _____

3) 저 옷이 마음에 들다 / 너무 비싸다
⇒ _____

4) 한국신문을 매일 읽다 / 이해하기 어렵다
⇒ _____

5) 담배를 피우다 / 가끔 피운다
⇒ _____

4. " A-기는 하지만" 형식을 사용하여 문장을 이으십시오.
(用 " A-기는 하지만" 连接句子)

> **<보기>**
> 배가 부르다 / 밥을 더 먹었다 ⇒ 배가 부르기는 하지만 밥을 더 먹었어요.

1) 날씨가 덥다 / 바람이 분다
⇒ _____

2) 얼굴이 무섭다 / 아이들과 잘 놀다
⇒ _____

3) 한국어 공부가 재미있다 / 어렵다
⇒ _____

4) 오늘도 춥다 / 어제보다 덜 춥다

　⇒ _____

5) 영화를 보는 사람이 많다 / 영화표를 살 수 있었다.

　⇒ _____

5. "N-이기는 하지만" 형식을 사용하여 문장을 이으십시오. (用 "N-이기는 하지만" 完成句子)

```
<보기>
그분은 우리학과 선생님이다 / 잘 모른다
⇒ 그분은 우리학과 선생님이긴 하지만 잘 몰라요.
```

1) 모르는 사람 / 친절하게 말하다

　⇒ _____

2) 작아진 구두 / 버리지 않다

　⇒ _____

3) 비오는 날 / 사진을 많이 찍었다

　⇒ _____

4) 시골 /도시와 같다

　⇒ _____

5) 겨울방학 / 학교에 사람이 많다

　⇒ _____

6. "A/V-기는 하지만" 표현을 사용하여 대답하십시오. (用 "A/V-기는 하지만" 完成对话)

1) 매운 음식을 잘 먹어요?

　⇒ _____

2) 소설책 읽는 것을 좋아하세요?

　⇒ _____

3) 운전할 줄 아세요?

　⇒ _____

4) 그 한국영화는 어렵겠죠?

　⇒ _____

5) 한국문화를 잘 알아요?

　⇒ _____

7. "A/V - (으) ㄹ 뿐만 아니라"를 사용해서 문장을 이으십시오.
   (用 "A/V - (으) ㄹ 뿐만 아니라" 连接句子)

> <보기>
> 여행은 즐겁다 / 경험의 세계를 넓혀 준다
> ⇒ 여행은 즐거울 뿐만 아니라 경험의 세계를 넓혀 준다.

1) 철수는 똑똑하다 / 마음씨도 착하다
   ⇒ _____

2) 마이클은 운동을 잘 한다 / 노래도 잘 부른다
   ⇒ _____

3) 나는 그 계획을 반대했다 / 다른 사람들도 그 계획을 반대했다.
   ⇒ _____

4) 도시는 살기 편하다 / 일자리도 구하기 쉽다
   ⇒ _____

5) 그곳은 여행 비용이 싸다 / 아름다운 경치를 볼 수 있다
   ⇒ _____

8. "A/V - (으) ㄹ 뿐만 아니라"를 사용해서 다음 질문에 답하십시오.
   (用 "A/V - (으) ㄹ 뿐만 아니라" 回答问题)

1)가: 지금 다니는 회사 어때요?
   나: _____(으)ㄹ 뿐만 아니라 _____

2)가: 어제 놀러 간 바닷가 어땠어요?
   나: _____(으)ㄹ 뿐만 아니라 _____

3)가: 요즘 배우는 한국어 어때요?
   나: _____(으)ㄹ 뿐만 아니라 _____

4)가: 요즘 그곳 날씨 어때요?
   나: _____(으)ㄹ 뿐만 아니라 _____

5)가: 지금 사귀는 남자 친구 어때요?
   나: _____(으)ㄹ 뿐만 아니라 _____

9. "N-나/이나"를 사용해서 문장을 이으십시오. (用 "N-나/이나" 完成句子)

> <보기>
> 덥다 / 수영장에 가다 ⇒ 더우니까 수영장에나 갑시다.

1) 심심하다 / 영화를 보다
   ⇒ _____

2) 배가 고프다 / 점심을 먹다

　　⇒ _____

3) 시험이 있다 / 공부를 하다

　　⇒ _____

4) 날씨가 좋다 / 등산을 하다

　　⇒ _____

5) 시간이 있다 / 한국노래를 배우다

　　⇒ _____

10. 보기와 같이 문장을 고치십시오. （仿照例句修改句子）

┌───┐
│　　　　　　　　　　　　＜보기＞　　　　　　　　　　　　　│
│　그는 영화를 보고 싶다고 했다. ⇒ 그는 영화를 보고 싶어한다.　│
└───┘

1) 그는 한국요리를 만들고 싶다고 했다.

　　⇒ _____

2) 수미는 한국에 유학 가고 싶다고 했다.

　　⇒ _____

3) 철수는 좋은 회사에 취직하고 싶다고 했다.

　　⇒ _____

4) 정민은 크리스마스를 여자 친구와 같이 보내고 싶다고 했다.

　　⇒ _____

5) 민정이는 돈이 많은 사람 말고 행복한 사람이 되고 싶다고 했다.

　　⇒ _____

11. “V-고 싶다”나 “V-고 싶어하다”를 사용해서 다음 질문에 답하십시오.
　　（用 “V-고 싶다” 或 “V-고 싶어하다” 回答问题）

1) 가: 어떤 옷을 사고 싶어요?

　　나: _____

2) 가: 여자 친구가 어떤 선물을 달라고 해요?

　　나: _____

3) 가: 무슨 영화가 보고 싶어요?

　　나: _____

4) 가: 민우 씨의 소원이 뭐라고 했어요?

　　나: _____

5) 가: 여동생이 어떤 일을 하겠다고 했어요?

　　나: _____

12. 보기와 같이 문장을 고치십시오. (仿照例句修改句子)

> <보기>
>
> 김 선생님이 바쁘신 것 같아요. ⇒ 김 선생님이 바쁘신가 봐요.

1) 이 책은 아주 재미있는 것 같군요.
   ⇒ _____

2) 시늠 밖에는 비가 오는 것 같아요.
   ⇒ _____

3) 요즘 아이들은 책을 안 읽는 것 같아요.
   ⇒ _____

4) 신발이 너무 큰 것 같아요.
   ⇒ _____

5) 그 사람은 아직 학생인 것 같아요.
   ⇒ _____

13. 다음을 한국어로 번역하십시오. (请将下列句子译成韩文)

1) 坐飞机快是快，但我现在还是学生，经济条件不允许。

   _____

2) 学习外语不但要提高听说能力，还要强化读写能力。

   _____

3) 没有咖啡就给我来杯茶吧。

   _____

4) 很多人都想进那家公司，所以竞争很激烈。

   _____

5) 看来那两个人彼此不认识。

   _____

14. 다음을 중국어로 번역하십시오. (请将下列句子译成中文)

1) 얼굴이 빨갛게 된 걸 보니 많은 사람 앞에서 설명하기가 부끄러운가 봅니다.

   _____

2) 노인들은 젊은이들과 대화를 나누고 싶어하지만 그럴 기회가 별로 없다.

   _____

3) 그는 쉬운 단어 뿐만 아니라 어려운 단어도 많이 알고 있어요.

   _____

4) 그 사람을 만나기는 했어요. 그런데 긴 이야기는 못 했어요.

5) 어머니는 안 된다고 하시겠지만 말씀이나 드려 보겠어요.

 提高练习

1. 보기에서 알맞은 문법항목을 골라 빈칸에 써 넣으십시오. （选择适当的语法填空）

<보기>
ⓐ 나 ⓑ 기는 하지만 ⓒ 을 뿐만 아니라 ⓓ 는가 보다
ⓔ 은가 봐 ⓕ 고 싶어했지만 ⓖ 뿐만 아니라

1) 오늘은 집에서 방 청소 (   ) 옷장 정리도 했어요.

2) 내가 자꾸 물어 보니까 귀찮(   ). 대답을 안 해.

3) 사람이 살아 가려면 돈이 필요하(   ) 세상에는 그것보다 중요한 것이 많습니다.

4) 민정 씨는 유학하 (   ) 지만 기회가 오지 않았습니다.

5) 아직 시간이 있으니 호프집에 가서 맥주 (   ) 한 잔 합시다.

6) 그 대학은 시설이 좋(   ) 교수진도 훌륭합니다.

7) 시험이 어려웠는데 좋은 성적을 받은 걸 보니 그 학생이 공부를 정말 잘 하(   ).

2. 다음에서 밑 줄 친 것과 의미가 같은 것을 고르십시오. （选择与画线处意思相同的）

1) 영순 씨는 가정에서 뿐만 아니라 직장에서도 칭찬 받는 사람이에요.

① 영순 씨는 가정에서나 직장에서나 모두 칭찬 받는다.
② 영순 씨는 가정보다 직장에서 더 칭찬 받는다.
③ 영순 씨는 가정에서는 칭찬 받지만 직장에서는 칭찬 받지 못한다.
④ 영순 씨는 가정마다 직장마다 모두 칭찬 받는다.

2) 복사기를 쓰니까 편하기는 해요.

① 복사기를 쓰니까 좋은 점 뿐이다.
② 복사기를 쓰니까 편하기는 하지만 다른 나쁜 점도 있다.
③ 복사기를 쓰면 편할 뿐만 아니라 가격도 저렴하다.
④ 복사기를 써도 편하지 않을 때가 있다.

3) 심심한데 영화나 볼까?

① 심심할 때만 영화를 본다.
② 심심할 때는 영화를 보는 것이 좋다.
③ 심심할 때 영화를 보거나 일을 하거나 한다.
④ 심심해서 영화나 보려고 한다.

4) 우리 아들은 <u>변호사가 되고 싶어했습니다.</u>

　① 우리 아들은 변호사가 될 수 있었다.　② 우리 아들은 변호사가 되면 좋겠다.
　③ 우리 아들은 변호사가 될 걸 그랬다.　④ 우리 아들은 변호사가 되려고 했다.

5) 조용한 걸 보니 <u>아이들이 자는가 봐요.</u>

　① 조용하면 아이들이 자는 것이다.　② 조용하니까 아이들이 자는 것이다.
　③ 조용해졌는데 아이들이 자나 보다.　④ 조용하니 아이들이 잘 수 있다.

3. 본 과의 문법을 활용하여 자신의 상황에 비추어 물음에 답하십시오.
   (运用本课所学的语法，根据自己的情况回答问题)

1) 부모님께서 제일 하고 싶어하시는 일이 무엇인지 아세요?
_____

2) 오늘 날씨 어때요?
_____

3) 지금은 불고기가 안 된다고 해요. 무엇을 드시겠어요?
_____

4) 한국어를 배워 보니까 어때요? 어렵기만 한가요?
_____

5) 친구가 전화를 했는데 받지 않았다고 했어요? 이유를 말해 보세요.
_____

4. 다음 글을 읽고 물음에 답하십시오.　(读下面的文章回答问题)

　　설악산은 한국에 있어서는 한라산, 지리산 다음으로 높은 산일 뿐만 아니라 그의 웅장한 모습은 한국 굴지의 명산이라고 할 수 있다. 설악산은 1970 년 3 월 24 일에 국립공원으로 지정되었고 그 면적은 373 제곱킬로미터이며 행정 구역상으로는 강원도에 속한다. 설악산은 한국 동해안에 치우쳐 중남부에 걸쳐 등뼈산맥을 이루고 있는백두 대간 남북의 태백산맥 북쪽에 자리잡고 있다. 설악산의 주봉은 대청봉(大靑峰)으로 해발 1,708m 이며 일년 가운데 다섯 달은 눈에 쌓여 있으므로 설악(雪岳)이라 이름지었다고 전해진다. 설악산은 봄의 진달래, 초여름의 신록, 가을의 단풍, 그리고 겨울의 설경으로 등산객만이 아니라 관광객이 가장 많이 찾는 곳이기도 하다.

1) 다음 중 순서가 맞는 것을 고르십시오.
　① 지리산-설악산-한라산
　② 설악산-한라산-지리산
　③ 한라산-지리산-설악산

153

2) 설악산이 위치한 곳은?

① 한국 동해안　　　② 한국 서해안　　　③ 한국 남해안

3) 설악산은 왜 "설악"이라고 불려졌을까요?

_____

4) 설악산이 자랑하는 4계절 경치에 대해 말해 보세요.

_____

5. 다음 대화를 모방하여 대화를 만들어 보십시오. （模仿下面的范文练习会话）

> 다나카: 마이클 씨, 취미로 등산을 많이 한다고 들었어요. 한국에서는 주로
> 　　　　어디를 가 보셨어요?
> 마이클: 북쪽으로는 강원도 설악산에서부터 남쪽으로는 제주도 한라산까지
> 　　　　가 봤어요.
> 다나카: 그래요? 정말 산을 좋아하시는군요.
> 마이클: 네, 그래요. 저는 텍사스 출신인데, 제 고향에는 산이 없거든요. 평야 뿐이에
> 　　　　요.
> 다나카: 그래서 한국의 산에 반하셨나 봐요. 저는 이 번 공휴일에 판문점에
> 　　　　가 보고 싶어요.
> 마이클: 다나카 씨는 한국 현대 정치사를 연구하니까 그런 쪽에 관심이 많군요.
> 다나카: 정치적 관심이 아니라 개인적 호기심 때문이에요.
> 마이클: 판문점은 다음에 가고 이 번엔 저와 같이 다른 곳으로 갑시다.
> 다나카: 다른 곳 어디요?
> 마이클: 전라도 내장산요. 단풍이 아름답기로 유명하다고 해요. 단풍도 보고
> 　　　　절도 구경하고 좋을 것 같아요.
> 다나카: 좋아요. 덕분에 저도 좋은 구경 할 것 같아요.

_____

_____

_____

_____

_____

_____

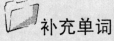 补充单词

내부 （名） 内部	내면 （名） 内面, 里面
형태 （名） 形态, 样子	잊다 （他） 忘却, 忘记
대답하다 （他） 回答	교과서 （名） 教科书
거대하다 （形） 巨大	방대하디 （形） 庞大
성대하다 （形） 盛大	첫날 （名） 第一天
구경하다 （他） 观看, 游览	황산 （名） 黄山
정상 （名） 顶上, 山顶	떨어지다 （白） 落下, 掉下
등반하다 （他） 攀登	소원 （名） 心愿, 宿愿
줍다 （他） 捡, 拾	스키를 타다 （词组） 滑雪
무섭다 （形） 害怕, 恐惧	반대하다 （他） 反对
편하다 （形） 方便, 舒服	일자리를 구하다 （词组） 找工作
비용 （名） 费用	자리 잡다 （词组） 位于
배가 고프다 （词组） 肚子饿	젊은이 （名） 年轻人
크리스마스 （名） 圣诞节	경제조건 （名） 经济条件
경쟁 （名） 竞争	치열하다 （形） 激烈
대화를 나누다 （词组） 对话	옷장 （名） 衣柜
호프집 （名） 啤酒屋	시설 （名） 设施
교수진 （名） 师资力量	복사기 （名） 复印机
조용하다 （形） 安静, 肃静	이유 （名） 理由
굴지 （名） 屈指	명산 （名） 名山
국립공원 （名） 国立公园	지정되다 （白） 被指定
제곱킬로미터 （依存） 平方公里	행정구역 （名） 行政区域
강원도 （名） 江源道 （韩国地名）	절 （名） 寺庙
동해안 （名） 东海岸	치우치다 （形） 偏, 偏向
중남부 （名） 中南部	걸치다 （白） 跨, 搭
등뼈산맥 （名） 主干山脉	백두대간 （名） 白头大干
주봉 （名） 主峰	해발 （名） 海拔
가운데 （名） 当中, 中间	이름 짓다 （词组） 起名
전해지다 （白） 流传	진달래 （名） 金达莱
초여름 （名） 初夏	신록 （名） 新绿
설경 （名） 雪景	등산객 （名） 登山客
서해안 （名） 西海岸	남해안 （名） 南海岸
불려지다 （白） 被称为	텍사스 （名） 德克萨斯
출신 （名） 出身	평야 （名） 平野, 平原
반하다 （白） 着迷, 陶醉	공휴일 （名） 公休日
판문점 （名） 板门店	현대 （名） 现代
정치사 （名） 政治史	관심이 많다 （词组） 抱有关心
호기심 （名） 好奇心	전라도 （名） 全罗道 （韩国地名）

제19과 천단（天坛）

 语法要点

> V-(으)ㄹ 테니까
> A/V-ㄴ데도
> V-아/어야겠다
> A/V-았/었였
> V-았/었던

巩固练习

1. 다음 빈칸에 알맞은 단어를 넣으십시오.（选词填空）

1) 거기서 잘 안 보이면 （　　　） 와서 보세요.
① 멀리　　　　② 혼자서　　　　③ 조용히　　　　④ 가까이

2) 제품의 사용방법을 （　　　） 설명해 주세요.
① 정말　　　　② 자세히　　　　③ 아무래도　　　　④ 깨끗이

3) 어제 다섯 시쯤 일을 마치고 （　　　） 집으로 돌아갔어요.
① 각양각색　　② 여러 가지　　③ 각각　　　　④ 서로

4) 그 두 사람은 형제처럼 얼굴이 （　　　） 생겼다.
① 어울리게　　② 까맣게　　　③ 비슷하게　　④ 보기 좋게

5) 비둘기는 평화를 （　　　）고 한다.
① 칭찬한다　　② 상징한다　　③ 이용한다　　④ 어울린다

2. 다음 보기에서 알맞은 것을 골라 활용하여 （　　　）안에 써 넣으십시오.
（选择适当的词活用并填空）

> **＜보기＞**
> ⓐ 굽이 높다　ⓑ 신경질이 나다　ⓒ 제사를 지내다　ⓓ 교통이 붐비다
> ⓔ 숨이 차다　ⓕ 운이 좋다　ⓖ 답장을 하다

1) 편지를 받을 때마다 제때에 （　　　　）것은 쉬운 일이 아니다.

2) 그날 눈길에 교통사고가 났었는데 크게 다치지 않았다. 참으로 （　　　）던 것이다.

3) 한국에는 추석과 설에 (   )는 풍습이 있다.

4) 그는 너무 빨리 뛰어 왔기 때문에 (   ) 한 동안 말을 하지 못 했다.

5) 그렇게 (   ) 구두를 신고 어떻게 등산한다고 그래요?

6) 날씨가 무더우면 사람들은 (   ) 자주 화를 낸다.

7) 서울은 인구도 많고 차도 많아서 항상 (   ).

3. "V-(으)ㄹ 테니까"를 사용해서 문장을 이으십시오. (用 "V-(으)ㄹ 테니까" 连接两个句子)

> <보기>
> 내가 기다리다. / 빨리 갔다 오다. ⇒ 내가 기다릴 테니까 빨리 갔다 오세요.

1) 오늘은 제가 내다 / 다음에 사 주다
   ⇒ _____

2) 같이 가다 / 5분만 기다리다
   ⇒ _____

3) 입어 보다 / 한 번 보다
   ⇒ _____

4) 제가 연락해 보다 / 너무 걱정하지 말다
   ⇒ _____

5) 내가 빌려 주다 / 사지 말다
   ⇒ _____

4. "V-(으)ㄹ 테니까"를 사용하여 다음 상황에 맞게 말해 보세요.
   (用 "V-(으)ㄹ 테니까" 根据下列情况完成句子)

> <보기>
> (친구가 아프다)
> 내가 택시를 부를 테니까 여기서 친구를 돌보아 주세요.

1) (오늘 집에 친구들이 놀러 온다.)
   ⇒ _____

2) (친구가 영화를 보자고 했다.)
   ⇒ _____

3) (힘든 일을 하고 있는 친구한테 일자리를 소개한다)
   ⇒ _____

4) (친구 여러 명이 기다리고 있는데 약속시간이 다 되었지만 정민 씨가 오지 않는다)
   ⇒ _____

5) (숙제를 내는 날인데 숙제를 다 하지 못했다.)

⇒ _____

5. "A/V -(으)ㄴ/는데도"를 사용해서 문장을 이으십시오.　(用 "A/V -(으)ㄴ/는데도" 连接句子)

> <보기>
> 한 시간 동안 기다렸다 / 친구가 오지 않는다
> ⇒ 한 시간 동안 기다렸는데도 친구가 오지 않는다.

1) 약을 먹는다 / 병이 잘 낫지 않는다

⇒ _____

2) 된장찌개가 맵다 / 아이들이 잘 먹는다

⇒ _____

3) 겨울이다 / 봄 옷을 입고 다니는 사람이 있다

⇒ _____

4) 편지를 쓴지 한달이 되었다 / 답장이 오지 않는다

⇒ _____

5) 비가 내린다 / 밖에서 운동하는 사람이 많다

⇒ _____

6. "A/V -(으)ㄴ/는데도"를 사용해서 다음 대화를 완성하십시오.
   (用 "A/V -(으)ㄴ/는데도" 完成对话)

> <보기>
> 가: 문제가 쉬워서 시험을 잘 봤지요?
> 나: 문제가 쉬웠는데도 시험을 못 봤어요.

1) 가: 한국어 발음이 많이 좋아졌지요?
   나: _____

2) 가: 오늘은 많이 피곤헤 보이는군요.
   나: _____

3) 가: 약을 먹고 주사를 맞았으니까 열이 내렸지요?
   나: _____

4) 가: 방학 동안에 고향에 갔다 왔어요?
   나: _____

5) 가: 수미 씨는 한국노래 잘 부르지요?
   나: _____

7. 보기처럼 문장을 만드십시오. (仿照例句完成句子)

> **<보기>**
> 남을 도우면서 살다. ⇒ 남을 도우면서 살아야겠습니다.

1) 일찍 자고 일찍 일어나다.
   ⇒ _____

2) 한국어 어휘량을 늘이기 위해 매일 단어를 외우다.
   ⇒ _____

3) 아르바이트를 해서 학비를 벌다.
   ⇒ _____

4) 일을 끝낼 때 한 번 더 확인하다.
   ⇒ _____

5) 어두워 졌으니 이제 불을 켜다.
   ⇒ _____

8. 보기와 같이 고치십시오. (仿照例句修改句子)

> **<보기>**
> 작년에 제주도에 갔습니다. ⇒ 작년에 제주도에 갔었습니다.

1) 고등학교 때 교복을 입었습니다.
   ⇒ _____

2) 그 병원에 입원했습니다.
   ⇒ _____

3) 어제 선생님 댁에 전화를 했습니다.
   ⇒ _____

4) 5년 전까지 은행에 다녔습니다.
   ⇒ _____

5) 한국에 살 때 신촌에서 하숙했습니다.
   ⇒ _____

9. "A/V -았/었었" 을 사용하여 다음 대하를 완성하십시오.
   (用 "A/V -았/었었" 完成对话)

> **<보기>**
> 가: 그 분을 만난 적이 있어요?
> 나: 1 년 전에 <u>만났었어요.</u>

1)가: 여기에 온 적이 있어요?
　나: _____

2)가: 한국말을 배운 적이 있어요?
　나: _____

3)가: 스케이트를 타 본 적이 있어요?
　나: _____

4)가: 한국노래를 배운 적이 있어요?
　나: _____

5)가: 한국요리를 먹어 본 적이 있어요?
　나: _____

10. 보기와 같이 문장을 이으십시오. （仿照例句连接句子）

> <보기>
> 작년 여름에 갔습니다. / 산입니다.
> ⇒ 작년 여름에 <u>갔던</u> 산입니다.

1) 어제 교실에서 불렀어요. / 노래예요.
　⇒ _____

2) 제가 졸업식 때 입었습니다. / 옷입니다.
　⇒ _____

3) 지난 번에 우리 집에 왔습니다. / 아이가 제 조카입니다.
　⇒ _____

4) 아침에 버스에서 만났다. / 사람이 내 선배다.
　⇒ _____

5) 지난 번에 여행 갔습니다. / 그곳은 유명한 관광지입니다.
　⇒ _____

11. 보기와 같이 질문에 답하십시오. （仿照例句回答问题）

> <보기>
> 가: 누가 왔어요?
> 나: 일본으로 <u>돌아갔던</u> 친구가 왔어요.

1)가: 누가 제 자리에 앉았어요?
　나: _____

2)가: 어느 식당에 갈까요?

　　나: _____

3)가: 그 선생님은 누구세요?

　　나: _____

4)가: 이 노래는 무슨 노래예요?

　　나: _____

5)가: 이 백화점에 와 봤어요?

　　나: _____

12. 다음을 한국어로 번역하십시오. （请将下列句子译成韩文）

1) 我慢点儿读，你听好了。

_____

2) 都提醒过你注意了，你又犯错了。

_____

3) 要考试了，我得好好复习了。

_____

4) 曾经看过的韩国电视剧中你最喜欢哪一部？

_____

5) 他是非常善良的人。

_____

13. 다음을 중국어로 번역하십시오. （请将下列句子译成中文）

1) 날마다 청소를 하는데도 먼지가 쌓여요. 그래서 집안 일은 끝이 없다고 하나 봐요.

_____

2) 배달해 드릴 테니까 언제든지 전화만 주십시오.

_____

3) 시간이 없으니 오늘은 이 일을 꼭 끝내고 자야겠다.

_____

4) 그가 그렇게 사랑했던 사람인데 만나고 보니 그냥 편한 친구 같았다.

_____

5) 여름방학에 배낭여행을 갔었는데 파리도 가고 로마도 갔었다.

_____

 提高练习

1. 보기에서 알맞은 문법항목을 골라 빈칸에 써 넣으십시오. （选择适当的语法填空）

> <보기>
> ⓐ 는데도 ⓑ 을 테니까 ⓒ 아야겠다 ⓓ 었었 ⓔ 었던

1) 이건 조금 있다가 먹(   ) 아무도 손 대지 마.

2) 옷이 젖(   )는데 빨리 다 말랐네요.

3) 보고 싶(   ) 동창들을 만나서 오랫동안 이야기를 나누었다.

4) 그 아이는 어머니가 부르시(   ) 대답을 안 한다.

5) 무슨 일이 생긴 것 같으니 내가 직접 가 봐(   ).

2. 다음에서 이어질 수 있는 말을 고르십시오. （选择可以衔接的句子）

1) 가: 일 하다 어디 가세요?
   나: _____
   ① 일 하다가 놀러 갔어요.   ② 친구한테 전화가 왔어요.
   ③ 아무리 바빠도 밥부터 먹어야겠어요. ④ 일이 있어서 어디 못 가요.

2) 가: 왜 이렇게 사람이 적어요?
   나: _____
   ① 사람이 적으면 어떡하죠?
   ② 사람이 적을 수도 있어요.
   ③ 사람이 적은 게 좋겠어요.
   ④ 연락을 했는데도 사람들이 많이 안 왔어요.

3) 가: 오늘 누구를 만나는데 그렇게 기분이 좋아요?
   나: _____
   ① 대학 졸업 후에 헤어지던 동창을 만나거든요.
   ② 대학 졸업 후에 헤어졌던 동창을 만나거든요.
   ③ 대학 졸업 후에 헤어지려던 동창을 만나거든요.
   ④ 대학 졸업 후에 헤어진 적 있던 동창을 만나거든요.

4) 가: 어디서 만날까요?
   나: _____
   ① 10 시쯤 전화할 테니까 집에서 기다려요.
   ② 또 연락할 테니까 다음에 만납시다.
   ③ 먼저 먹을 테니까 천천히 오세요.
   ④ 도와 드릴 테니까 걱정하지 마세요.

5) 가: 요즘 안 보이던데 어디 갔다 왔어요?
   나: _____
   ① 중국에 출장가는 것입니다.   ② 중국에 출장갔습니다.
   ③ 중국에 출장갔었습니다.   ④ 중국에 출장갑니다.

3. 다음에서 **틀린 곳을** 찾아 고치십시오. （改错）

1) 내가 얼른 다녀올 테니까 여기서 기다립니다.
_____

2) 내가 쓰던 편지를 그는 읽지 못 했다.
_____

3) 작년에는 한국을 떠나 중국에 갔습니다.
_____

4) 아직도 비가 오니 못 간다고 연락하야겠어요.
_____

5) 비가 오는데도 우산을 썼다.
_____

4. 다음 글을 읽고 물음에 답하십시오. （阅读并回答问题）

　　국립중앙박물관을 찾아주신 네티즌 여러분 진심으로 환영합니다. 지난 60 년간 민족문화의 전당으로서 역할을 수행해 온 국립중앙박물관이 2005 년 10 월 28 일 용산으로 이전·개관하게 되는 역사적인 순간을 맞이하여 홈페이지를 새롭게 개편하였습니다. 용산 새 국립중앙박물관은 세계적인 규모에 걸맞게 우리의 문화유산 뿐만 아니라 중국, 일본, 인도네시아, 중앙아시아 등 주변 문화와의 연계 속에서 우리 문화를 조명할 수 있는 박물관으로 되기 위해 아시아관을 신설하였고, 활기찬 국제 문화교류를 통해 세계적인 박물관으로 국민 여러분께 다가갈 것입니다. 또한 박물관 본래의 기능 중에서 교육 기능을 강화하기 위해 교육시설을 대폭 확대하고, 다양한 교육 프로그램을 준비하였으며, 어린이박물관을 새롭게 신설하였습니다. 새 박물관에서는 다양하고 새로워진 전시 관람은 물론 편안하고 즐거운 마음으로 각종 음악회, 연극 등의 공연을 관람하실 수 있도록 전문공연장도 운영합니다. 복합문화 공간으로 태어나는 용산 새 박물관의 개관을 기다려 주신 국민 여러분들께 감사 드리며, 앞으로도 국립중앙박물관에 대한 깊은 관심과 사랑을 부탁 드립니다. 감사합니다. 　　　　　－국립중앙박물관장 이건무
（한국국립중앙박물관 홈페이지에 발췌）

1) 국립중앙박물관에 새로 설치한 것이 <u>아닌 것은</u>?
① 아시아관　　　② 어린이박물관　　　③ 전문공연장　　　④ 중국관

2) "아시아관"은 어떤 곳입니까?
_____

3) 국립중앙박물관의 기능에 대해 요약해 보세요.
_____

5. 다음 대화를 모방하여 대화를 만들어 보십시오. （模仿下面的范文练习会话）

<매표소에서>
관광객: 박물관 입장료는 얼마입니까?
직　원: 어른 요금은 4,000 원, 어린이 요금은 2,000 원입니다.
관광객: 그럼 어른 둘, 어린이 하나 주세요.
직　원: 10,000 원입니다.
관광객: 이 팜플렛 가져가도 될까요?
직　원: 네, 손님.
관광객: 죄송한데 중국어로 된 팜플렛은 없어요?
직　원: 있었는데 지금은 영어로 된 팜플렛 밖에 없네요. 죄송합니다.

<박물관입구에서>
관광객: 박물관 안에서 사진을 찍어도 될까요?
안내원: 박물관 안에서 시진을 찍을 수 없습니다. 대신 박물관 기념엽서를 팔고 있습니다.
관광객: 네, 잘 알겠습니다. 참, 여기 폐관시간이 언제입니까?
안내원: 오후 5 시 30 분입니다.

<박물관 안에서>
관광객: 이전에 한국사람들은 이렇게 살았군요.
안내원: 이 전시관에서 옛날 한국사람들의 생활상을 한눈에 볼 수 있어요.
관광객: 그러네요. 한국사람들은 참 부지런한 것 같아요.
안내원: 부지런하지요.
관광객: 어머, 저기서 떡을 치고 있네요.
안내원: 인절미를 만들고 있나 봐요. 인절미 드셔 보셨지요?
관광객: 네. 중국에서 가끔 사 먹어요.
안내원: 기다릴 테니 천천히 보세요. 재미있는 것들이 많아요.

补充单词

멀리 （副）远远地	가까이 （副）靠近地
각양각색 （名）各式各样	다치다 （他）受伤
비둘기 （名）鸽子	평화 （名）和平
제때 （名）按时, 及时	눈길 （名）雪路
인구 （名）人口	내다 （他）交纳, 提交
빌려주다 （他）借给	인절미 （名）打糕, 糯米糕
주사를 맞다 （词组）打针	열이 내리다 （词组）退烧
어휘량 （名）词汇量	늘이다 （他）增加
학비 （名）学费	먼지 （名）尘埃, 灰尘
불을 켜다 （词组）点灯	교복 （名）校服
입원하다 （自）住院	하숙하다 （自）下宿
신촌 （名）新村（首尔地名）	스케이트 （名）滑冰
조카 （名）侄子, 外甥	떡을 치다 （词组）打糕, 做糕
집안일 （名）家务活	끝이 없다 （词组）没完没了
배달하다 （他）送货上门	끝내다 （他）结束, 完了
그냥 （副）就那样, 仍然, 仍旧	배낭여행 （名）徒步旅行
로마 （名）罗马	홈페이지 （名）主页
손 대다 （词组）碰, 触手	젖다 （自）湿, 淋湿
마르다 （自）干	출장 가다 （词组）出差
얼른 （副）赶紧	국립중앙박물관 （名）国立中央博物
네티즌 （名）网迷	진심 （名）真心
환영하다 （他）欢迎	전당 （名）殿堂
역할을 수행하다 （词组）发挥作用	용산 （名）龙山（首尔地名）
이전 （名）搬迁	개관 （名）开馆
개편하다 （他）改编	걸맞다 （形）相称, 相配
문화유산 （名）文化遗产	인도네시아 （名）印度尼西亚
중앙아시아 （名）中亚	주변문화 （名）周边文化
조명하다 （他）照明, 研究, 考察	신설하다 （他）新设
활기 차다 （词组）充满活力	다가가다 （自）靠近, 走近
강화하다 （他）加强, 强化	기능 （名）机能, 功能
대폭 （名）大幅度	확대하다 （他）扩大, 扩充
프로그램 （名）目录, 节目, 程序	운영하다 （他）运营, 经营
복합문화공간 （名）综合文化空间	태어나다 （自）出生, 诞生
요약하다 （他）概括, 整理	입장료 （名）门票费
팜플렛 （名）小册子, 宣传册子	기념엽서 （名）纪念明信片
생활상 （名）生活情况	부지런하다 （形）勤奋, 勤劳

제 20 과 여름방학 (暑假)

 语法要点

> V-느라고
> V-(으)ㄹ 뻔하다
> 아무-N 도 안/못/없다/모르다
> N-만에
> N-만이다
> "ㅎ"불규칙

巩固练习

1. 다음 빈칸에 알맞은 단어를 넣으십시오. （选词填空）

1) 이 일은 저 (   ) 할 수 있으니 너무 걱정하지 마세요.
　① 각각　　　　　　② 혼자서　　　　　　③ 각자　　　　　　④ 개인적

2) 오랫동안 사귄 그가 (   ) 사람이었다는 것이 믿어지지 않는다.
　① 좋은　　　　　　② 특별한　　　　　　③ 그런　　　　　　④ 적극적

3) 이 불행한 소식을 듣고 그의 얼굴이 (   ) 되었다.
　① 빨갛게　　　　　② 하얗게　　　　　　③ 누렇게　　　　　④ 까맣게

4) 누구나 인생을 (   ) 살려고 노력하지만 다 그렇게 되는 것은 아니다.
　① 보람있게　　　　② 생각있게　　　　　③ 칭찬하게　　　　④ 성대하게

5) 일이 이렇게 된 후에 후회해도 (   ) 소용이 없다.
　① 아무리　　　　　② 아무튼　　　　　　③ 아무래도　　　　④ 아무

2. 다음 보기에서 알맞은 것을 골라 활용하여 (   )안에 써 넣으십시오.
（选择适当的词组活用并填空）

1) 폭설로 많은 사람들이 (   )는 교통사고가 발생했어요.

2) 열심히 일을 했기 때문에 사장님한테서 (   ) 기분이 좋아요.

3) 친구 생일을 (   ) 너무 미안했어요.

4) 열심히 준비해서 이 번 (   ) 었으면 좋겠다.

5) 젊은 사람들은 머리를 여러 가지 색깔로 (   ) 고 다녀요.

3. "V-느라고"를 사용해서 문장을 만드십시오. (用 "V-느라고" 完成句子)

> <보기>
> 학교, 늦다 / 늦잠을 자다 ⇒ 늦잠을 자느라고 학교에 늦었어요.

1) 어젯밤, 못 자다 / 컴퓨터 게임을 하다
   ⇒_____

2) 외출하지 못하다 / 전화, 기다리다
   ⇒_____

3) 집, 늦게 돌아오다 / 친구와 놀다
   ⇒_____

4) 대답, 못 하다 / 텔레비전을 보다
   ⇒_____

5) 지난주, 학교에 못 가다 / 미국에 다녀 오다
   ⇒_____

4. "V-느라고"를 사용해서 질문에 답하십시오. (用 "V-느라고" 回答问题)

> <보기>
> 가: 요즘 영숙 씨가 바쁘다고 하지요?
> 나: 네, 한국어 공부하느라고 바쁘다고 해요.

1) 가: 요즘 철수 씨가 힘들다고 하지요?
   나: _____

2) 가: 안나 씨가 이 번에 등록을 못 한다고 하지요?
   나: _____

3) 가: 정민 씨가 일을 다 못 끝냈다고 하지요?
   나: _____

4) 가: 수미 씨가 오늘 또 지각했다고 하지요?
   나: _____

5) 가: 아버지가 제 생일에 또 못 오신다고 하지요?
   나: _____

5. "V-(으)ㄹ 뻔하다"를 사용해서 문장을 만들어 보십시오.
   (用 "V-(으)ㄹ 뻔하다" 连接两个句子)

> <보기>
> 늦게 일어났다 / 학교에 지각하다
> ⇒ 늦게 일어나서 학교에 지각할 뻔했어요.

1) 차를 빨리 운전하다 / 교통 사고를 내다
   ⇒ _____

2) 서로 오해하다 / 친구와 크게 싸우다
   ⇒ _____

3) 요즘 너무 바쁘다 / 동생 생일을 잊다
   ⇒ _____

4) 길이 미끄럽다 / 다리를 다치다
   ⇒ _____

5) 상대팀이 잘하다 / 우리팀이 시합에서 지다
   ⇒ _____

6. 보기와 같이 "V-(으) 뻔하다"를 사용해서 대화를 완성하십시오.
   (仿照例句用 "V-(으) 뻔하다" 完成对话)

> <보기>
> 친구와 이야기하다, 지하철을 놓치다 / 학교에 늦다
> 가: 친구와 이야기하다가 지하철을 놓칠 뻔했어요.
> 나: 그래요? 학교에 늦을 뻔했군요.

1) 운동하다, 허리를 다치다 / 큰일 나다
   가:_____
   나:_____

2) 불고기를 굽다, 고기를 태우다 / 크게 실수하다
   가:_____
   나:_____

3) 자전거를 타다, 나무에 부딪치다 / 크게 다치다
   가:_____
   나:_____

4) 약속시간에 늦다, 친구를 못 만나다 / 친구가 화를 내다
   가:_____
   나:_____

5) 조심하지 않다, 컵을 깨다 / 어머님께 야단을 맞다

가: _____

나: _____

7. "아무 - N 도 안/못/없다/모르다" 를 사용해서 대화를 완성하십시오.
   (用 "아무 - N 도 안/못/없다/ 모르다" 完成对话)

   1) 가: 여행 준비는 다 했어요?
      나: _____

   2) 가: 교실에 누가 있어요?
      나: _____

   3) 가: 그 사람에 대해서 뭐 아는 것 없어요?
      나: _____

   4) 가: 그 사람과 혹시 무슨 문제 있었어요?
      나: _____

   5) 가: 유학 가려고 하던 사람이 많았는데 몇 명이 한국에 유학 갔어요?
      나: _____

8. "N-만에" 형을 사용해서 문장을 이으십시오. (用 "N-만에" 连接句子)

   1) 3 시간 / 대청소를 다 끝내다
      ⇒ _____

   2) 10 분 / 그 음식을 모두 먹다
      ⇒ _____

   3) 1 년 / 친구가 훌륭한 사업가가 되다
      ⇒ _____

   4) 몇 달 / 그 회사가 크게 달라지다
      ⇒ _____

   5) 일주일 / 몸무게가 2kg 줄다
      ⇒ _____

9. 보기와 같이 다음 대화를 완성하십시오. (仿照例句完成对话)

   ┌───┐
   │   <보기>   │
   │   가: 그 영화 재미있어요?   │
   │   나: 그 영화는 개봉된지 열흘 만에 100 만 명이 보았어요. │
   └───┘

   1) 가: 그 사람이 언제 지점장이 되었어요?
      나: _____

   2) 가: 벌써 배가 고파요?
      나: _____

169

　3)가: 그 친구와 언제 화해했어요?
　　나:_____

　4)가: 언제 그 회사를 그만 두었어요?
　　나:_____

　5)가: 언제 이 집을 샀어요?
　　나:_____

10. 빈칸을 완성하십시오. （按要求练习单词活用）

	-ㅂ/습니까	-ㄴ/은	아(어/여)요?	-(으)ㄹ까요
어떻다				
파랗다				
빨갛다				
노랗다				
하얗다				
그렇다				
이렇다				
저렇다				

11. 다음을 한국어로 번역하십시오. （请将下列句子译成韩文）

　1) 看韩国电视剧竟忘了时间。

　　_____

　2) 一不小心，差点儿摔倒了。

　　_____

　3) 谁也没告诉我今天开会的事。

　　_____

　4) 他们结婚才三年就买了房子。

　　_____

　5) 夏天了，整个世界都变绿了。可以说夏天是最充满生机的季节。

　　_____

12. 다음을 중국어로 번역하십시오. （请将下列句子译成中文）

　1) 10년 만에 고향을 찾았는데 고향은 아주 몰라볼 정도로 변해 있었다.

　　_____

　2) 요즘은 기말레포트를 쓰느라고 정신이 없어요.

　　_____

3) 그 사람을 믿었으면 손해 볼 뻔 했어요.

_____

4) 어떤 때는 아무도 나를 모르는 곳에 가서 살고 싶어.

_____

5) 그는 아무 말도 안 하고 나갔는데 아직 돌아오지 않는다.

_____

 提高练习

1. 보기에서 알맞은 문법항목을 골라 빈칸에 써 넣으십시오. （选择适当的语法填空）

> **＜보기＞**
> ⓐ 만에 ⓑ 느라고 ⓒ 뻔 했다 ⓓ 아무 소식도 없는 ⓔ 만이다 ⓕ 하나도 모르는

1) 그 여자는 떠난 후 (   ) 남편을 지금까지 기다리고 있다.

2) 제가 말도 (   ) 곳에서 어떻게 살겠어요?

3) 소설책을 읽(   ) 밤을 새운 적이 있어요?

4) 물어보지 않았으면 실수할 (   ).

5) 자동차를 고친지 일주일 (   ) 또 고장이 났어요.

6) 정말 오랜(   ). 그동안 어떻게 지냈니?

2. 다음 문장과 의미가 같은 것을 고르십시오. （选择意思相同的句子）

1) 하루종일 뭐 하느라고 청소도 못 했어?
① 하루종일 뭐 하려고 청소도 못 했어?
② 하루종일 뭐 했는데 청소도 못 했어?
③ 하루종일 뭐 하면서 청소도 못 했어?
④ 하루종일 뭐 하는 김에 청소도 못 했어?

2) 저는 이 번에 5 년 만에 한국에 왔어요.
① 저는 5 년 만에 한국에 와요.
② 제가 한국에 온지 5 년 밖에 안 되었어요.
③ 저는 5 년 동안 한국에 안 왔어요.
④ 저는 5 년마다 한국에 와요.

3) 빗길에 교통사고를 낼 뻔 했어요.
① 빗길에는 자주 교통사고가 나요.
② 빗길에 운전하면 위험해요.
③ 빗길인데 운이 좋아서 교통사고가 나지 않았어요.
④ 빗길에 교통사고가 자주 난다고 해요.

4) 결과가 이렇게 된 다음에 아무리 후회해도 아무 소용이 없다는 걸 잘 알아요.
① 후회하면 결과를 바꿀 수 있다.   ② 후회했지만 결과는 바꿀 수 있었다.
③ 후회해도 하나도 도움이 안 된다.   ④ 후회하는데도 결과가 없다.

5) 이 일은 아무도 모르는 일이다.
　① 이 일을 아는 사람은 없다.　　② 이 일을 아는 사람은 아주 적다.
　③ 이 일을 모르는 사람이 더 많다.　④ 이 일을 알려고 하는 사람이 없다.

3. 다음에서 잘 못 된 곳을 찾아 고치십시오. （改错）

　1) 전쟁이 없으면 세상이 더 평화로울 뻔 했어요.

　_____

　2) 내가 공부하느라고 동생이 조용히 앉아 있어요.

　_____

　3) 저는 한달 만에 고향에 안 갔어요.

　_____

　4) 그는 아무 생각도 많은 사람 같아요.

　_____

　5) 가을이 되니 은행나무 잎이 노라져 가요.

　_____

4. 다음 글을 읽고 물음에 답하십시오. （阅读并回答问题）

　　　내일부터 방학이다. 오랜만이다. 방학은 언제나 마음을 설레게 한다. 그동안 공부
하느라 피곤해진 심신을 쉬게 할 수 있고 시간이 없어 하지 못했던 일도 할 수 있
다. 그러나 방학 계획을 잘 세우지 않으면 방학을 보람있게 보낼 수 없다. 지난 방학
에도 아무 것도 못하고 보냈었다. 먼저 방학에 아르바이트를 해야겠다. 선배 소개로
마침 아르바이트 자리가 생겼다. 월수금 3 일간 하루에 두시간 씩 고등학교에 다니
는 한국애한테 중국어를 가르치게 됐다. 한국어도 연습하고 용돈도 벌어 쓰고 일석
이조일 것 같다. 그리고 일주일에 두 번 정도 운동을 해야겠다. 이 번 방학에는 배우고 싶
었던 테니스를 배워야겠다. 땀 흘려 운동하면 기분도 좋아지고 건강해지고 참 좋을 것
같다. 개학 일주일 전에 잠깐 여행을 갔다 와야겠다. 장백산에 가 보고 싶다. 장백산
에 대해서 이야기를 많이 들었다. 저번에 갈 뻔 했는데 일이 생겨 못갔다. 이 번에는
꼭 가야겠다. 오래 전부터 알고 있는 한국인 친구도 같이 가겠다고 하니까 좋은 여
행이 될 것이다. 기대된다. 아무튼 방학을 의미있게 보내고 가벼운 마음으로 개학을
맞이하겠다.

　1) 방학은 왜 사람의 마음을 설레게 할까요?

　_____

　2) 위 글의 저자는 방학을 어떻게 보내려고 합니까?

　_____

　3) 여러 분의 방학계획을 이야기 해 보세요.

　_____

5. 다음 대화를 모방하여 대화를 만들어 보십시오. (模仿下面的范文练习会话)

<시험이 끝난 후>

마이클: 시험 잘 봤니?

왕 용: 아니, 잘 못 봤어. 너는?

마이클: 나는 많이 틀렸어. 마지막 문제는 하나도 모르겠던데.

왕 용: 나도 어려웠어. 몇 번 읽어 보지 않았으면 문제를 하나도 못 풀 뻔 했어.

마이클: 그럼, 다른 것은 다 맞았어?

왕 용: 그런 것 같은데…

마이클: 와, 정말 잘 했다. 아마 우리 반에서 제일 잘 했을 거야.

왕 용: 시험 다 끝났으니 자꾸 생각하지 마. 아무튼 여름방학이 시작돼서 너무 신난다.

마이클: 그래, 오랜만에 푹 쉬게 되었어.

<방학 계획>

마이클: 방학에 뭐 할 건데?

왕 용: 방학이 두 달정도 되니까 처음 한 달은 아르바이트를 할 거야. 돈을 좀
        모아서 일본으로 배낭여행을 갈 생각이야.

마이클: 그래? 언제 갈 건데? 같이 갈까?

왕 용: 좋지. 구체적인 스케줄을 잡은 건 아니야. 여행사를 통해 좀 알아 보자.

마이클: 좋아. 그럼 너는 아르바이트 하느라 바쁘겠구나.

왕 용: 일도 하고 사회 경험도 쌓고 여행도 하고 좋지 뭐.

마이클: 언제 만나서 여행 계획도 세우고 하자. 그럼 먼저 갈게. 안녕~

_____

_____

_____

_____

_____

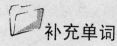

补充单词

각자（名）各自	믿어지다（自）相信, 信赖
불행하다（形）不幸	인생（名）人生
노력하다（自）努力	후회하다（他）后悔
아무래도（副）不管怎么样还是	오해하다（他）误会
폭설（名）暴雪	발생하다（自）发生
컴퓨터 게임（名）电脑游戏	어젯밤（名）昨晚
외출하다（自）外出	등록하다（他）注册
미끄럽다（形）滑	상대팀（名）对方, 对手
지다（形）打输, 打败	놓치다（他）失去, 错过
불고기를 굽다（词组）烤肉	고기를 태우다（词组）烤肉烤
부딪치다（自）碰撞, 冲撞	깨다（他）打碎
야단을 맞다（词组）挨骂, 被收拾	대청소（名）大清扫
사업가（名）事业家	몸무게（名）体重
달라지다（自）变化, 不一样了	몰라보다（他）认不出
개봉하다（名）开封, 上映	지점장（名）分店经理
화해하다（自）和好, 和解	그만두다（他）放弃, 结束
레포트（名）报告	정신이 없다（词组）不可开交, 无精打采
손해 보다（词组）受损失	남편（名）丈夫
밤을 새우다（词组）熬夜, 开夜车	고장이 나다（词组）出故障
하루종일（名）一整天	빗길（名）雨路
소용（名）用处, 所用	평화롭다（形）和平, 祥和
잎（名）叶子	마음이 설레다（词组）心潮起伏, 激动
심신（名）身心	아르바이트자리（名）打工活
테니스（名）网球	푹 쉬다（词组）好好休息
땀 흘리다（词组）流汗	장백산（名）长白山
기대되다（自）抱有期待	가볍다（形）轻, 轻松
시험을 보다（词组）考试	문제를 풀다（词组）算题, 解题
스케줄을 잡다（词组）定日程	

능력시험 1 (能力測試 1)

표현 (어휘·문법·쓰기)

어휘 · 문법(1번~30번)

※ [1~5] 밑줄 친 부분과 의미가 같은 것을 고르십시오. (각 3점)

<보기>

여기에 <u>차를 세우지</u> 마세요.

① 주차하지　　② 청소하지　　③ 만지지　　④ 쓰지

1. 텔레비전이 잘 안 나와요. 좀 <u>수리해야겠어요</u>.
   ① 써야겠어요　　② 닫아야겠어요　　③ 열어야겠어요　　④ 고쳐야겠어요

2. 여기 여러가지 색연필이 있습니다. 마음에 드는 것을 <u>선택해</u> 보세요.
   ① 봐　　② 골라　　③ 찾아　　④ 생각해

3. 지금 <u>회의 중인데</u>, 조금 후에 다시 오시겠어요?
   ① 회의가 없는데　　　　　　② 회의가 생겼는데
   ③ 회의를 하고 있는데　　　　④ 회의를 시작하려고 하는데

4. 혼자서 친구 집에 <u>갈 자신이 없어요</u>.
   ① 갈 거예요　　　　　　② 가 보고 싶어요
   ③ 갔으면 좋겠어요　　　④ 갈 수 없을 것 같아요

5. 친구를 만나면 제가 보고 싶어한다고 <u>전해</u> 주세요.
   ① 말해　　② 전화해　　③ 약속해　　④ 편지를 써

※ [6~8] <보기>와 같이 밑줄 친 말과 <u>반대되는</u> 말을 고르십시오. (각 3점)

<보기>

가 : 극장에 사람이 <u>많았어요?</u>

나 : 아니오, (　　　　　　　　).

① 작았어요　　② 적었어요　　③ 조용했어요.　　④ 컸어요

6. 가 : 지난 번 내용하고 <u>같아요</u>?

　　나 : 아니오, 지난 번하고 조금 (　　　).

　　① 쉬워요　　　　② 달라요　　　　③ 복잡해요　　　④ 이상해요

7. 가 : 요즘 <u>바쁘세요</u>?

　　나 : 아니오, 요즘은 (　　　). 왜 그러세요?

　　① 한산해요　　　② 한가해요　　　③ 서둘러요　　　④ 지루해요

8. 가 : 과일 값이 많이 <u>올랐어요</u>.

　　나 : 그래요? 지난 해보다 (　　　) 않았어요?

　　① 내리지　　　　② 좋아지지　　　③ 비싸지지　　　④ 많아지지

※ [9~13] (　　　) 안에 알맞은 말을 고르십시오. (각 3점)

┌───┐
│ 　　　　　　　　　　＜보기＞　　　　　　　　　　│
│ 　　　　동생이 형보다 키가 (　　) 커요.　　　　│
│ ① 잘　　　　② 못　　　　③ 더　　　　④ 같이　│
└───┘

9. 가 : 저어, (　　　　) 한국대학교에서 공부하시는 분 아닌가요?

　　나 : 그렇습니다만……

　　① 혹시　　　　② 정말　　　　③ 미리　　　　④ 마침

10. 서울에 갔다가 길을 (　　　) 적이 있어요.

　　① 본　　　　　② 잃은　　　　③ 찾은　　　　④ 모른

11. 교통 사고가 났어요. 그렇지만 사람이 많이 다치지 않아서 (　　　).

　　① 걱정이에요　　② 괜찮아요　　③ 걱정 마세요　　④ 다행이에요

12. 저 식당 음식은 정말 맛있어요. 그래서 자주 가요. 저는 저 집의 (　　　) 손님이에요.

　　① 배달　　　　② 단골　　　　③ 환영　　　　④ 친절한

13. 날씨가 추워요. 아이에게 두꺼운 옷을 (　　　　　).

　　① 입히세요　　② 벗으세요　　③ 입으세요　　④ 세탁하세요

※ [14~19] (　　　) 안에 알맞은 말을 고르십시오. (각 3점)

┌───┐
│ 　　　　　　　　　　＜보기＞　　　　　　　　　　│
│ 　　　　학교에 (　　) 친구를 만났어요.　　　　│
│ ① 가고　　　　② 가서　　　　③ 가러　　　　④ 가도　│
└───┘

14. 영화를 (　　　) 시간이 다 됐어요. 들어갑시다.

　　① 시작한　　　② 시작하는　　③ 시작할　　　④ 시작했는

15. 저는 지난 3월에 한국에 왔습니다. 한국에 (　　　) 지 7개월이 되었습니다.
　① 온　　　　　② 왔는　　　　　③ 오는　　　　　④ 왔던

16. 용돈을 (　　　) 일을 시작했습니다.
　① 벌고　　　　② 벌면　　　　③ 벌어서　　　　④ 벌기 위해서

17. 밖으로 (　　　) 비가 오기 시작했어요.
　① 나오고　　　② 나와서　　　③ 나오자마자　　　④ 나오는 대로

18. 저도 김 선생님(　　　) 노래를 잘 불렀으면 좋겠어요.
　① -한테　　　② -마다　　　③ -만큼　　　④ -까지

19. 가 : 어제 강연회에 사람이 100명쯤 왔다고 해요.
　　나 : 100명(　　　)? 그렇게 많이 왔어요?
　① -이나요　　② -뿐이요　　③ -만이요　　④ -밖에요

※ [20~24] 밑줄 친 말과 바꾸어 쓸 수 있는 것을 고르십시오. (각 4점)

> ＜보기＞
> 아침을 먹고 학교에 왔어요.
> ① 먹기 전에　②먹은 후에　③ 먹어서　④ 먹으니까

20. 사전을 사러 서점에 가요.
　① 사고　　　　② 사서　　　　③ 사려고　　　④ 사지만

21. 어제 많이 잤는데 또 자고 싶습니다.
　① 자서　　　　② 자도　　　　③ 잤고　　　④ 잤지만

22. 여기서는 큰 소리로 얘기해도 돼요.
　① 얘기합니다.　　　　　　　② 얘기할 수 있어요.
　③ 얘기할까요?　　　　　　　④ 얘기하시겠습니까?

23. 미선 씨가 많이 아픈가 봐요. 힘이 없어 보여요.
　① 아플까요?　　　　　　　② 아플 거예요.
　③ 아픈지 알아요.　　　　　④ 아픈 것 같아요.

24. 친구와 등산을 가기로 했어요.
　① 등산을 갔어요　　　　　② 등산 약속을 했어요
　③ 등산을 간 적이 있어요　④ 등산 약속을 지켰어요

※ [25~26] 다음 글을 읽고 질문에 대답하십시오. (각 3점)

> 우리 할아버지 ⊙댁은 시골입니다. 오늘은 할아버지 ⓒ생신이어서 가족이 모두 모였습니다. 할아버지께 선물을 ⓒ주고, 다 함께 노래를 ⓔ불렀습니다. 할아버지께서 아주 (ⓜ좋아하다).

25. 위의 ㉠~㉣ 중에서 <u>잘못 쓴 것을</u> 고르십시오.

① ㉠   ② ㉡   ③ ㉢   ④ ㉣

26. ㉢의 '좋아하다'를 알맞게 고쳐 쓰십시오.

(   )

※ [27~28] 다음 글을 읽고 질문에 대답하십시오. (각 4점)

> 오늘은 친구와 민속촌에 가는 날입니다. 아침에 일어나니까 일곱 시였습니다. 아홉시에 서울역에서 친구를 만나야 하는데, 약속시간에 늦을 것 같았습니다. 그래서 친구에게 전화를 걸었습니다. 친구는 ㉠ "조금 늦어도 돼요."라고 말했습니다.
> 민속촌에서는 옛날에 한국사람들이 살던 모습을 볼 수 있었습니다. 남자인데 머리를 (㉡길다) 기른 사람, 한복을 입은 모습, 한국사람들이 즐겨 하던 놀이 등을 보았습니다.

27. 밑줄 친 ㉠과 바꾸어 쓸 수 있는 것을 고르십시오.

① 조금 늦어도 된다고   ② 조금 늦어도 되냐고
③ 조금 늦어도 되자고   ④ 조금 늦어도 되라고

28. ㉡의 '길다'를 알맞게 고쳐 쓰십시오.

(   )

※ [29~30] 다음 글을 읽고 질문에 대답하십시오.

> 한국말에서 반말은 참 어렵습니다. 친한 친구에게는 반말을 쓰는 것이 좋기 때문에 마이클 씨는 열심히 반말을 연습했습니다. 그래서 어제 친구 영민 씨를 만났을 때 "그 동안 안녕했어?"라고 말했습니다. 그러나 (㉠   ) 하는 영민 씨의 대답을 듣고 마이클 씨는 실수를 알게 되었습니다. 영민 씨는 웃으면서 "(㉡   )"라고 마이클 씨를 위로해 주었습니다.

29. (㉠)에 맞는 말을 고르십시오. (4점)

① "그 동안 마이클도 잘 있어?"   ② "그 동안 마이클도 잘 있어요?"
③ "그 동안 마이클도 잘 있었어?"   ④ "그 동안 마이클도 잘 있었어요?"

30. (㉡)에 "다음에는 잘 할 수 있을 거예요"를 반말로 써 보십시오. (5점)

(   )

쓰기(31번~60번)

※ [31~34] 다음 질문에 맞는 대답을 고르십시오. (각 3점)

<보기>

가 : 어떻게 오셨어요?

나 : _____

① 한국어를 배우러 왔어요
② 걸어서 오고 싶었어요
③ 한국어를 공부하고 왔어요
④ 빨리 학교에 왔어요

31. 가 : 어서 오십시오. 뭘 찾으십니까?

   나 : _____

① 네, 찾고 있어요   ② 돈을 찾으러 왔어요
③ 이 책을 친구에게 주고 싶어서 왔어요   ④ 작은 텔레비전을 하나 사려고 하는데요

32. 가 : 무슨 일로 한국에 오셨어요?

   나 : _____

① 한국회사에 취직을 했어요
② 열다섯 시간을 비행기 타고 왔어요
③ 저는 지금 여행사에 가야 해요
④ 회사 일이 바빠서 곧 돌아갈 거예요

33. 가 : 이렇게 도와 주셔서 고맙습니다.

   나 : _____

① 네, 정말 고맙습니다   ② 물론이지요. 도와야겠어요
③ 괜찮아요. 도울 수 있어요   ④ 아니에요. 힘들지 않았어요

34. 가 : 오늘 영민 씨 봤어요?

   나 : _____

① 네, 잘 생각해 보겠습니다
② 아니오, 영민 씨도 모른다고 했어요
③ 아니오, 영민 씨 오늘부터 휴가라고 한 것 같아요
④ 미안해요. 영민 씨를 보고 싶은 생각이 별로 없거든요

※ [35~38] 다음 대화에 맞는 것을 고르십시오. (각 3점)

<보기>

가: _____?

나: 지금 시작합시다.

① 오늘 뭐 할까요
② 뭘 하고 있어요
③ 청소는 언제 시작해요
④ 청소를 안 하셨습니까

35. 가 : _____?

　　나 : 내일은 집에서 쉴 거예요.

① 내일은 집에서 쉴까요　　　　② 수업이 끝나니까 좋지요
③ 오늘은 약속이 많습니까　　　④ 내일도 학교에 오실 거예요

36. 가 : _____

　　나 : 택시를 타면 되니까 너무 걱정하지 마세요.

① 천천히 갑시다.
② 늦었지요? 빨리 가야겠어요.
③ 공기도 시원한데 걸어갑시다.
④ 지금 이 시간에 택시가 있을까요?

37. 가 : _____

　　나 : 왜요? 옷에 문제가 있어요?

① 제가 살이 빠졌나 봐요.
② 이 옷 좀 보여 주시겠어요?
③ 이 옷을 입어 봐도 됩니까?
④ 이 옷 좀 바꾸려고 하는데요.

38. 가 : _____

　　나 : 네, 좋아요. 몇 시에 만날까요?

① 그림 좋아해요? 좋은 그림이 있어요.
② 사진 전시회에 갈 건데 같이 갈래요?
③ 친구를 내일 초대하는 게 좋지 않아요?
④ 친구를 만날 약속이 있어서 먼저 가겠어요.

※ [39~43] ( ) 안에 알맞은 것을 고르십시오. (각 3점)

<보기>
( ) 모자를 샀습니다.

① 색깔이 예뻐서
② 모자가 없지만
③ 시장에 모지가 있었는데
④ 친구한테서 모자를 받았기 때문에

39. ( ) 아무도 오지 않았어요.
① 친구와 약속을 해서　　　　　② 약속시간이 지났는데
③ 친구를 기다리다가　　　　　　④ 누구와 만나는지 잘 모르지만

40. 여행을 해 보세요. ( ).
① 계획을 세울 수 있어요　　　　② 돈을 아낄 수 있어요
③ 좋은 경험이 될 거예요　　　　④ 여권을 만들어야 해요

41. 저는 36번 버스를 타려고 해요. ( )
① 여기서 탈 수 있어요?　　　　② 지하철역이 어디에 있어요?
③ 버스가 오지 않아서 못 탔어요.　④ 걸어서 가고 싶어요.

42. ( ). 많이 오셔서 축하해 주세요.
① 저 다음 달에 결혼해요　　　　② 저 어제 연주회를 했어요
③ 저 오랜만에 한국에 왔어요　　④ 저 내일부터 수영을 배우려고 해요

43. 생선과 야채를 사러 시장에 갔습니다. ( ) 야채만 사고 집에
돌아왔습니다.
① 그래서 생선을 사고　　　　　② 그리고 생선을 사려고
③ 그리고 생선을 못 사고　　　　④ 그런데 좋은 생선이 없어서

※ [44~48] 다음 두 문장을 바르게 연결한 것을 고르십시오. (각 3점)

<보기>
공부를 열심히 했습니다. 시험을 잘 보았습니다.

① 공부를 열심히 하고 시험을 잘 보았습니다.
② 공부를 열심히 했는데 시험을 잘 보았습니다.
③ 공부를 열심히 해서 시험을 잘 보았습니다.
④ 공부를 열심히 했지만 시험을 잘 보았습니다.

44. 오늘 조금 늦을 거예요. 기다리지 마세요.
① 오늘 조금 늦고 기다리지 마세요.

② 오늘 조금 늦어서 기다리지 마세요.

③ 오늘 조금 늦을 거니까 기다리지 마세요.

④ 오늘 조금 늦을 거지만 기다리지 마세요.

45. 영민 씨는 거실에서 책을 읽고 있었습니다. 친구가 왔습니다.

① 영민 씨가 거실에서 책을 읽으면 친구가 왔습니다.

② 영민 씨가 거실에서 책을 읽어서 친구가 왔습니다.

③ 영민 씨가 거실에서 책을 읽을 때 친구가 왔습니다.

④ 영민 씨가 거실에서 책을 읽으면서 친구가 왔습니다.

46. 저는 전에 부산에 살았습니다. 아버지 직장 때문에 서울로 이사왔습니다.

① 저는 전에 부산에 살고 아버지 직장 때문에 서울로 이사왔습니다.

② 저는 전에 부산에 살다가 아버지 직장 때문에 서울로 이사왔습니다.

③ 저는 전에 부산에 살아서 아버지 직장 때문에 서울로 이사왔습니다.

④ 저는 전에 부산에 살면서 아버지 직장 때문에 서울로 이사왔습니다.

47. 어디에서 회의를 해요? 선생님 아세요?

① 어디에서 회의를 해서 선생님 아세요?

② 어디에서 회의를 한다고 선생님 아세요?

③ 어디에서 회의를 하는지 선생님 아세요?

④ 어디에서 회의를 하는 것을 선생님 아세요?

48. 여섯 시에 서울에 도착할 겁니다. 전화하겠습니다.

① 여섯 시에 서울에 도착하면 전화하겠습니다.

② 여섯 시에 서울에 도착하는데 전화하겠습니다.

③ 여섯 시에 서울에 도착하면서 전화하겠습니다.

④ 여섯 시에 서울에 도착하기 전에 전화하겠습니다.

※ [49~50] 다음 밑줄 친 것 중에서 <u>잘못 쓴 것</u>을 고르십시오. (각 5점)

<보기>
①저는 대학교 3학년입니다. ②피아노를 전공하고 있습니다. 고등학교를 다니면서 ③피아노를 공부하고 있습니다. 내년에 ④다른 나라로 유학을 갈 겁니다.

49.

①며칠 전에 친구 생일에 초대를 받았습니다. 친구의 집은 우리집에서 멉니다. ②그래서 걸어서 갔습니다. ③친구 집에서 파티를 하고 노래를 불렀습니다. ④생일 파티가 참 재미있었습니다.

50.

저는 영화를 좋아해요. 그래서 ①한 달에 한두 번밖에 영화를 보지 않아요. ②특히

한국영화를 좋아해요. ③한국의 풍습을 알 수 있기 때문이에요. 지금도 영화를 많이 보지만 ④앞으로 더 많이 볼 거예요.

※ [51~52] 다음 질문에 대답하십시오.

51. 집에 친구가 오기로 했는데, 급한 일이 생겼습니다. 그래서 현관문에 쪽지를 남기고 잠깐 나가려고 합니다. 맞게 쓴 것을 고르십시오. (4점)
  ① 미안해요. 집에 없어서 그냥 가요. 연락할게요.
  ② 미안해요. 먼저 가야 할 것 같아요. 다음에 만나요.
  ③ 미안해요. 30분 후에 돌아올게요. 조금만 기다려 주세요.
  ④ 미안해요. 내일 이 시간에 다시 올테니까 그 때 만나요.

52. 김영미 씨는 기숙사에서 삽니다. 밤 늦게 사람들이 세탁기를 사용해서 잠을 잘 수 없습니다. 그래서 세탁실 문에 쪽지를 써 붙이려고 합니다. 김영미 씨가 어떻게 쓰면 좋을까요? (   )에 알맞은 말을 써 보십시오. (5점)

  밤 열한 시 이후에는 (   )

※ [53~58] 다음 글을 읽고 (   ) 안에 알맞은 말을 고르십시오. (각 3점)

<보기>
  눈이 많이 와서 길이 미끄럽습니다. 그래서 (   ).

  ① 밖에서 친구와 놀았습니다
  ② 밖에 나가지 않았습니다
  ③ 차를 가지고 나갔습니다
  ④ 밖을 보았습니다

53.
  가 : 실례지만, 김영미 씨 계십니까?
  나 : (   ) 몇 번에 거셨어요?
  가 : 죄송합니다.

  ① 바로 전데요.　　　　② 그런 사람 없는데요.
  ③ 저는 김영미입니다.　④ 다시 한 번 걸어 주시겠습니까?

54.
  가 : (   )
  나 : 언제, 어디로 가십니까?
  가 : 다음 달 5일에 서울에 갈 거예요.
  나 : 잘 알겠습니다.

① 여행을 가도 됩니까?

② 서울 가는 비행기가 있어요?

③ 비행기표를 예약하고 싶은데요.

④ 비행기를 타고 싶은데, 어디로 가야 합니까?

55.

> 제 부모님은 서점을 하세요. 부모님은 (   ). 그렇지만 저는
> 서점일을 싫어했어요. 저는 지금 회사에 다녀요.

① 제가 책을 읽는 것을 좋아하십니다

② 제가 서점에 있는 것을 싫어하십니다

③ 제가 회사에 다니는 것을 좋아하십니다

④ 제가 서점일을 도와 주기를 바라십니다

56.

> (   ).
> 쓰다가 바꿀 물건이 있는 분
> 물건이 필요하지만 새 물건을 살 필요가 없는 분
> 언제든지 연락 주십시오.
>
> 연락처 : (02) 777-8282

① 물건을 사고 팝니다　　　　　② 좋은 물건이 많습니다

③ 쓰던 물건을 버려 드립니다　　④ 필요한 물건이 있으면 오십시오

57.

> 불을 다 끄셨습니까?
> 하얀 연기가 보이지는 않습니까?
> 작은 불이 큰 불이 될 수도 있습니다.
> (   ).

① 불을 빨리 끄십시오　　　　　② 불을 조심합시다

③ 불을 켜면 위험합니다　　　　④ 실수가 없으면 불은 안전합니다

58.

> 돈을 찾으러 은행에 갔습니다. 현금카드를 기계에 넣었는데 돈도 나오지 않고 카드도
> 나오지 않았습니다. 현금을 찾는 기계에는 이렇게 쓰여 있었습니다.
> "(   )"

① 안녕히 가십시오.　　　　　　② 얼마가 필요하십니까?

③ 은행 직원에게 연락하십시오.　④ 돈이 필요하시면 저에게 오십시오.

※ [59~60] 다음 글을 읽고 (   ) 안에 알맞은 말을 고르십시오.

> 오랫동안 기다리셨습니다. 이제 연극을 시작하겠습니다. 연극을 시작하기 전에 (㉠). 먼저 공연 중에는 사진이나 비디오를 찍을 수 없습니다. 사진이나 비디오를 찍으면 배우들이 잘 할 수 없습니다. 그리고 휴대전화를 (㉡   ). 벨소리가 들리면 연극을 즐길 수 없습니다. 또한 전화를 받기 위해 자리를 이동해야 하기 때문에 배우와 관객들에게 실례가 됩니다.

59. (㉠)에 알맞은 말을 고르십시오. (4점)

① 연극에 대한 이야기를 하겠습니다　　② 몇 가지 안내 말씀을 드리겠습니다
③ 연극을 보는 방법을 말씀드리겠습니다　　④ 사진을 찍을 수 없습니다

60. (㉡)에 알맞은 말을 쓰십시오. (5점)
(   )

이해 (읽기)

※ [1~3] 다음을 잘 읽고 맞는 것을 고르십시오. (각 3점)

> <보기>
> 하루 동안 있었던 일이나 느낌을 쓴 것입니다. 매일 쓰는 사람도 있고 가끔 쓰는 사람도 있습니다.
> ① 편지　　②일기　　③ 시험　　④ 숙제

1.
> 일 년 동안의 날짜를 써 놓은 것입니다. 숫자만 있는 것도 있고, 그림과 숫자가 함께 있는 것도 있습니다.

① 달력　　② 시계　　③ 계산기　　④ 성적표

2.
> 고마운 사람에게 주는 것입니다. 특별한 날에도 많이 줍니다. 너무 비싼 것은 받는 사람에게 부담을 줄 수도 있습니다.

① 명함　　② 선물　　③ 질문　　④ 인사

3.
> 옛날 물건이나 자료들을 모아서 보관하고 전시하는 곳입니다. 관광객들도 많이 갑니다.

① 박물관　　　② 도서관　　③ 미술관　　　④ 사진관

※ [4~7] 다음의 내용과 같은 것을 고르십시오. (각 3점)

<보기>
이 신발보다 더 큰 것을 주세요.

① 이 신발이 큽니다.
② 이 신발이 마음에 듭니다.
③ 이 신발이 맞지 않습니다.
④ 이 신발이 예쁘지 않습니다.

4. 인천은 서울에서 가까운 도시입니다.
① 인천은 서울에 있습니다.
② 인천은 서울 근처에 있습니다.
③ 인천은 서울과 비슷한 도시입니다.
④ 인천은 서울보다 작은 도시입니다.

5. 사무실에서 국제전화는 할 수 없습니다.
① 사무실에서 시내에 전화를 걸어도 됩니다.
② 사무실에서 시골에 전화를 걸 수 없습니다.
③ 사무실에서 외국에 전화를 걸 수 있습니다.
④ 사무실에서 외국에 전화를 걸면 안 됩니다.

6. 시간이 없으면, 버스를 타지 말고 지하철을 타십시오.
① 지하철은 시간이 많이 걸립니다.
② 바쁘면 버스를 타는 것이 좋습니다.
③ 바쁘면 지하철을 타는 것이 좋습니다.
④ 버스는 시간이 많이 걸리지 않습니다.

7. 어제 십 년만에 고등학교 친구를 만났습니다.
① 친구는 고등학생입니다.
② 친구를 십 년 동안 못 만났습니다.
③ 친구를 만나기 위해 십 년을 기다렸습니다.
④ 십 년 동안 친구를 만나는 것이 싫었습니다.

※ [8] 다음의 입장권을 보고 숫자를 <u>잘못 읽은 것</u>을 고르십시오. (3점)

입 장 권

층	열	좌석
3	나	48

날짜 :　　2000년　　　　9월 24일(토)
시간 :　　5회　　　　　오후 7시~9시
제목 :　　편 지
요금 :　　6,000원

한 성 극 장

① 입장료는 육천 원입니다.　　　② 오후 아홉 시에 끝납니다.
③ 구월 이십사일 입장권입니다.　　④ 자리는 세 층에 있습니다.

※ [9~11] 다음을 읽고 내용에 맞는 것을 고르십시오. (각 3점)

9.

스포츠의 계절

여름을 맞이하여 수영을 배우고 싶은 분들을 모집하고 있습니다.
일 대 일 수업으로 여러분의 수영 실력을 높여 드리겠습니다.
기초부터 자세히 가르쳐 드리겠습니다.

① 수영장 건물 안내입니다.　　　② 수영을 단체로 지도합니다.
③ 수영을 처음부터 가르칩니다.　　④ 수영을 배웠던 사람을 모집합니다.

10.

<알 림>

통행에 불편을 드려 죄송합니다.
이 아파트 공사는 10월 30일까지 마칠 예정입니다.
혹시 문제점이 있으면 현장 사무실로 전화(☎ 235-5686)해 주십시오.

현장 소장 올림

① 공사 때문에 집이 시끄럽습니다.
② 이 공사는 시월 삼십일에 시작합니다.

187

③ 아파트 공사 기간을 안내하고 있습니다.
④ 불편한 점이 있으면 사무실로 가야 합니다.

11.

> '부산 시민회관'은 시민들을 위해 여러 가지 일을 합니다. 청소년들을 위해 책을 무료로 빌려 줍니다. 그리고 어린이들을 위한 '자연 학습장'이 있고, 주부들을 위한 '컴퓨터 교실'도 있습니다. 이용 시간은 오전 열 시부터 오후 여섯 시까지입니다.

① 책을 빌릴 때는 돈을 내야 합니다.
② 모든 시민들이 이용할 수 있습니다.
③ 시민들은 아무 때나 이용할 수 있습니다.
④ 어린이와 청소년을 위한 컴퓨터실이 있습니다.

※ [12~13] 다음의 메모를 보고 질문에 답하십시오. (각 3점)

> ○ 진수 씨에게.
> ○ 목요일에 민정 씨랑 같이 만나기로 한 약속시간이 여섯 시 맞지요?
> ○ 그런데 회사에 일이 있어서 제가 여섯 시까지 못 갈 것 같습니다.
> ○ 그래서 한 시간 늦게 만났으면 좋겠습니다. 민정 씨하고는 얘기 했는데
> ○ 괜찮다고 합니다. 전화 기다리겠습니다.
> ○ 12월 21일 오후 세 시   리차드

12. 메모를 쓴 이유는 무엇입니까?
　① 회사에 가고 싶어서　　　　② 민정 씨를 만나고 싶어서
　③ 약속시간을 바꾸고 싶어서　④ 진수 씨를 여섯 시에 만나고 싶어서

13. 몇 사람이 만나기로 했습니까?
　(　　　　　　　)

※ [14~15] 다음의 일정표를 보고 질문에 답하십시오. (각 3점)

10월						
월	화	수	목	금	토	일
9	10	11	12	13	14	15
-중간시험 준비(에이코랑 15:00 도서관)	-진수랑 저녁 한국식당 18:00	-민정이 생일선물 준비 (동대문시장) -중간시험 (~12일)	* 여행 준비	-설악산으로 출발 (8:00)	-민정이 생일파티 (18:00)	-서울도착 (20:30)

14. 여행은 며칠 동안 갑니까?
　① 1박 2일　　　② 2박 3일　　　③ 3박 4일　　　④ 4박 5일

15. 위의 일정표를 보고 알 수 <u>없는 것</u>은 무엇입니까?
　① 금요일에 설악산으로 출발합니다.
　② 시험공부는 진수하고 같이 합니다.
　③ 생일 선물을 사러 동대문시장에 갑니다.
　④ 수요일과 목요일에는 중간 시험을 봅니다.

※ [16~19] 다음을 읽고 내용에 맞는 것을 고르십시오. (각 4점)

16.

> 　방문하시는 분들은 입구에 있는 방문 신청서를 써 주시기 바랍니다. 성명과 연락처는 꼭 쓰셔야 됩니다. 신청서를 쓴 후 신분증을 제시하시면 입장하실 수 있습니다.

　① 방문 후에 신청서를 써야 합니다.
　② 방문자의 이름과 전화번호를 반드시 써야 합니다.
　③ 입장하기 위해서 미리 예약을 하는 것이 좋습니다.
　④ 신청서를 작성하기 전에 신분증을 미리 제시해야 합니다.

17.

> 　손님이 맡기신 물건을 24시간 안에 전국으로 배달해 드립니다. 배달 신청은 오전 여덟 시부터 오후 일곱 시까지 받습니다. 값 비싼 물건은 배달하지 않습니다. 배달 요금은 10km에 6,000원입니다.

　① 요금은 크기에 따라 다릅니다.　　　② 신청은 낮에만 할 수 있습니다.
　③ 배달할 수 없는 물건도 있습니다.　④ 배달하는 곳은 서울과 경기도입니다.

18.

> 　요즘 숙제를 할 때 인터넷을 많이 이용합니다. 옛날에는 도서관에 가서 자료를 찾았습니다. 하지만 인터넷을 이용하면 집에서 쉽게 자료를 찾을 수 있어서 정말 좋습니다.

　① 도서관에서는 인터넷을 할 수 없습니다.
　② 인터넷을 이용하는 것이 아주 어렵습니다.
　③ 도서관에 가서 숙제를 하는 것이 좋습니다.
　④ 인터넷을 이용해서 집에서도 숙제를 할 수 있습니다.

19.

> 　행복한 가정을 만들기 위해서 가족들이 함께 하는 시간을 가지는 것이 중요합니다. 가족들이 함께 음식을 만들어 보는 시간, 가족들이 함께 이야기하는 시간, 그리고 함께 노는 시간을 가지는 것이 필요합니다.

　① 가족들이 함께 노는 것은 어렵습니다.

② 가족들이 함께 사는 것이 아주 중요합니다.

③ 가족들과 함께 지내는 시간을 만드는 것이 중요합니다.

④ 가족들과 함께 이야기할 시간이 없습니다.

※ [20~21] 다음을 읽고 질문에 답하십시오. (각 4점)

'독자와 함께' 행사 안내

참가 대상 : 강릉에 사는 독자 30명

일　　시 : 11월 4일(토) 오전 9시

(　㉠　) : 설악산

신청 방법 : 10월 6일(금) 오전 10시부터 12시까지

신문사로 전화 신청(02-726-8065).

---

20. 윗글의 내용에 맞는 것을 고르십시오.

① 강릉을 좋아하는 사람들이 갑니다.

② 신문을 만들기 위해서 여행을 갑니다.

③ 강릉에 사는 사람들만 신청할 수 있습니다.

④ 11월 4일까지 신문사에 전화로 신청하면 됩니다.

21. (　㉠　)에 알맞은 말을 쓰십시오.

(　　　　　　　　　)

※ [22~23] 다음을 읽고 질문에 답하십시오. (각 3점)

친절은 다른 사람을 위한 따뜻한 마음과 행동입니다. 친절한 사람은 다른 사람에게 (　㉠　) 행동을 하지 않습니다. 그리고 남이 어려울 때 적극적으로 도와줍니다. 친절한 말과 행동은 이 세상을 더 아름답게 만듭니다.

---

22. 윗글의 내용과 <u>맞지 않는</u> 행동을 한 사람은 누구입니까?

① 수미: 전화를 잘못 건 사람에게 화를 냈다.

② 영희: 길을 모르는 사람에게 길을 안내했다.

③ 진수: 아픈 친구를 병원까지 데려다 주었다.

④ 종혁: 할머니의 무거운 가방을 들어 주었다.

23. (　㉠　)에 알맞은 것을 고르십시오.

① 좋은　　　　　② 기쁜　　　　　③ 나쁜　　　　　④ 착한

※ [24] 다음을 읽고 질문에 답하십시오. (3점)

우리는 물이 없으면 살 수 없습니다. 먼저 물을 이용해서 음식을 만듭니다. 그리고 물로 목욕도 하고 빨래도 합니다. 또한 물을 사용해서 전기를 만들기도 합니다.

---

24. 윗글의 주제로 알맞은 것을 고르십시오.
　① 물로 전기를 만들 수 있습니다.　　② 물은 우리 생활에 꼭 필요합니다.
　③ 물은 음식을 만들 때 꼭 필요합니다.　④ 물이 없으면 빨래를 할 수 없습니다.

※ [25~26] 다음을 읽고 질문에 답하시오. (각 3점)

> 　감기에 걸리지 않기 위해서는 잠을 충분히 자는 것이 좋습니다. (　㉠　) 방 안의 온도를 20℃ 정도로 하고, 공기를 깨끗하게 하기 위해서 가끔 창문을 열어 두는 것이 좋습니다. 또한 날씨가 추워도 옷을 두껍게 입지 않는 것이 좋습니다. 마지막으로 비타민이 들어 있는 과일을 많이 먹으면 좋습니다.

25. 윗글의 제목으로 알맞은 것은 무엇입니까?
　① 과일을 맛있게 먹는 방법　　　② 감기에 걸리지 않는 방법
　③ 겨울에 옷을 잘 입는 방법　　　④ 공기를 깨끗하게 하는 방법

26. (　㉠　)에 알맞은 단어를 고르십시오.
　① 그리고　　　　② 그래서　　　　③ 그런데　　　　④ 그렇지만

※ [27~28] 다음을 읽고 맞는 것을 고르십시오. (각 4점)

> 　아이가 책을 좋아하게 하는 가장 좋은 방법은 아이들 스스로 책을 고르게 하는 것입니다. 아이가 책을 고른 후 아이에게 제목과 목차를 보고 생각나는 것을 말하게 합니다. 그리고 책의 주제와 관계있는 장소에 가서 직접 ㉠보고 느끼게 하는 것이 필요합니다.

27. 윗글의 내용에 맞지 않는 것을 고르십시오.
　① 아이들이 직접 책을 고르게 하는 것이 좋습니다.
　② 아이에게 책에 대한 생각을 말하게 하는 것이 좋습니다.
　③ 책의 내용과 관계 있는 곳에 직접 가 보는 것이 필요합니다.
　④ 부모들이 직접 아이들을 위해 책을 고르는 것이 더 좋습니다.

28. '㉠ 보고 느끼게 하는 것'과 바꾸어 쓸 수 있는 것을 고르십시오.
　① 경험하게 하는 것　　　　　　　② 살 수 있게 하는 것
　③ 만들게 하는 것　　　　　　　　④ 읽을 수 있게 하는 것

※ [29~30] 다음을 읽고 질문에 답하십시오. (각 4점)

> 　며칠 전 친구가 새 집으로 이사를 갔습니다. 그런데 옛날에 쓰던 가구와 전자 제품들을 모두 버리고 갔습니다. 냉장고, 세탁기, 옷장, 컴퓨터까지 대문 앞에 버리고 갔습니다. 우리 할머니께서 ㉠그것을 보시고 말씀하셨습니다. "새 것만 좋아하니 나 같은 늙은이는 모두 싫어하겠구나."

29. ㉠그것'이 가리키는 것을 고르십시오.

① 친구가 살던 집 　　　　② 새 집으로 이사간 것

③ 늙은이를 싫어하는 것 　　④ 대문 앞에 버리고 간 것

30. 윗글의 중심 내용은 무엇입니까?

　　① 물건을 절약합시다. 　　② 노인을 공경합시다.

　　③ 이사를 가지 맙시다. 　　④ 물건을 새로 바꿉시다.

-제 4 회 한국어능력시험 2 급 (2000 년)

능력시험 2 (能力测试 2)

표현 (어휘·문법·쓰기)

어휘·문법(1 번~30 번)

※ [1~4] <보기>와 같이 (   ) 에 가장 알맞은 것을 고르십시오. (각 3 점)

<보기>
가: 어제 어디에 갔어요?
나: 책을 사러 (   )에 갔어요.
　　① 극장　　　②서점　　　③ 은행　　　④ 약국

1. 가: 비가 오는데 우산이 없어요?
　나: 없어요. 지하철에서 (   ).
　① 샀어요　　　② 받았어요　　　③ 찾았어요　　　④ 잃어버렸어요

2. 가: 길이 많이 (   ).
　나: 앞에서 교통사고가 나서 그래요.
　① 복잡해요　　　② 가벼워요　　　③ 비슷해요　　　④ 부지런해요

3. 가: 빵 만드는 (   )을 아세요?
　나: 네, 알아요. 쉽게 만들 수 있어요.
　① 관심　　　② 방법　　　③ 생활　　　④ 시간

4. 가: 포도를 좋아하세요?
　나: (   ) 좋아하지 않지만, 가끔 먹어요.
　① 좀　　　② 방금　　　③ 새로　　　④ 별로

※ [5~7] <보기>와 같이 밑줄 친 부분과 반대되는 뜻을 가진 것을 고르십시오.
(각 3 점)

<보기>

가: 요즘 사과가 비싸요?

나: 아니요, (   ).

① 싸요   ② 나빠요   ③ 많아요   ④ 작아요

---

5. 가: 제 가방에서 수첩 좀 꺼내 주세요.

　　나: 이 지갑은 가방 안에 (   ) 드릴까요?

　　① 넣어   ② 들어   ③ 있어   ④ 잡아

6. 가: 가게가 넓어요?

　　나: 아니요, (   ) 불편해요.

　　① 높아서   ② 좁아서   ③ 낮아서   ④ 짧아서

7. 가: 빨리 걸읍시다.

　　나: 힘들어요. 좀 (   ) 가요.

　　① 갑자기   ② 조용히   ③ 천천히   ④ 특별히

※ [8~10] <보기>와 같이 밑줄 친 부분과 의미가 비슷한 것을 고르십시오. (각 3 점)

<보기>

어제는 지하철에서 책을 봤어요.

① 만났어요   ② 보냈어요   ③ 읽었어요   ④ 찾았어요

---

8. 취직 때문에 고민이 많아요.

　　① 내용   ② 느낌   ③ 걱정   ④ 경험

9. 저 사람은 사람들이 많이 아는 배우예요.

　　① 편리한   ② 이상한   ③ 조용한   ④ 유명한

10. 가: 저분이 하는 말을 알아들을 수 있어요?

　　나: 어느 정도 알아들을 수 있어요.

※ [11~13] <보기>와 같이 (   )에 알맞은 것을 고르십시오. (각 3 점)

<보기>

친구에게 편지를 (   ).

① 다녀요   ② 들어요   ③ 부쳐요   ④ 입어요

---

11. 친구에게 생일 선물로 꽃 열 (   )와 책 한 (   )을/를 주었어요.
　① 마리, 대　　　② 마리, 권　　　③ 송이, 대　　　④ 송이, 권

12. 밖에서 큰 소리가 나서 (   ) 놀랐어요.
　① 푹　　　　　② 잘　　　　　③ 깜짝　　　　④ 아무리

13. 약속을 하면 꼭 (   ) 해요.
　① 가져야　　　② 지켜야　　　③ 건너야　　　④ 불러야

※ [14~15] <보기>와 같이 (   )에 알맞은 것을 고르십시오. (각 3 점)

<보기>
내일 두 시(   ) 만납시다. ① 가　　②에　　③ 를　　④ 로

14. 저는 나중에 의사(   ) 되고 싶어요.
　① 가　　　　　② 로　　　　　③ 을　　　　　④ 에

15. 겨울인데 날씨가 봄(   ) 따뜻해요.
　① 만　　　　　② 도　　　　　③ 이나　　　　④ 처럼

※ [16~18] <보기>와 같이 (   )에 알맞은 것을 고르십시오. (각 4 점)

<보기>
가: 주말에 뭐 했어요? 나: 영화를 (   ) 친구를 만났어요. ① 보고　　② 보면　　③ 보러　　④ 봐서

16. 가: 한국에 (   ) 뭐 했어요?
　　나: 회사에 다녔어요.
　① 오면서　　　② 오지만　　　③ 오기 전에　　④ 오기 때문에

17. 가: 시간이 있을 때 보통 뭐 했어요?
　　나: 밖에서 (   ) 집에서 쉬어요.
　① 운동할 때　　② 운동하는데　　③ 운동하거나　　④ 운동하기 때문

18. 가: 영수 씨, 어제 무슨 옷을 (   ) 아세요?
　　나: 글쎄요. 기억이 안 나는데요.
　① 입었는지　　② 입으려고　　③ 입어서　　④ 입을까

※ [19~21] <보기>와 같이 (　　　)에 알맞은 것을 고르십시오. (각 3 점)

<보기>
　　가: 어제 뭐 했어요?
　　나: 박물관에 (　　　　　　　　).
① 갔어요　　② 갈 거예요　　③ 갈 것 같아요　　④ 가기로 했어요

19. 가: 여기에서 노래를 불러도 돼요?
　　나: 아니요, 여기서는 노래를 (　　　　　　　　).
① 불러도 돼요　　　　　　　　② 부르면 돼요
③ 부르면 안 돼요　　　　　　④ 불러도 안 돼요

20. 가: 저는 광고 회사에 다녀요.
　　나: 저도 광고 회사에서　(　　　　　　　　).
　　　거기서 일할 때 재미있는 일이 많이 있었어요.
① 일하고 싶었어요　　　　　② 일한 적이 있어요
③ 일하려고 했어요　　　　　④ 일할 수 없었어요

21. 가: 피아노를 (　　　　　　　　)?
　　나: 네, 어릴 때부터 배워서 잘 쳐요.
① 치고 싶어요　　　　　　　② 치지 마세요
③ 칠 수 없어요　　　　　　　④ 칠 줄 알아요

※ [22~24] <보기>와 같이 밑줄 친 부분이 틀린 것을 고르십시오. (각 4 점)

<보기>
① 오늘 약속이 <u>있습니다</u>
② 어제 학교에 <u>갔습니다</u>
③ 내일 영화를 <u>보려고 합니다</u>
④ 내년에 컴퓨터를 <u>샀습니다</u>

22. ① 음악을 <u>듣고</u> 싶어요.　　② 문을 <u>열으면</u> 추울 것 같아요.
　　③ 조카가 태어났을 때 <u>기뻤어요</u>　④ 탁자가 <u>무거워서</u> 혼자 못 들어요

23. ① 이 가방이 지난주에 <u>산</u> 거예요.
　　② 제가 요즘 <u>다니는</u> 학원은 시내에 있어요.
　　③ 이 번 주말에 우리가 <u>갈</u> 여행지는 경주예요.
　　④ 저기에 <u>있은</u> 사람이 제 동생이에요.

24. ① 아버지께서 지금 <u>주무십니다.</u>
　　② 할아버지께서 밖에 <u>나가실 겁니다.</u>
　　③ 할머니께서 지금 방에 <u>있으십니다.</u>

④ 어른이 <u>말씀하실</u> 때는 잘 들어야 합니다.

※ [25~26] 다음 글을 읽고 답하십시오.

가: 영수 씨가 어디에 있어요?

나: 아까 운동복을 입고 나갔는데요.

　아마 운동하러 ㉠ (가다).

가: 그래요? 영수 씨가 오면 저한테 좀 (　㉡　) 주세요.

나: 네, 그렇게 할게요

---

25. ㉠ (가다)를 알맞게 고쳐 쓰십시오. (4 점)

　(　　　　　　　　　　　　　　)

26. ㉡에 알맞지 않은 것을 고르십시오. (3 점)

　① 알려　　　② 말해　　　③ 정리해　　　④ 연락해

※ [27~28] 다음 글을 읽고 답하십시오. (각 4 점)

가: 어제 뭐 했어요?

나: 아침에 (　㉠　) 책을 봤어요. 그리고 오후에는 운동했어요.

　민수 씨는요?

가: 저는 오래간만에 저하고 제일 ㉡(친하다) 친구를 만났어요.

나: 그래요? 좋았겠어요.

가: 네. 같이 영화도 보고 얘기도 많이 했어요.

---

27. ㉠에 알맞은 말을 고르십시오.

　① 일어나고　　② 일어나서　　③ 일어나러　　④ 일어나면

28. ㉡(친하다)를 알맞게 고쳐 쓰십시오.

　(　　　　　　　　　　　　　　(

※ [29~30] 다음 글을 읽고 물음에 답하십시오.

　다음달 이십 일에 올림픽 경기장에서 가수들의 공연이 있습니다. 여기에는 젊은 사람들한테 (　㉠　)가 높은 가수들이 나옵니다. 그래서 벌써 표가 많이 (　㉡　). 그러니까 그 공연을 보고 싶은 분들은 서둘러서 표를 사시기 바랍니다.

---

29. ㉠에 알맞은 말을 고르십시오. (3 점)

　① 인기　　　② 인사　　　③ 연기　　　④ 감사

30. ㉡에 알맞은 말을 고르십시오. (4 점)

　① 들렸습니다　　② 팔렸습니다　　③ 보였습니다　　④ 팔았습니다

쓰기(31~60 번)

※ [31~35] <보기>와 같이 밑줄 친 부분에 알맞은 것을 고르십시오. (각 3 점)

```
                              <보기>
가: 어제 친구를 만났어요?
나:_____.
 ① 예, 만났어요                ② 아니요, 만났어요
 ③ 예, 안 만났어요             ④ 아니요, 만나지 마세요
```

31. 가: 내일 백화점에 갈 거예요?
　　나: 네, _____ .
　　① 자주 가요　　　　　　　　② 갈 거예요
　　③ 가지 맙시다　　　　　　　④ 한 번 가 보세요

32. 가: 왜 회사에 늦게 왔어요?
　　나: _____ .
　　① 길이 막혀서 늦었어요
　　② 회사에 늦게 오지 마세요
　　③ 회사에 늦게 오면 안 돼요

33. 가: 비가 계속 올까요?
　　나: _____ .
　　① 비가 계속 왔어요
　　② 비를 맞으면 안 돼요
　　③ 어제부터 비가 왔어요
　　④ 비가 계속 올 것 같아요

34. 가: 김치찌개를 만들려면 무엇이 필요해요.
　　나: _____ .
　　① 거하고 같이 만들어요
　　② 김치하고 고기가 있어야 해요
　　③ 저 식당 김치찌개가 맛있어요
　　④ 저 식당에 가서 김치를 먹읍시다

35. 가: 선생님, 책을 안 가지고 왔는데 어떻게 하지요?
　　나: _____ .
　　① 책이 집에 있어요　　　　　② 책을 가지고 올 거예요
　　③ 친구한테 책을 빌리세요　　④ 친구한테 책을 받았어요

※ [36~40] <보기>와 같이 밑줄 친 부분에 알맞은 것을 고르십시오. (각 3 점)

```
                        <보기>
가: _____?
나: 사무실에 가요

① 사무실이 멀어요            ② 언제 오실 거예요
③ 내일 갈 수 있어요          ④ 지금 어디에 가세요
```

36. 가: _____?
    나: 운전을 배우려고 해요.
    ① 제가 운전을 할까요
    ② 누가 운전을 할 수 있어요
    ③ 방학 때 무엇을 할 거예요
    ④ 방학 때 어디에 갈 거예요

37. 가: _____?
    나: 아니요, 일주일 밖에 안 되었어요.
    ① 지난 주일에 일을 시작했어요
    ② 얼마 동안 그 일을 할 거예요
    ③ 그 일을 시작한 지 오래 되었어요
    ④ 그 일을 시작한 지 일주일 되었어요

38. 가: _____?
    나: 네, 입어보세요.
    ① 치마를 입고 가도 돼요   ② 이 치마를 언제 샀어요
    ③ 오늘 입은 치마가 어때요   ④ 이 치마를 입어 보도 돼요

39. 가: _____?
    나: 극장 앞에서 만나기로 했어요.
    ① 친구를 언제 만날 거예요
    ② 친구하고 어디에서 만나요
    ③ 극장에서 무엇을 할 거예요
    ④ 누구하고 극장에 갈 거예요

40. 가: _____?
    나: 네, 오른쪽에 있는 컴퓨터를 쓰세요.
    ① 컴퓨터를 어느 쪽에 놓을까요   ② 이 컴퓨터를 어디에서 사셨어요
    ③ 이 컴퓨터는 어떻게 켜는 거예요   ④ 지금 컴퓨터를 사용할 수 있어요

※ [41~44] <보기>와 같이 두 문장을 바르게 연결한 것을 고르십시오. (각 3점)

<보기>
내일 시험이 있습니다. 공부를 합니다.
① 내일 시험이 있지만 공부를 합니다.
② 내일 시험이 있어서 공부를 합니다.
③ 내일 시험이 있어도 공부를 합니다.
④ 내일 시험이 있고 공부를 합니다

---

41. 코트를 입습니다. 밖에 나갑니다.
　① 코트를 입고 밖에 나갑니다.　　② 코트를 입지만 밖에 나갑니다.
　③ 코트를 입는데 밖에 나갑니다.　④ 코트를 입거나 밖에 나갑니다.

42. 편지를 받습니다. 꼭 답장을 쓰겠습니다.
　① 편지를 받지만 꼭 답장을 쓰겠습니다.　② 편지를 받아도 꼭 답장을 쓰겠습니다.
　③ 편지를 받으러 꼭 답장을 쓰겠습니다.　④ 편지를 받으면 꼭 답장을 쓰겠습니다.

43. 목이 마릅니다. 마실 것 좀 있습니까?
　① 목이 마른데 마실 것 좀 있습니까?　② 목이 마르고 마실 것 좀 있습니까?
　③ 목이 마르지만 마실 것 좀 있습니까?　④ 목이 마르니까 마실 것 좀 있습니까?

44. 손님이 많이 올 것 같습니다. 음식을 더 준비합시다.
　① 손님이 많이 올 것 같고 음식을 더 준비합시다.
　② 손님이 많이 올 것 같아서 음식을 더 준비합시다.
　③ 손님이 많이 올 것 같지만 음식을 더 준비합시다.
　④ 손님이 많이 올 것 같으니까 음식을 더 준비합시다.

※ [45~48] <보기>와 같이 밑줄 친 부분에 알맞은 것을 고르십시오. (각 3점)

<보기>
가: 이 가방을 다른 색으로 바꿔 주세요.
나: ＿＿＿＿＿＿＿＿＿＿＿＿＿＿＿＿＿?
가: 파란색으로 주세요.
① 뭘 찾으세요　　　　　　② 가방을 드릴까요
③ 다른 가방은 어때요　　　④ 무슨 색으로 드릴까요

---

45. 가: 저하고 같이 수영하시겠어요?
　　나: 저는 수영을 못 하는데요.
　　가: 괜찮아요. ＿＿＿＿＿＿＿＿＿＿＿＿＿＿.
　① 수영을 배우고 싶어요　　② 저는 수영을 좋아해요
　③ 저는 매일 수영을 해요　　④ 제가 가르쳐 드리겠어요

200

46. 가: 그 일을 다 했어요?
    나: 아니요, 아직 못 했는데_____ ?
    가: 미안합니다. 저도 시간이 없어요.

    ① 좀 도와주시겠어요   ② 도와 드려야 돼요
    ③ 언제 도와 줄 거예요   ④ 내일 도와 드릴까요

47. 가: 감기에 걸려서 머리가 아파요.
    나: 그러면_____ .
    가: 고마워요. 하루에 몇 번 먹어야 해요?

    ① 식사 후에 드세요   ② 두 번 먹어야 해요
    ③ 이 약을 먹어 보세요   ④ 약국이 저기에 있어요

48. 가: 내년에 유학을 갈 계획이에요.
    나: 그래요? 어디로 갈 거예요?
    가: _____ .

    ① 중국을 가 보세요   ② 중국으로 갈까 해요
    ③ 열심히 공부해야 돼요   ④ 3년 동안 유학할 거예요

※ [49~50] <보기>와 같이 (   )에 알맞은 것을 고르십시오. (각 3점)

<보기>
좋은 하숙집이 있어요 .
(   ).
학교까지 걸어서 5분.
매달 40만 원.

    ① 방이 좁아요   ② 방이 깨끗해요
    ③ 하숙비가 비싸요   ④ 학교까지 걸어서 갈 수 없어요

49.

(   ).
1년 전에 산 텔레비전입니다.
디자인도 좋고 깨끗합니다.
24인치이고 값은 5만 원입니다.
전화: 02) 394-4567

    ① 텔레비전을 팝니다   ② 텔레비전을 찾습니다
    ③ 함께 텔레비전을 봅시다   ④ 텔레비전을 사고 싶습니다

50.

여러분을 음악회에 초대합니다.
(   ).
많이 오셔서 함께 즐기시기 바랍니다.

때: 2004 년 5 월 29 일
장소: 서울문화회관
시간: 오후 6 시 30 분
입장료: 무료

① 누구나 음악을 좋아합니다   ② 노래와 춤을 함께 연습합니다
③ 좋은 노래를 많이 준비했습니다   ④ 음악에 관심이 있는 사람을 찾습니다

※ [51~52] <보기>와 같이 밑줄 친 ㉠을 (   )안에 알맞게 고쳐 쓰십시오. (각 4 점)

<보기>
<모임 안내문입니다>
-태권도부 모임 안내-

날짜: 9 월 2 일 일요일
시간: 오후 3 시
㉠장소: 학생 식당

태권도부 학생들 모임이 있습니다.
9 월 2 일 일요일에 모입니다.
오후 세 시에 오십시오.
㉠ (학생 식당으로 오십시오).

51.

<파티 안내입니다>
영수의 집에서 파티를 합니다.

날짜: 토요일 저녁 7 시
장소: 영수의 집
㉠가지고 올 것: 자기 나라 음식

토요일에 파티를 합니다.
저녁 일곱 시까지 영수의 집으로 오십시오.
(㉠   ).

52.

<노래 교실 안내입니다>

-한국노래 교실-

⊙시간: 월요일 오후 4시~6시

장소: 연습실

대상: 관심이 있는 학생

⬇

한국노래를 배웁시다.

일주일에 한 번 연습합니다.

(　　　　⊙　　　　).

관심이 있는 학생은 연습실로 오십시오.

※ [53~54] 다음 글을 읽고 (　　)에 알맞은 것을 고르십시오. (각 4점)

가: 영수야, 오랜만이다.

　　요즘 어떻게 지내고 있어?

나: 잘 지내고 있어. (　　⊙　　)?

가: 그래, 정말 덥구나.

　　그런데 지영이는 왜 안 오지?

나: 응, 지영이는 오늘 회사에 일이 많아서 (　　ⓛ　　) 했어.

가: 그럼 저녁을 먹자.

53. (　⊙　)

① 요즘 날씨가 덥지　　　　　② 요즘 날씨가 어때

③ 더울 때 무엇을 해　　　　④ 더운 날씨를 좋아해

54. (　ⓛ　)

① 못 온다고　　　　　② 기다린다고

③ 와야 한다고　　　　④ 저녁을 먹는다고

※ [55~56] 다음 글을 읽고 (　　)에 알맞은 것을 고르십시오. (각 4점)

가: 여보세요? 거기 문화대학교 사무실입니까?

나: 네, 그렇습니다.

가: 실례지만, (　⊙　)?

나: 지금 안 계십니다. 회의 중이십니다.

203

> 가: (㉡   )?
> 나: 한 시간 후에 오실 거예요.
> 가: 그 때 다시 전화 드리겠습니다.

55. (㉠   )?
　① 김 선생님은 회의 중입니까　　② 김 선생님은 무엇을 하십니까
　③ 김 선생님은 어디에 있습니까　④ 김 선생님 좀 바꿔 주시겠습니까

56. (㉡   )?
　① 언제쯤 들어오시지요　　　② 한 시쯤 들어오실 거예요
　③ 한 시간 후에 전화할까요　④ 한 시간 후에 어디에 가세요

※ [57~58] 다음 글을 읽고 질문에 대답하십시오. (각 4 점)

> 　제주도에 가 보셨습니까? 제주도는 한국의 남쪽에 있는 관광지입니다. 서울에서 비행기로 한 시간쯤 걸립니다. 제주도는 (　㉠　) 사람들이 많이 여행을 가는 곳입니다. 여름에는 바다에서 수영도 하고 맛있는 음식도 먹을 수 있습니다. 아름다운 곳에서 사진을 찍을 수도 있습니다. (　㉡　)　.

57. (　㉠　) 에 알맞은 것을 고르십시오.
　① 비행기를 타서　　　　② 음식이 맛있으면
　③ 경치가 아름다워서　　④ 가깝지만 복잡하고

58. (　㉡　) 에 들어갈 수 없는 것을 고르십시오.
　① 이 번 여름 휴가는 제주도에서 지내세요
　② 제주도에 가서 즐거운 여름을 보내세요
　③ 제주도에 가려면 사진기를 꼭 사야 해요
　④ 아름다운 바다를 보려면 제주도에 가세요

※ [59~60] 다음 글을 읽고 (　　　)에 알맞은 것을 고르십시오. (각 4 점)

> 　요즘 도시는 공기가 좋지 않습니다. 사람도 많고 자동차도 많기 때문입니다. 또 여름에 에어컨을 많이 사용하는 것도 (　㉠　). 그래서 도시 사람들 중에는 목이 아픈 사람이 많습니다. 목을 건강하게 하고 싶으면 에어컨을 적게 사용하고 따뜻한 물을 (　㉡　).

59. (　㉠　)
　① 목을 건강하게 만듭니다　　② 공기를 나쁘게 만듭니다
　③공기를 깨끗하게 만듭니다　④ 여름철에 건강하게 지낼 수 있습니다

60. (　㉡　)
　① 마실 수 있습니다　　② 마실 필요가 없습니다
　③ 마시지 않아도 됩니다　④ 많이 마시는게 좋습니다

이해 （읽기）

※ [1~2] ☐☐☐ 의 내용과 같은 것을 고르십시오. （각 3점）

1. | 입구 |
① 이 곳에서 쉬십시오.　　　　② 이 곳으로 나가십시오.
③ 이 곳으로 들어가십시오.　　④ 이 곳에서 일을 하십시오.

2. | 예약석 |
① 예약이 모두 끝났습니다.　　② 예약한 후에 와야 합니다.
③ 지금 예약할 수 있습니다.　　④ 이 곳은 예약된 자리입니다.

※ [3-5] 무엇에 대한 이야기입니까? <보기>와 같이 알맞은 것을 고르십시오. （각 3점）

<보기>
저는 혼자 있을 때 음악을 자주 듣습니다. 음악을 들을 때 가장 행복합니다.
① 실수　　　　② 약속　　　　③ 주말　　　　④ 취미

3.
중국에 사는 친구에게 우체국에서 옷을 보냈습니다. 요금은 오만 원이었습니다.
① 편지　　　　② 엽서　　　　③ 소포　　　　④ 우표

4.
내일 친구와 만나기로 했습니다. 같이 식사를 하고 영화를 보기로 했습니다.
① 실수　　　　② 약속　　　　③ 주말　　　　④ 습관

5.
민수 씨는 올해 대학을 졸업했습니다. 그리고 자동차 회사에 들어갔습니다.
① 취직　　　　② 전공　　　　③ 대학　　　　④ 외국어

※ [6~9] <보기>와 같이 （　　）에 가장 알맞은 것을 고르십시오. （각 3점）

<보기>
（　　）에 사람들이 많습니다. 수영을 합니다.
① 산　　　　② 바다　　　　③ 공원　　　　④ 회사

6.
8월에는 제주도에 여행을 가는 사람들이 많습니다. 그래서 비행기표와 호텔을
（　　）하는 것이 좋습니다.
① 예약　　　　② 예정　　　　③ 소개　　　　④ 사용

7.

> 아이를 돌볼 때는 아이가 다치지 않게 (　　　　) 합니다.

① 조심해야　　　　② 깨끗해야　　　　③ 무서워야　　　　④ 사랑해야

8.

> 뛰어갔지만, 기차를 (　　　　　　). 다음 기차를 타고 약속 장소에 도착했는데, 30 분 늦었습니다.

① 봤습니다　　　　② 내렸습니다　　　　③ 탔습니다　　　　④ 놓쳤습니다

9.

> 지난 주말에는 시간이 많았습니다. 친구를 만나고 싶었지만 친구들이 모두 바빠서 만날 수 없었습니다. 그래서 (　　　　　　).

① 신났습니다　　　　② 친절했습니다　　　　③ 심심했습니다　　　　④ 재미있었습니다

※ [10~13] 다음을 읽고 ☐☐☐ 의 내용과 같은 것을 고르십시오. (각 3 점)

10.

> <알림>
> 갑자기 비가 올 때 우산을 빌려 드립니다.
> 쓰신 후에 다시 가지고 오십시오.
>
> 　　　　　　　　　　-지하철 한강 역 사무실

① 우산을 고쳐 드립니다.
② 비가 오면 안으로 들어오십시오.
③ 우산을 쓰고 다시 가지고 오십시오.
④ 우산을 다른 사람에게 빌려 주십시오.

11.

> 65 세 이상의 노인에게는 입장료를 받지 않습니다.

① 65 세 이상의 노인만 들어올 수 있습니다.
② 65 세 이상의 노인은 돈을 내지 않습니다.
③ 65 세 이상의 노인은 입장료를 깎아 드립니다.
④ 65 세 이상의 노인과 함께 가면 돈을 내지 않습니다.

12.

> <한국 학생과 함께 한국문화를 배웁니다>
> 언　제: 10 월~12 월 / 매주 월요일 14 시~17 시
> 누구와: 한국대학교 학생
> 어디서: 204 호
>
> 　　　　　　017-363-4018 (한국 대학교 외국인 학생회)

① 204 호에서 신청합니다.
② 한국어를 공부합니다.

능력시험 2 (能力測試 2)

③ 외국 학생들끼리 공부합니다.
④ 시월에서 십이월까지 월요일마다 모입니다.

13.

전기 요금 청구서
사용기간: 2004 년 9 월 1 일~2004 년 9 월 30 일
이 번 달 내실 금액: 25, 800 원   마감일: 10 월 27 일   은행이나 우체국에 내십시오.

① 10 월 27 일까지 내야 합니다.
② 전기 요금은 꼭 은행에 내야 합니다.
③ 시월에 사용한 전기 요금 청구서입니다.
④ 지난 달에 안 낸 금액이 25, 8000 원입니다.

※ [14~16] ☐ 의 내용과 같은 것을 고르십시오. (각 3 점)

14.

철수 씨는 성격이 좋고 친절합니다. 그래서 반 친구들과 선생님들에게 인기가 많습니다.

① 선생님들이 인기가 좋습니다.
② 철수 씨의 반 친구들이 모두 친절합니다.
③ 철수 씨의 반 친구들이 철수 씨를 좋아합니다.
④ 철수 씨는 성격이 좋고 친절한 사람을 좋아합니다.

15.

여름에는 음식을 잘 보관해야 합니다. 냉장고에 보관한 음식도 시간이 많이 지나면 변합니다. 그래서 여름에는 먹을 음식만 조금씩 준비해서 먹는 것이 좋습니다.

① 여름에는 음식을 조금씩 먹는 것이 좋습니다.
② 여름에는 음식을 꼭 냉장고에 준비해야 합니다.
③ 여름에는 음식을 조금씩 준비하는 것이 좋습니다.
④ 음식은 냉장고에 보관하면 여름에도 잘 변하지 않습니다.

16.

왕영 씨는 내일 중국에 돌아갑니다. 나는 서점에 가서 '한국의 음악'이라는 책을 샀습니다. 내일 공항에서 왕영 씨에게 선물할 것입니다.

① 왕영 씨는 오늘 책을 샀습니다.
② 나는 왕영 씨에게 선물하려고 책을 샀습니다.
③ 왕영 씨는 '한국의 음악'이라는 책을 좋아합니다.
④ 나는 왕영 씨에게 '한국의 음악'이라는 책을 소개하겠습니다.

※　[17~18] 다음을 읽고 물음에 답하십시오. (각 4 점)

17. 다음 글의 제목으로 알맞은 것은 무엇입니까?

> 한국어를 배울 때는 자기가 좋아하는 것을 하면서 배우는 것이 좋습니다. 노래를 좋아하는 사람은 한국노래를 배우면서, 드라마를 좋아하는 사람은 한국드라마를 보면서 배우면 훨씬 재미있게 한국어를 배울 수 있습니다.

① 한국어를 재미있게 배우는 법
② 한국노래를 배우는 외국인 친구
③ 한국 노래와 드라마를 만드는 법
④ 내가 좋아하는 한국 노래와 드라마

18. 무엇에 대한 글입니까?

> 여행을 떠날 때는 계획을 잘 세워야 합니다. 계획을 잘 세우고 여행을 가면 더 보람 있는 여행을 할 수 있습니다. 어디에 가서 무엇을 할까, 얼마 동안 여행할까, 누구와 함께 갈까 등을 생각해서 계획을 잘 세우십시오. 그리고 여행지에서 아름다운 추억을 만드십시오.

① 여행 목적　　　　　　　② 여행 계획
③ 여행 경험　　　　　　　④ 여행 장소

※　[19~20] 다음을 읽고 물음에 답하십시오. (각 4 점)

19. 이 사람은 옷 가게에 왜 다시 갈 겁니까?

> 나는 집 근처 옷 가게에서 파란 색 바지를 샀습니다. 조금 비쌌지만 색깔이 아주 마음에 들었습니다. 그런데 집에 와서 입어 보니 바지가 너무 딱 맞았습니다. 그래서 좀 더 큰 것으로 바꾸러 갈 겁니다.

① 바지가 좀 작았습니다.　　② 바지가 많이 컸습니다.
③ 바지가 아주 비쌌습니다.　④ 다른 색으로 바꾸고 싶습니다.

20. ㉠ '거기'는 어디입니까?

> 저는 한식집에 자주 갑니다. 그 한식집은 큰 길에 있는데, 학교에서 아주 가깝습니다. 음식이 맛있고, 주인도 친절합니다. ㉠거기에서 저는 주로 불고기를 먹습니다.

(　　　　　　　　　　　　　　　　　　　　　　　　)

※　[21~22] 다음을 읽고 물음에 답하십시오 . (각 3 점)

> <도서관 이용 안내>
> 1. 들어갈 때 학생증을 보여 주십시오.
> 2. 가방은 가지고 들어갈 수 없습니다.
> 3. 휴대전화는 끄거나 진동으로 하십시오.
> 4. 다른 학생을 위해 컴퓨터를 짧게 사용해 주십시오.

---

5. 음식물을 (㉠   ) 가지고 들어갈 수 없습니다.

－한강 대학교 도서관장

---

21. 다음 중 맞는 것을 고르십시오..
① 가방은 다른 곳에 두고 가야 합니다.
② 누구나 도서관을 이용할 수 있습니다.
③ 학생들은 오랫동안 컴퓨터를 사용할 수 있습니다.
④ 도서관 안에서는 휴대전화를 사용할 수 없습니다.

22. (㉠   ) 에 알맞은 말을 고르십시오.
① 아마   ② 절대   ③ 거의   ④ 자주

※ [23~24] 다음을 읽고 물음에 답하십시오. (각 4 점)

김영수 (㉠   )께
안녕하십니까? 한 학기 동안 잘 가르쳐 주셔서 감사합니다. 저도 이제 한국말을 조금 하게 되었습니다. 내일부터 일 주일 동안 여행을 다녀 올 겁니다. 여행을 가서 그동안 배운 한국어를 많이 쓸 겁니다. 다음 주에 돌아와서 다시 연락하겠습니다.
안녕히 계십시오.

2004 년 9 월 10 일
빌리 올림

---

23. 김영수 씨는 어떤 일을 하는 사람입니까? (㉠   )에 알맞은 말을 쓰십시오.
(   )

24. 다음 중 맞는 것을 고르십시오.
① 빌리는 내일 여행을 갈 겁니다.
② 빌리는 한국말을 아주 잘합니다.
③ 선생님이 빌리 씨에게 보낸 편지입니다.
④ 빌리는 여행을 다녀와서 편지를 썼습니다.

※ [25~26] 다음 글을 읽고 물음에 답하십시오. (각 3 점)

민수 씨는 일이 많아서 밤늦게 집에 옵니다. 주말에도 쉬지 못해서 (㉠   ). 오늘은 감기에 걸려서 더 힘들었습니다. 그렇지만 시간이 없어서 병원에 못 갔습니다. 약국에서 약을 사 먹었습니다.

---

25. (㉠   )에 알맞은 말을 고르십시오.
① 편합니다   ② 쓸쓸합니다   ③ 괜찮습니다   ④ 피곤합니다

26. 다음 중 맞는 것을 고르십시오.
① 민수 씨는 바쁘지 않습니다.

② 민수 씨는 약국에서 일합니다.

③ 민수 씨는 아침에 병원에 갔습니다.

④ 민수 씨는 감기에 걸려서 약을 먹었습니다.

※ [27~28] 다음 글을 읽고 물음에 답하십시오. (각 4점)

제목	한강 커피숍에서 만나요
보낸 날짜	2004년 7월 15일 목요일
보내는 사람	youngmi@hankook.net
받는 사람	wangyoung@china.net

왕영 씨에게

친구들과 내일 두 시에 한강 커피숍에서 만나기로 했어요. 왕영 씨도 오세요. 14번 버스를 타고 시청 앞에서 내려서 길을 건너세요. 길을 건너서 사거리 쪽으로 조금 가면 한강 커피숍이 있어요.

영미 씀.

27. 한강 커피숍은 어디에 있습니까?

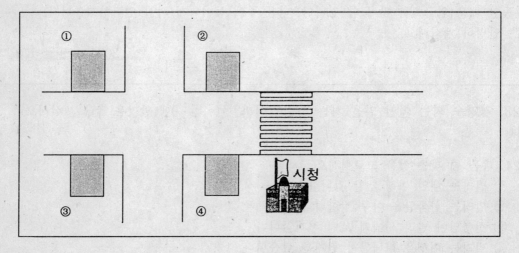

28. 맞지 않은 것을 고르십시오.

① 선생님도 오실 겁니다.

② 버스를 타고 가야 합니다.

③ 내일 두 시에 만날 겁니다.

④ 영미 씨가 왕영 씨에게 보냈습니다.

※ [29~30] 다음을 읽고 물음에 답하십시오. (각 4점)

우리 집으로 가는 길에는 키가 큰 나무들이 많습니다. 그 나무들은 우리 아버지가 젊었을 때 심은 나무들입니다. 아버지가 젊었을 때 (㉠)은/는 아버지에게 이렇게 말씀하셨다고 합니다. "애야, 길에 나무가 없어서 쓸쓸하구나. 여기에 나무를 심으

먼나중에 네 아이들이 그 나무를 보면서 좋아할 텐데……" 그 말씀을 들은 아버지는 나무를 심었고, 그 나무들은 지금 큰 나무가 되었습니다. 나는 그 나무 밑을 걸어갈 때면 늘 ⓒ마음이 따뜻해집니다.

29. (㉠)에 가장 알맞은 것을 고르십시오.
  ① 동생   ② 아저씨   ③ 어머니   ④ 할아버지

30. ⓒ과 같이 말한 이유는 무엇입니까?
  ① 나무가 많아서   ② 사랑이 느껴져서
  ③ 바람이 안 불어서   ④ 아버지의 말이 생각나서

-제 8 회 한국어능력시험 2 급 (2004 년)

참고답안(參考答案)

제 1 과 자금성(紫禁城)

巩固练习

1.
1) ④ 아직　　　　2) ② 꼭
3) ③ 자꾸　　　　4) ② 마지막
5) ④ 깨끗이

2.
1) ⓗ 출근해요?　　　2) ⓔ 기운이 없는
3) ⓕ 유학을 갔다　　4) ⓐ 오래된
5) ⓖ 초대해　　　　6) ⓑ 웅장한
7) ⓓ 괜찮아요　　　8) ⓒ 전시하고

3.
1) 도자기를 산 적이 있습니다.
2) 혼자 여행을 한 적이 있습니다.
3) 스키를 배운 적이 있습니다.
4) 유학을 간 적이 있습니다.
5) 한국영화를 본 적이 있습니다.

4.
1) 돈이 없어서 고생한 적이 있습니다.
　 돈이 없어서 고생한 적이 없습니다.
2) 방학 때 아르바이트를 한 적이 있습니다.
　 방학 때 아르바이트를 한 적이 없습니다.
3) 크리스마스에 선물을 받은 적이 있습니다.
　 크리스마스에 선물을 받은 적이 없습니다.
4) 동물원 구경을 한 적이 있습니다.
　 동물원 구경을 한 적이 없습니다.
5) 시험공부를 할 때 밤을 새운 적이 있습니다.
　 시험공부를 할 때 밤을 새운 적이 없습니다.

5.
1) 아니요, 예약을 하지 않아도 됩니다.
2) 아니요, 흰색 옷을 입지 않아도 됩니다.
3) 아니요, 취미가 같지 않아도 됩니다.
4) 아니요, 영어를 몰라도 됩니다.
5) 아니요, 일찍 도착하지 않아도 됩니다.

6.
1) 술을 마시고 운전하면 절대로 안 됩니다.
2) 수업시간에 자면 절대로 안 됩니다.
3) 친구하고 싸우면 절대로 안 됩니다.
4) 길에 휴지를 버리면 절대로 안 됩니다.
5) 약속을 어기면 절대로 안 됩니다.

7.
1)가: 커피를 마셔도 됩니까?
　나: 아니요, 커피를 마시면 안 됩니다.
2)가: 여기서 사진을 찍어도 됩니까?
　나: 아니요, 여기서 사진을 찍으면 안 됩니다.
3)가: 내일 늦게 일어나도 됩니까?
　나: 아니요, 내일 늦게 일어나면 안 됩니다.
4)가: 중국어로 편지를 써도 됩니까?
　나: 아니요, 중국어로 편지를 쓰면 안 됩니다.
5)가: 여기에서 신발을 신어도 됩니까?
　나: 아니요, 여기에서 신발을 신으면 안 됩니다.

8.
1) 끝나지 않은 것 같아요.
2) 이 회사에 다닐 것 같아요.
3) 가을이 된 것 같아요.
4) 집에서 자는 것 같아요.
5) 소풍을 갈 것 같아요.

9.
1) 그 사람은 한국사람인 것 같아요.
2) 저 사람은 아주 착한 사람인 것 같아요.
3) 여기는 열람실인 것 같아요.
4) 오늘 날씨는 맑을 것 같아요.
5) 저 사람은 선생님인 것 같아요.

10.
1) 제가 심심할 때 항상 듣던 음악이에요.
2) 누가 마시던 차예요?
3) 늘 다니던 길로 갑시다.
4) 가족과 함께 자주 가던 식당이에요.
5) 젊은 사람들이 많이 부르던 노래인데 한 번
　 들어보세요.

11.
1) 그 사람의 소식을 들은 적 있어요?
2) 여기에서 책을 봐도 돼요?
3) 아이는 참가하면 안 됩니다.

4) 그의 생일은 다음 주 수요일인 것 같아요.
5) 이 옷은 제가 작년 겨울에 입었던 옷입니다.

12.
1) 我以前常看的报纸是《韩国日报》,但好久没看了。
2) 现在很多人在图书馆学习，所以不能吵闹。
3) 做完事可以下班。
4) 我曾经在上学的路上逃学去别处玩过。
5) 在老师还没说之前最好先准备。

提高练习
1.
1) ⓒ 은 적이 있어요. 2) ⓓ 도 돼요.
3) ⓔ 면 안 됩니다. 4) ⓑ 것 같아요.
5) ⓐ 던

2.
1) ① 한 번 정도 가 보았습니다
2) ④ 먼저 가면 됩니다
3) ④ 우회전 하지 못합니다.
4) ④ 아마 많이 울었을 것입니다
5) ③ 신문을 다 보지 못 했습니다

3.
생략

4.
1) 조선 왕조를 개국한 태조 이성계가 1395 년에 지었습니다.
2) 경복궁은 조선 왕실의 정궁입니다.
3) 경복궁과 자금성은 모두 목조건물이며 모두 왕실의 정궁입니다. 경복궁의 궁궐 이름은 자금성의 궁궐 이름과 같은 것이 많습니다.

5.
생략

제 2 과 예약하기 （预订）

巩固练习

1.
1) ④ 가능하면 2) ③ 다행히
3) ④ 물론 4) ② 조금
5) ③ 동안

2.
1) ⓓ 구할 2) ⓖ 매진되어
3) ⓐ 빈 4) ⓔ 주문
5) ⓗ 예약해 6) ⓑ 안내해
7) ⓕ 취소했 8) ⓒ 지각했

3.
1) 시간이 있을 때 영화를 봐요.
2) 어머니가 보고 싶을 때 전화를 해요.
3) 일이 바쁠 때 택시를 타요.
4) 방학할 때 아르바이트를 해요.
5) 감기에 걸렸을 때 집에서 쉬어요.

4.
1) 심심할 때 영화를 봅니다;
2) 신년 모임 때 남자 친구가 사 준 옷을 입을 거예요.
3) 방학 때 한국에 여행 갈 거예요.
4) 피곤할 때 일찍 자요.
5) 제일 친한 친구 생일 때 목걸이를 선물했어요.

5.
1) 시험이 있으니까 공부를 합시다.
2) 오늘 피곤하니까 잘 쉽시다.
3) 날씨가 좋으니까 사진을 찍읍시다.
4) 사람이 많으니까 다른 식당으로 갑시다.
5) 지금은 바쁘니까 다시 전화합시다.

6.
1) 모르는 사람이 없을 거예요.
2) 옷을 많이 입으세요.
3) 한 번 드셔 보세요.
4) 같이 운동을 합시다.
5) 그렇게 비싼 옷을 살 수 없어요.

7.
1) 눈이 오니까 택시를 탑시다. (O)
2) 우유가 상했으니까 버리세요. (O)
3) 대학교에 가고 싶으니까 열심히 공부했어요. (O)
4) 친구가 안 오니까 전화를 했어요.(O)
   친구가 안 와서 전화를 했어요 . (O)
5) 책을 사고 싶어서 서점에 갔어요 .(O)

8.

1）불고기를 만들 수 있습니다.
　　불고기를 만들 수 없습니다.
2）아리랑을 부를 수 있습니다.
　　아리랑을 부를 수 없습니다.
3）차를 운전할 수 있습니다.
　　차를 운전할 수 없습니다.
4）새벽에 일어날 수 있습니다.
　　새벽에 일어날 수 없습니다.
5）바다에서 수영할 수 있습니다.
　　바다에서 수영할 수 없습니다.

9.
1）시간이 되지 않습니다.
2）형제가 없습니다.
3）공부하는 사람이 없습니다.
4）없습니다.
5）그 사람 밖에 없습니다.

10.
1）ㄱ. 자장면을 먹거나 짬뽕을 먹습니다.
　　ㄴ. 자장면이나 짬뽕을 먹습니다.
2）ㄱ. 기차역에서 만나거나 버스 정류장에서 만납니다.
　　ㄴ. 기차역이나 버스 정류장에서 만납니다.
3）ㄱ. 선풍기를 켜거나 에어컨을 켭니다.
　　ㄴ. 선풍기나 에어컨을 켭니다.
4）ㄱ. 스키를 타거나 스케이트를 탑니다.
　　ㄴ. 스키나 스케이트를 탑니다.
5）ㄱ. 만두를 만들거나 김치전을 만듭니다.
　　ㄴ. 만두나 김치전을 만듭니다.

11.
1）청소를 하거나 텔레비전을 봅니다.
2）김밥을 먹거나 라면을 먹읍시다.
3）그림을 배우거나 테니스를 배우려고 합니다.
4）친구를 초대하거나 선배를 초대하려고 해요.
5）잡채를 만들거나 김치전을 만듭시다.

12.
1）일요일의 기차표가 매진되어 월요일 것을 살 수 밖에 없었어요.
2）집 생각이 날 때마다 나는 부모님께 전화합니다.
3）북경에서 인천까지의 비행기표를 예약하고 싶어요.

4）그는 컴퓨터게임[1]만 하고 공부를 하지 않습니다.
5）시간이 있을 때 운동을 하거나 친구를 만나거나 합니다.

13.
1）人人都有感到无聊的时候。我无聊的时候要么看小说要么去登山。
2）有机会学习的时候应该努力学习。
3）最近总是下雨心情变得郁闷不爱学习。
4）我认识的人只有哲诛你只好来这儿找你了。
5）我还是一个高中生的时候，无人不晓这首歌。

提高练习

1.
1）ⓗ 을 때　　　　2）ⓔ 으니까
3）ⓓ 수 있으　　　4）ⓖ 수 없어요
5）ⓒ 밖에 몰라요　6）ⓐ 밖에 못 해요
7）ⓑ 거나

2.
1）② 한국신문을 읽을 수 있는 실력이 없다.
2）② 수미 씨만 압니다.
3）③ 다른 시간에 만날 수 있습니다.
4）③ 걸을 때도 있고 자전거를 탈 때도 있습니다.
5）② 자기 혼자 압니다.

3.
생략

4.
1）① 한국호텔은 방은 작아도 비싸다.
2）④ 한국요리.

5.
생략

제3과 장래계획（将来计划）

巩固练习
1.
1）③ 창조적인　　　2）② 확실합니다
3）③ 나중에　　　　4）④ 여기저기

---
[1] 컴퓨터게임 （名）电脑游戏

5) ③ 진짜

2.

1) ⓔ 훌륭한   2) ⓗ 평범한
3) ⓖ 답답해서   4) ⓒ 말랐어요
5) ⓓ 넓습니다   6) ⓕ 착합니다
7) ⓐ 뚱뚱해   8) ⓑ 좁은

3.

1) 저는 성실하고 착한 사람이 되고 싶어요.
2) 저는 열심히 공부하는 학생이 되고 싶어
요.
3) 저는 부모님이 자랑으로 여기는 아들(딸)
이 되고 싶어요.
4) 저는 중국의 이익을 지킬 수 있는 중국
사람이 되고 싶어요.
5) 저는 졸업 후에 한국어로 한국회사에서
일을 하는 사람이 되고 싶어요.

4.

1) ① 너무 뚱뚱해졌어요.
   ② 조금 날씬해졌어요.
2) ① 너무 더워졌어요.
   ② 조금 추워졌어요.
3) ① 너무 많아졌어요.
   ② 조금 적어졌어요.
4) ① 너무 짧아졌어요.
   ② 조금 길어졌어요.
5) ① 너무 작아졌어요.
   ② 조금 커졌어요.

5.

1) 사람이 많아집니다.
2) 기분이 좋아집니다.
3) 방이 더러워집니다.
4) 공기가 좋아집니다.
5) 점점 예뻐집니다.
6) 울적해집니다.
7) 움직이기 싫어집니다.
8) 무서워집니다.
9) 복잡해집니다.
10) 성적이 좋아집니다.

6.

1) 세계 여행을 갔으면 좋겠어요.
2) 결혼을 했으면 좋겠습니다.
3) 차를 운전했으면 좋겠어요.

4) 의사가 되었으면 좋겠습니다.
5) 한국어를 잘 했으면 좋겠습니다.

7.

1) 이 번 주말에 등산을 갈까 생각합니다.
2) 졸업 후에 한국회사에 취직할까 생각합니다.
3) 방학이 되면 일본에 여행갈까 생각합니다.
4) 오늘은 미국영화를 볼까 생각합니다.
5) 빨간색 옷을 살까 생각합니다.

8.

1) 학교는 일요일처럼 비어요.
   학교는 일요일 같이 비어요.
2) 내 친구는 시계처럼 정확해요.
   내 친구는 시계 같이 정확해요.
3) 부모님의 사랑은 하늘처럼 크고 넓어요.
   부모님의 사랑은 하늘 같이 크고 넓어요.
4) 미국사람들은 물처럼 커피를 마셔요.
   미국사람들은 물 같이 커피를 마셔요.
5) 오늘은 금요일처럼 느껴져요.
   오늘은 금요일 같이 느껴져요.

9.

1) 가난한 사람들을 도와 줄 수 있게 부자가
되었으면 좋겠어요.
2) 12월에 들어서서² 날씨가 점점 추워져 많
은 사람들이 감기에 걸렸어요.
3) 얼마 안 있으면 남자 친구 생일인데 넥타
이를 선물할까 생각합니다.
4) 그의 마음은 하늘처럼 넓고 바다처럼 깊습니다.
5) 자란 후에 그녀는 유명한 가수가 되었습니다.

10.

1) 今天听到他的好消息就好了。
2) 但愿相爱的人过得幸福。
3) 我想这个冬天到海南岛去旅行。
4) 就像在蓝天飞翔的鸟一样过得自由自在就好了。
5) 为了毕业后成为翻译官现在正努力学习韩国语。

提高练习

1.

1) ⓔ 가 되면   2) ⓒ 아 지고
3) ⓑ 으면 좋겠어요   4) ⓐ 할까 생각하고
5) ⓓ 처럼

2.

---

² 들어서다(自) 进入，走进

1) ② 저녁을 먹으려고 했습니다
2) ① 좋아 지고 있습니다.
3) ② 남자 친구 같습니다.
4) ③ 한국어를 잘 하고 싶습니다.
5) ② 친구처럼 편합니다.

3.
생략

4.
1) 목표를 향해 앞으로 나아갈 때만 방향감
   과 안정감이 있는 것, 이것이 인생과자전
   거 타기의 비슷한 점입니다.
2) 인생을 설계할 때 집을 짓는 것처럼 먼 미래
   를 바라보고 정확하고 자세하게 설계해야 합니
   다.
3) 생략

5.
생략

제 4 과 설날 (春节)

巩固练习

1.
1) ③ 모두　　　　　　2) ④ 제일
3) ③ 아까　　　　　　4) ① 기분전환
5) ④ 그래서

2.
1) ⑧ 나이를 먹는 것이
2) ⓒ 차례를 지내고
3) ⓐ 세배를 드리고
4) ⓕ 밥맛이 좋고
5) ⓓ 피로를 풀
6) ⓑ 정신을 차릴
7) ⓔ 깜빡 졸았기

3.
1) 요리를 하면서 음악을 듣습니다.
2) 그림을 그리면서 경치를 구경합니다.
3) 지하철을 타고 가면서 신문을 봅니다.
4) 산책을 하면서 친구와 이야기를 합니다.
5) 앨범을 보면서 친구들을 그리워합니다. 4.
1) 여행을 가기 위해서 돈을 모았습니다.

2) 미국으로 유학을 가기 위해서 영어 공부를 했습니다.
3) 옷을 싸게 사기 위해서 동대문시장에 갔습니다.
4) 증명사진을 찍기 위해서 사진관에 갔습니다.
5) 장학금을 받기 위해서 열심히 공부했습니다.

5.
1) 건강을 위해서 골고루 먹습니다.
2) 부모님을 위해서 인삼을 삽니다.
3) 듣기 연습을 위해서 매일 라디오를 듣습니다.
4) 미래를 위해서 열심히 일합니다.
5) 결혼을 위해서 돈을 법니다.

6.
1) 미리 예약해야(만)
2) 돈을 모아야(만)
3) 회원가입[3]을 해야(만)
4) 시간이 있어야(만)
5) 돈을 저축[4]해야(만)

7.
1) 친구 때문에 늦었어요.
2) 시험준비 때문에 피곤해요.
3) 감기 때문에 학교에 못 갔어요.
4) 태풍 때문에 나무가 넘어졌어요.
5) 계약 때문에 출장을 갔어요.

8.
1) 집에 일이 있기 때문에 일찍 집에 갔어요.
2) 깜빡 잊었기 때문에 전화를 못 했어요.
3) 이 번 시간이 체육시간이기 때문에 학생들이
   운동장에 있어요.
4) 그림이 너무 비싸기 때문에 못 사요.
5) 아버님 생신이기 때문에 집에 가요.

9.
1) 여러 가지 채소 중에서 몸에 해로운 것도 있어요.
2) 연속극 중에서 이 드라마가 재미있어요.
3) 사계절 중에서 여름을 좋아해요.
4) 한국 연예인 중에서 장동건을 좋아해요.
5) 운동중에서 줄넘기가 쉬워요.

10.
1) 그가 전화를 하면서 메모[5]하는 걸 보니

---

[3] 회원가입 (名) 加入会员
[4] 저축하다 (他) 储蓄
[5] 메모하다 (他) 记录

무슨 중요한 일이 있는 것 같아요.
2) 이 중에서 어느 색깔을 제일 좋아하세요?
3) 우리의 아름다운 미래를 위해 열심히 공부합시다!
4) 다음 주에 시험이 있기 때문에 모두 열심히 공부하고 있어요.
5) 지금 출발해야만 기차를 탈 수 있어요.

11.
1) 多听多读多记多用才能学好韩国语。
2) 你所见过的人当中对谁印象最深?
3) 朝着自己的目标向前迈进的时候觉得幸福。
4) 那个人我没见过几次所以不太熟悉。
5) 他边哭边对我诉说昨天发生的事情。

提高练习

1.
1) ⓒ 면서　　　　　2) ⓔ 기 위해서
3) ⓓ 기 때문에　　4) ⓐ 야만
5) ⓑ 를 위해서

2.
1) ③ 경제를 발전시킬 때만
2) ④ 아르바이트를 하며
3) ① 많은 나라 가운데
4) ③ 환절기이어서
5) ④ 이기려고

3.
　생략

4.
1) 온 식구가 차례를 지내고 성묘를 합니다.
2) 추석은 햇 곡식과 햇 과일을 먹을 수 있고 가족들이 모이며, 차례를 지내고 성묘를 하는 한국의 큰 명절의 하나입니다.
3) 생략

5.
　생략

제 5 과 사과하기 (道歉)

巩固练习

1.
1) ③ 갑자기　　　　2) ② 자꾸

3) ② 마찬가지　　　4) ③ 벌써
5) ④ 충분히

2.
1) ⓑ 그래서　　　　2) ⓔ 그래도
3) ⓕ 그러니까　　　4) ⓐ 그리고
5) ⓖ 그렇다면　　　6) ⓓ 그렇지만
7) ⓒ 그러면

3.
1) 버스를 기다리는 동안 신문을 봅니다
2) 응원을 하는 동안 즐거웠습니다
3) 치료를 받는 동안 많이 친해졌습니다
4) 누워서 쉬는 동안 피곤이 풀렸습니다
5) 음식을 만드는 동안 좀 쉬세요

4.
　생략

5.
1) 부모님이 보고 싶을 때마다 전화를 합니다
2) 시간이 날 때마다 사진을 찍습니다
3) 학교에 갈 때마다 지하철을 탑니다
4) 방학을 할 때마다 여행을 갑니다
5) 크리스마스가 될 때마다 선물을 받습니다

6.
　생략

7.
1) 여기는 따뜻한데 밖은 추워요.
2) 한국어 문법은 조금 어려운데 재미있어요.
3) 언니는 뚱뚱한데 동생은 날씬해요.
4) 공부를 잘 하는데 노래는 못 해요.
5) 선물을 주었는데 좋아하지 않아요.

8.
1) 그럼 빵을 더 드세요
2) 그럼 다시 전화해 보세요
3) 네. 그럼 다음에 또 만납시다
4) 그럼 제 외투를 먼저 입으세요
5) 그럼 더 많이 연습하세요

9.
1) 당신을 기다리는 동안 이 책을 다 봤어요.
2) 사람들마다 즐거워 하는 것 같아요.

3) 집생각이 날 때마다 전화를 해요.

4) 지갑 안에 돈이 얼마나 있어요?

5) 밖에 비가 오는데 운동장에서 운동하는 사람이 있어요.

10.

1) 天天运动才能保持健康。

2) 昨天吃了海鲜拉肚子了。

3) 我遵守了约定，但他还是不相信我。

4) 妈妈不在家的时候我米打扫卫生和看家。

5) 你都喝了几瓶酒了？快醒一醒。

提高练习

1.

1) ⓒ 는데   2) ⓓ 인데

3) ⓔ 얼마나   4) ⓑ 때마다

5) ⓐ 는 동안

2.

1) ③ 사는 사이에   2) ④ 보기만 하면

3) ③ 백 송이도 넘게 4) ② 공부를 안 해도

5) ③ 20 년이나

3.

생략

4.

1) 집에 오는 길에 갑자기 비가 와서 옷이 다 젖었습니다.

2) 친구의 옷을 세탁기에 넣고 빨았는데 옷이 줄었기 때문에 친구가 화를 냈습니다.

3) 나는 친구의 옷을 줄게 만들었기 때문에 사과했고 친구는 나에게 화를 냈기 때문에사과했습니다.

4) 생략

5.

생략

제 6 과 만리장성 구경
(游览万里长城)

巩固练习

1.

1) ③ 무척   2) ④ 바로

3) ④ 훨씬   4) ③ 엄청난

5) ④ 쌀쌀해

2.

1) ⓓ 불가사의   2) ⓑ 자랑거리

3) ⓐ 굉장하게   4) ⓔ 부드러워서

5) ⓒ 서둘러서

3.

1) 이제는 나뭇잎이 떨어지네요.

2) 지금 떠나면 9 시에 도착하지 못하겠네요.

3) 그 친구는 한국말 실력이 대단하네요.

4) 겨울에는 눈이 많이 오네요.

5) 등산하러 오는 사람이 많네요.

4.

1) 비행기로 가면 제일 좋습니다.

2) 숙제는 손으로 써도 됩니다.

3) 불고기를 먹을 때

5.

1) 내일은 아마 비가 오겠어요.

2) 그 나라가 더 아름답겠어요.

3) 어제 일을 많이 해서 피곤하겠어요.

4) 이 길이 많이 복잡하겠어요.

5) 이 꽃보다 저 꽃을 더 좋아하겠어요.

6.

1) 그 영화를 본 지 3 개월이 되었어요.

2) 결혼을 한 지 5 년이 되었어요.

3) 한국에 온 지 1 년이 되었어요.

4) 시험이 끝난 지 두세 시간이 되었어요.

5) 그 노래를 배운 지 사흘이 되었어요.

7.

생략

8.

1) 공부하기   2) 피서하[6]기

3) 자리를 찾기   4) 일 하기

5) 배우기   6) 다니기

7) 다 다니기   8) 정보를 찾기

---

[6] 피서하다 （自）避暑

9.
1) 한국어를 너무 잘하시네요.
2) 이 요리는 무슨 방법으로 만들었어요? 너무 맛있네요.
3) 한국에 안 간 지 2년이 되었어요.
4) 한국노래는 아주 부드러워서 배우기 쉬워요.
5) 오늘 몸이 불편해서 밖에 나가기 싫어요.

10.
1) 因为韩国语发音很难学, 所以很多人中途放弃了.
2) 这衣服太适合你了. 就穿这个吧.
3) 结婚都过10年, 还像未婚的样子.
4) 这个季节坐船还可以观海, 挺不错的.
5) 期末, 最近是不是忙得不可开交啊!

提高练习

1.
1) ⑧ 기 어렵지만   2) ⑥ 은지
3) ⑥ 겠   4) ⓐ 기 쉬워서
5) ⓒ 네요   6) ⓔ 기 싫은데
7) ⓓ 로

2.
1) ② 눈싸움을 하고 있네요.
2) ④ 생각날 거예요.
3) ③ 듣기 아름다워서.
4) ③ 4년 넘게 배웠어요.
5) ② 닭고기를 사용하여.

3.
생략

4.
1) 안동의 하회 마을은 한국의 유교 문화를 잘 볼 수 있는 곳입니다.
2) 최근 영국의 엘리자베스 여왕이 하회 마을을 방문했기 때문에 세계적으로 유명해졌습니다.
3) 탈과 탈춤으로 유명합니다.

5.
생략

제 7 과 계획 세우기 (制定计划)

巩固练习

1.
1) ③ 가끔   2) ② 놀리지
3) ④ 이제   4) ③ 정신 없이
5) ④ 깜짝

2.
1) ⑤ 꽃이 피는   2) ⓓ 출발하면
3) ⓐ 보람 있는   4) ⓔ 도착하면
5) ⓗ 마중할   6) ⓒ 침을 뱉는
7) ⑧ 커피를 타   8) ⓑ 손꼽아 기다리던

3.
1) 가: 한국 좋았니?
   나: 너무 깨끗하고 편리했어.
2) 가: 영화 "신화" 재미 있었니?
   나: 성룡과 김희선의 연기가 좋았어.
3) 가: 요즘 잘 지내니?
   나: 취직 준비때문에 바빠.
4) 가: 계절학기 신청했니?
   나: 신청하는 사람이 많아서 못 했어.
5) 가: 새로 생긴 피자헛 가 봤니?
   나: 지난 주에 가서 포테토피자 먹었어.

4.
1) 어제 비빔밥 먹어서 오늘은 된장찌개 먹을래.
2) 오후에 시간이 없으니까 내일 갈래.
3) 여름방학에는 테니스 배울래.
4) 넥타이는 많으니까 지갑을 선물할래.
5) 그래도 오늘 갈래.

5.
1) 가: 버스 탈래?
   나: 아니, 길이 막히니까 지하철 타자.
2) 가: 잠실에서 만날래?
   나: 너무 머니까 동대문에서 만나자.
3) 가: 커피 마실래?
   나: 시간이 없으니까 그냥 가자.
4) 가: 이 꽃 살래?
   나: 돈이 모자라니까 사지 말자.
5) 가: 주말에 만날래?
   나: 약속이 있으니까 다음에 만나자.

6.

1) 아니, 다 못했어.
2) 20 분쯤 걸려.
3) 그래, 너무 잘 생겼어.
4) 응, 참 맛있어.
5) 그래, 너무 인기 많아.

7.
1) 안돼. 숙제 못 했으니까 숙제해(라).
2) 안돼. 너무 비싸니까 다른 옷 사(라).
3) 그래. 그럼 치마 입어(라).
4) 안돼. 약 먹고 일찍 자(라).
5) 이건데 혼자 정리해(라).

8.
1) 나는 미국사람이야.
2) 이 번 주말도 출근이야.
3) "한국어 문법표현"이야.
4) 듣기와 읽기야.
5) 지금 오후 3 시야.

9.
1) 야　　2) 아　　　3) 야
4) 야　　5) 아

10.
1) 친구를 만나고 싶은데 전화해 볼까요?
2) 비가 많이 오는데 내일 갈까요?
3) 슈퍼에 가는데 과자를 사 드릴까요?
4) 시간이 없는데 빨리 가요.
5) 매일 집에서 노는데 아르바이트 할래요?

11.
1) 선생님: 왕동아, 잠깐 기다려.
   왕동: 알았어요, 선생님.
2) 아버지: 가서 맥주 한 병 사와(라).
   아들: 네, 금방 갈게요.
3) 노 인: 젊은이, 한국은행이 어디야?
   젊은이: 제가 모셔다 드릴게요.
4) 친구 1: 나중에 전화로 연락하자.
   친구 2: 그래, 전화로 연락하자.
5) 아저씨: 아버지 집에 계시니?
   수민: 지금 안 계세요.

12.
1) 运动项目当中你最拿手的是什么?
2) 活在这世上我想活得有意义。

3) 你别担心别人先做好自己的事情吧。
4) 我们那样期盼了假期, 过得开心点儿吧。
5) 没人来接你, 你自己能去吗?

提高练习

1.
　할 일이 너무 많아서 정신이 없는 것과 할 일이 너무 없어서 심심한 것 어느 것이 더 나을까? 요즘 사람들은 아이에서부터 어른들까지 바쁘지 않은 사람이 없어. 우리가 살고 있는 시대가 우리를 바쁘게 하는 것 같아. "바빠, 빨리." "너무 바빠서 아무 것도 할 수가 없어." "오늘도 시간 안돼?" 우리는 이런 말을 쉽게 하고 또 쉽게 듣지. 아무리 바빠도 건강을 잃으면 안 되겠지?

2.
1) 몰라　　　　　2) 네 꺼(것이)야?
3) 않을게　　　　4) 냉면 먹자
5) 나중에 갈 거야　6) 무슨 일 있어?
7) 어디 아퍼? (몸이 안 좋아?)
8) 맞어 (그래)　　9) 만나지 말자

3.
생략

4.
1) 친구와 같이 얼음축제를 구경하러 하얼빈에 갑니다.
2) 한국어로 많이 대화할 수 있어 한국어 실력을 확인해 볼 수 있습니다.
3) 수연 씨는 고향을 한국 친구에게 구경시켜 주기 위해 한국 친구를 고향으로 초대합니다.
4) 방학에 여행도 할 수 있고 잘 놀 수 있기 때문에 방학을 손꼽아 기다렸습니다.
5) 생략

5.
생략

제 8 과 주구점（周口店）

巩固练习

1.
1) ③ 우연히　　2) ② 데
3) ③ 약간　　　4) ② 하루종일

5) ④ 쓰여서
2.
1) ⓒ 방문하는　　2) ⓔ 열리게
3) ⓕ 발견한　　4) ⓐ 거대한
5) ⓑ 귀중한　　6) ⓗ 추천했
7) ⓖ 발굴하는　　8) ⓓ 이용됩니다

3.

-아/어 있다	-고 있다
앉다 ⇒ 앉아 있다	기다리다⇒기다리고 있다
서다 ⇒ 서 있다	보다 ⇒ 보고 있다
눕다 ⇒ 누워 있다	사다 ⇒ 서고 있다
걸리다 ⇒ 걸려 있다	내리다 ⇒ 내리고 있다
놓이다 ⇒ 놓여 있다	빌리다 ⇒ 빌리고 있다
붙다 ⇒ 붙어 있다	만들다 ⇒ 만들고 있다
쓰이다 ⇒ 쓰여 있다	쌓다 ⇒ 쌓고 있다
매이다 ⇒ 매여 있다	구경하다 ⇒ 구경하고있다
꽂히다 ⇒ 꽂혀 있다	늘다 ⇒ 늘고 있다

4.
1) 그분은 지금 회사에 가 있어요.
2) 지금 가져다 버릴 거예요.
3) 회의 안내는 회사 입구에 붙여져 있어요.
4) 숙제가 아직 절반정도 남아 있어요.
5) 민우 씨의 모자가 걸려 있어요.

5.
1) 공부를 하다가 쉬었어요.
2) 밥을 먹다가 전화를 받았어요.
3) 계단을 내려가다가 넘어졌어요.
4) 영화를 보다가 밖으로 나왔어요.
5) 한국에서 살다가 중국으로 왔어요.

6.
1) 친구를 기다리다가 오지 않아서 돌아왔어요.
2) 학교에 가다가 교과서를 가지고 가지 않아서 돌아왔어요.
3) 친구하고 놀다가 생각이 같지 않아서 싸웠어요.
4) 잠을 자다가 나쁜 꿈을 꾸어서 깜짝 놀랐어요.
5) 책을 읽다가 말이 너무 재미있어서 웃었어요.

7.
1) 배가 부르지만 더 먹고 싶어요.

2) 얼굴은 잘 알지만 이름은 모릅니다.
3) 바나나를 좋아하지만 배는 싫어해요.
4) 품질이 좋지만 값이 비싸요.
5) 방안은 따뜻하지만 밖은 추워요.

8.
1) 영화가 무서웠지만 재미있었어요.
2) 여행을 가고 싶지만 돈과 시간이 없어요.
3) 날씨가 좋지만 바람이 불어요.
4) 식당이 크지 않지만 음식이 맛있어요.
5) 대학교 생활이 피곤하지만 보람있어요.

9.
1) 저 여배우가 미인이군요.
2) 저 산이 참 높고 아름답군요.
3) 고속열차가 생겨서 서울에서 부산까지 정말 빠르군요.
4) 미선 씨는 한국요리를 정말 잘 만드는군요.
5) 여기는 겨울에 눈이 정말 많이 오는군요.

10.
1) 스케줄에 따라 움직여요.
2) 능력에 따라 월급을 받아요.
3) 식성에 따라 좋아하는 음식이 달라요.
4) 손님에 따라 다른 물건을 골라요.
5) 부모님 말씀에 따라 결정할 수 있어요.

11.
1) 내가 갔을 때 문이 열려 있었는데 사람은 없었어요.
2) 한국에 출장갔다가 지난 주에 돌아왔어요.
3) 밖에 바람이 불지만 춥지는 않아요.
4) 매일 이렇게 바쁘시군요.
5) 봄이 되면 캠퍼스 곳곳에 꽃이 피어 아주 아름다워요.

12.
1) 人们通过读书学到很多知识，体会到很多东西。
2) 按烹饪方法煮方便面就很容易了。
3) 我坐在窗前看来来往往的人。
4) 墙上挂着地图，茶几上放着花瓶。
5) 虽然人们想做的事情很多，但不可能全去做。

提高练习
1.
1) ⓔ 걸려 있는　　2) ⓒ 군요

221

3) ⓕ 앉아 있던 　　　　4) ⓓ 구나

5) ⓐ 다가 　　　　　　6) ⓑ 지만

2.

1) ② 물가는 계속 오르는데 우리의 월급은 오르 지 않아요.

2) ③ 영화를 다 못 보고 재미 없어서 나왔어 요.

3) ④ 너를 오래간만에 보네.

4) ① 사람들은 대화로 서로 이해할 수 있다.

5) ② 사람들은 때와 장소에 맞게 옷차림을 다 르게 할 때도 있다.

3.

생략

4.

1) ④ 여행

2) 경주에 있는 다보탑을 보기 위해 경주에 가고 싶어합니다.

3) ④ 공항에서 만나기 위해서

4) ① 리차드는 다시 한국에 올 것입니다.

5.

생략

제 9 과 인물소개 （人物介绍）

巩固练习

1.

1) ② 역사상　　　2) ③ 튼튼히

3) ④ 깊이　　　　4) ① 신나는

5) ② 열리는

2.

1) ⓑ 독창적　　　2) ⓒ 경제적

3) ⓔ 이상적　　　4) ⓕ 역사적

5) ⓖ 열정적　　　6) ⓓ 정치적

7) ⓗ 정신적　　　8) ⓐ 과학적

3.

1) 내 친구는 회사에 다닌다.

2) 수미 씨는 중국말을 중국사람처럼 잘 한다.

3) 신발이 참 편해 보인다.

4) 내일은 여기저기 많이 다니며 시장조사를

한다.

5) 겨울이 되니까 날씨가 점점 추워져서 옷을 많이 입어야 한다.

4.

1) 오늘은 비가 와서 방안이 어둡다.

2) 북경은 대련에서 멀다.

3) 그 한국영화를 보고 나는 마음이 슬프다.

4) 요즘은 회사일이 많아서 너무 바쁘다.

5) 오늘 그 사람의 행동이 너무 이상하다.

5.

1) 어제 나는 친구들을 집에 초대했다.

2) 아침을 먹지 않아 나는 아주 배가 고팠다.

3) 오늘 시험이 있었는데 어렵지 않았다.

4) 이 번 방학에는 부모님과 여행을 갔다 왔다.

5) 좋은 회사에 취직하기 위해 열심히 한국어를 공부했다.

6.

1) 그 영화 소개를 보니 참 재미있겠다.

2) 오늘 남자 친구 편지를 받아서 기분이 좋겠다.

3) 주말이어서 그 길이 복잡하겠다.

4) 그 가방이 무겁겠다.

5) 다음 주부터는 일이 많아서 바쁘겠다.

7.

1) 지금 그는 고등학교 학생일 거다.

2) 이 모임에 참가한 사람은 대부분이 대학생이다.

3) 내가 제일 가고 싶은 나라는 프랑스다.

4) 요즘 사람들이 선호하는 직업은 공무원이다.

5) 이 기차가 심양에 가는 기차다.

8.

1) 저분의 직업이 무엇인지 아세요?

2) 왕룡 씨가 왜 꽃을 샀는지 아세요?

3) 여권을 신청할 때 무엇이 필요한지 아세요?

4) 졸업식을 몇 시에 시작하는지 아세요?

5) 이 컴퓨터를 어떻게 사용하는지 아세요?

9.

1) 겨울방학은 아마 1 월 중순에 할 거예요.

2) 그건 잘 몰라요.

3) 잘 모르겠어요. 사전을 찾아 보세요.

4) 아마 8 시간 일 할 거예요.

5) 김민우 씨가 받았어요.

10.
1) 소풍을 갔[7]으면 좋겠어요.
2) 유능한 인재가 많을 거예요.
3) 항상 고마워요.
4) 한국영화가 많이 나왔으면 좋겠어요.
5) 한 번 사귀어 보겠어요.

11.
1) 그 여자애 정말 예쁘다!
2) 비가 너무 크게 오네!
3) 너무 잘 했어!
4) 작년 여름 어느 모임에서 그를 알았다.
5) 이 말을 한국어로 어떻게 말하는지 모르겠다.

12.
1) 那年冬天特别冷。
2) 男朋友送你礼物很高兴吧。
3) 我不知道他那时为什么发火。
4) 像今天这样的天最好在家睡个够。
5) 韩国的爱情片又感动人又有意思。

提高练习

1.

이수경 씨는 올해 대학을 졸업했다. 대학을 졸업하니까 결혼 생각도 하게 되었다. 수경 씨는 세 명의 남자를 알고 있는데 그 중 한 명과 결혼하려고 한다. 한 남자는 키가 크고 잘 생겼다. 그렇지만 성격이 좋지 않다. 다른 한 남자는 키가 크지 않고 평범하게 생겼다. 그렇지만 착하고 마음이 넓다. 마지막 남자는 뚱뚱하고 키가 크지 않다. 그렇지만 성격이 제일 좋고 같이 있을 때 제일 편하다. 수경 씨는 고민하고 있다. 어느 남자를 선택하면 좋을지 잘 모르기 때문이다. 세 사람의 장점을 합했으면 좋겠다.

2.
1) ① 아버지 같은   2) ② 늦겠다
3) ④ 어떻게 가는지   4) ② 막내로 태어나서
5) ③ 중국어처럼

3.
생략

---

[7] 소풍을 가다 (词组) 交游，野游

4.
1) 마이클은 중간 키에 체격이 좋으며 갈색 곱슬머리에 흰 살결, 갸름한 얼굴을 하고 있습니다.
2) 마이클의 옷차림은 다소 보수적입니다. 언제나 회색이나 짙은 남색 정장을 하는데 넥타이는 화려한 것을 맵니다. 특히 밝은 색 넥타이나 무늬가 있는 넥타이를 즐겨 맵니다.
3) 성격이 원만하고 사교적입니다.
4) 악기를 다루는 것과 운동을 하는 것일겁니다.

5.
생략

제 10 과 공항（机场）

巩固练习

1.
1) ② 마침   2) ③ 정도
3) ④ 끝내고   4) ② 작성해서
5) ③ 이해하려고

2.
1) ⓒ 피아노를 치고
2) ⓔ 비행기를 탑승해
3) ⓓ 일을 처리하는
4) ⓐ 실력이 는
5) ⓑ 계획을 세워야

3.
1) 이 서점에서 읽고 싶은 책은 만화책 뿐입니다
2) 이 도시에서 구경한 곳은 민속박물관 뿐입니다
3) 이 번 달에 시간이 있는 날은 세 번째 토요일 뿐입니다
4) 이 학교에서 만나야 할 사람은 고등학교 동창 뿐입니다
5) 이 식당에서 좋아하는 한국음식은 된장찌개뿐입니다

4.
1) 가: 커피 말고 다른 거 없어요?
2) 가: 빨간색 말고 검은색 없어요?
3) 가: 교실에 왕룽 씨 말고 다른 사람 없어요?
4) 가: 수요일 말고 다른날 만나면 안 돼요?

5) 가: 영어 말고 일본어 할 수 있어요?

5.
1) 아침에 일어나자마자 신문을 봐요.
2) 전화를 받자마자 밖으로 나갔어요.
3) 운전면허를 따자마자 차를 샀어요.
4) 제주도에 도착하자마자 한라산에 갔어요.
5) 차를 타자마자 잠을 잤어요.

6.
1) 취직하자마자 차를 샀어요.
2) 아침에 일어나자마자 회사에 갔어요.
3) 집에 가자마자 텔레비전을 켜요.
4) 도착하자마자 할게요.
5) 대학교에 입학하자마자 그 사람과 사귀었어요

7.
1) 회의를 하기 위해서 사람들이 모이기 시작했어요.
2) 가을이 되니까 낙엽이 지기 시작했어요.
3) 여기저기 예쁜 꽃이 피기 시작했어요.
4) 조금 전부터 아이가 울기 시작했어요.
5) 가을부터 태권도를 배우기 시작했어요.

8.
1) 친구 덕분에 일이 빨리 끝났어요.
2) 부모님 덕분에 해외유학을 갔어요.
3) 오빠 차 덕분에 학교에 빨리 왔어요.
4) 안내방송 덕분에 아이를 찾았어요.
5) 인터넷 덕분에 많은 정보를 알았어요.

9.
1) 열심히 준비한 덕분에 합격할 수 있었어요.
2) 친구가 알려 준 덕분에 찾아 왔어요.
3) 가족들이 잘 보살펴 준 덕분에 다 나았어요.
4) 여러분이 도와주신 덕분에 제가 성공할 수 있었어요.
5) 친구가 소개해 준 덕분에 이 일을 시작하게 되었어요.

10.
1) 나는 그를 한두 번 만났을 뿐 잘 알지 못해요.
2) 여기는 10월말부터 눈이 내리기 시작해요.
3) 나는 집에 도착하여 짐을 내려놓[8]자마자 친구를 찾으러 갔어요.

---

[8] 짐을 내려놓다 (词组) 放下行李

4) 이 몇해 동안 제가 작은 성적을 거둔[9] 것은 다 선생님 덕분입니다.
5) 빵 말고 다른 먹을 거 없어요?

11.
1) 多亏这手机, 很快就联系上了。
2) 我一说完她就开始哭起来了。
3) 我只是做了作为朋友应该做得事情, 请别说那样的话 (客套的话)。
4) 我本想送你更好的礼物, 钱不够了, 不好意思。
5) 多亏我认真做了就业准备, 终于进了这家大公司。

提高练习
1.
1) ⓓ 기 시작하여　　2) ⓔ 덕분에
3) ⓒ 자마자　　　　4) ⓕ -은 덕분에
5) ⓑ 말고　　　　　6) ⓐ 을 뿐

2.
1) ② 나는 사실인 것만 이야기 한다.
2) ④ 한국 친구가 도와 주었기 때문에 유학생활에 빨리 적응할 수 있었다.
3) ④ 해마다 이때부터 개나리가 피기 시작하고 만물이 소생한다.
4) ② 내가 방에 들어간 후 금방 전화가 울렸어요.
5) ③ 그 친구 밖에 다른 사람한테는 연락할 수 없어요?

3.
생략

4.
1) 런던에 연일 짙은 안개가 끼어 시야가 좋지 않은 관계로 출발이 지연 되었습니다.
2) ② 12 시간

5.
생략

제 11 과 음식, 맛 (饮食，味道)

巩固练习

---

[9] 성적을 거두다 (词组) 取得成绩

1.
1) ② 쉽게　　　　2) ③ 확실히
3) ④ 혼 났어요　　4) ② 급하게
5) ② 굉장히

2.
1) ⓔ 구수한　　2) ⓓ 맵고 ⓒ 달아요
3) ⓐ 실　　　　4) ⓕ 얼큰하니까
5) ⓑ 써야　　　6) ⓖ 입에 맞지 않아요

3.
1) 날씨가 얼마나 좋은지 몰라요
2) 노래를 얼마나 잘 부르는지 몰라요
3) 영화가 얼마나 재미있는지 몰라요
4) 시간이 얼마나 빠른지 몰라요
5) 몸이 얼마나 피곤한지 몰라요

4.
1) 그 선생님은 얼마나 친절한지 몰라요.
2) 퇴근시간에 교통이 얼마나 복잡한지 몰라요.
3) 하루에 커피를 얼마나 많이 마시는지 몰라요.
4) 그 만화 얼마나 재미있는지 몰라요.
5) 눈이 얼마나 많이 왔는지 몰라요.

5.
1) 서점에 가 보니까 좋은 책도 많고 좋은 음반도 많았어요.
2) 그 사람을 만나보니까 착하고 유머러스했[10]어요.
3) 새 카메라로 사진을 찍어 보니까 사진이 깨끗하고 좋았어요.
4) 한 선생님 강의를 들어 보니까 재미있고 배울 것이 많았어요.
5) ㅋ국요리를 만들어 보니까 재미있고 쉬웠어요

6.
1) 즐겁게 되었어요.　2) 살게 되었어요.
3) 이사하게 되었어요. 4) 노랗게 되었어요.
5) 사라지게 되었어요.

7.
1) 나: 2 년 동안.
　가: 일하게 되었어요.
　나: 친구소개로 아르바이트를 하게 되었어요.
2) 나: 1 년 넘게.

[10] 유머러스하다 (形) 幽默, 风趣

가: 오시게 되었어요.
나: 아이들이 중국어를 배워서 같이 오게 되었어요.
3) 나: 한 달 동안.
　가: 태권도를 배우게 되었어요.
　나: 한국 친구 소개로 배우게 되었어요.
4) 나: 3 년 동안.
　가: 사귀게 되었어요.
　나: 같이 수업을 듣다가 알게 되었어요.
5) 나: 5 년 넘게.
　가: 이 회사에 입사하게 되었어요.
　나: 면접시험을 봐서 들어오게 되었어요.

8.
1) 북쪽 기후에 비해서 남쪽 기후가 더 따뜻해요.
2) 이 사전에 비해서 저 사전이 설명이 더 구체적이에요.
3) 언니에 비해서 동생이 노래를 더 잘 해요.
4) 중국요리에 비해서 한국요리가 더 매워요.
5) 언니에 비해서 오빠가 성격이 더 좋아요.

9.
1) 매운 음식을 잘 먹는 편이에요.
2) 스포츠를 잘 하지는 못하지만 좋아하는 편이에요.
3) 바지보다 치마를 많이 입는 편이에요
4) 겨울에 다른 곳보다 눈이 많이 오는 편이에요
5) 옷을 많이 사서 돈을 잘 쓰는 편이에요

10.
1) ① 어른에 비하면
　ⓓ 아이들이 순수한 편이에요.
2) ② 도시에 비하면
　ⓐ 시골이 공기가 맑고 깨끗한 편이에요.
3) ③ 그의 능력에 비하면
　ⓔ 월급이 많은 편은 아니에요.
4) ④ 가격에 비하면
　ⓒ 상품이 좋지 않은 편이에요.
5) ⑤ 우리 정성에 비하면
　ⓑ 결과가 나쁜 편이에요.

11.
1) 그는 얼마나 기뻤는지 눈물까지 흘렸어요.
2) 방문을 열어보니 아무도 없었어요.
3) 저는 다음 달에 결혼하게 되었어요. 모두들 오셔서 저를 축복해 주실래요?
4) 그는 우리 학급에서 한국어를 제일 잘하는 편이에요.

225

5) 오늘 날씨는 어제에 비해서 조금 따뜻해진
편이에요.

12.

1) 这里的交通比以前算是好多了。
2) 弟弟比起哥哥性格外向又爱交际。
3) 我们是朋友介绍认识的，因性格差不多爱好
又一样，很快就坠入了爱河。
4) 韩国料理虽然辣，但味道清淡很合口味。
5) 他的举动不知有多讨厌，要是我弟弟早就发
火了。

提高练习

1.

1) ⓔ 은 편인데　　2) ⓐ 얼마나 슬픈지
3) ⓒ 게 되면　　　4) ⓓ 에 비하면
5) ⓑ 니까

2.

1) ③ 눈이 얼마나 많이 오는지 귀찮을 정도
예요.
2) ② 가서 보니까 괜찮았어요.
3) ④ 친구가 아르바이트를 소개해 주어서
회사에서 일하게 되었어요.
4) ③ 제가 동생에 비해서 성격이 급하고 사
교적이어서 그렇게 생각할 거예요.
5) ② 저는 밝은 색보다 어두운 색을 더 좋
아하는 편이에요.

3.

생략

4.

1) ③ 긴 겨울 동안 필요한 영양을 계속 공급 받
기 위해서
2) ② 요즘에는 가족의 수에 비해서 김장의 양이
많아졌다.

5.

생략

제 12 과 제주도 （济州岛）

巩固练习

1.

1) ② 막　　　　　　2) ③ 특히
3) ② 가장　　　　　4) ① 더
5) ④ 원래

2.

1) ⓐ 노란　　　　　2) ⓑ 바람 쐴
3) ⓓ 눈을 맞으　　　4) ⓔ 떨어뜨렸어요
5) ⓒ 붉게　　　　　6) ⓕ 줍던

3.

1) 이 식당은 설렁탕으로 유명하다.
2) 제주도는 아름다운 경치로 유명하다.
3) 한국은 IT 기술로 유명하다.
4) 중국 서안은 유구한 역사로 유명하다.
5) 한국 춘천[11]은 "겨울연가" 촬영지[12]로 유명
하다.

4.

1) 장미식당은 냉면을 잘하기로 유명하다.
2) 준석 씨는 춤을 잘 추기로 유명하다.
3) 그 선생님은 강의를 잘 하기로 유명하다.
4) 이 도서관은 건물이 아름답기로 유명하다.
5) 그 회사는 월급이 높기로 유명하다.

5.

1) 사회경험도 쌓을 겸 돈도 벌 겸 아르바이트를
하겠어요.
2) 한국어도 배울 겸 한국도 이해할 겸 한국
에 왔어요.
3) 바람도 쐴 겸 견문도 넓힐 겸 유럽에 갔다
왔어요.
4) 운동도 할 겸 취미생활도 할 겸 테니스를
많이 해요.
5) 아이들한테 공부 도 시킬 겸 피서도 할 겸
하와이로 가요.

6.

1) 아침을 먹고 올 걸 그랬어.
2) 음식을 조금 만들 걸 그랬어요.
3) 편한 옷을 입을 걸 그랬어.
4) 미리 컴퓨터를 배울 걸 그랬다.

---

[11] 춘천 (名) 春川 （韩国地名）
[12] "겨울연가" 촬영지
(名)《冬季恋歌》摄影地

5) 돈을 아껴 쓸 걸 그랬어요.

7.

1) 기차표를 미리 사 놓을 걸 그랬어요.
2) 옷을 많이 입고 나올 걸 그랬어요.
3) 조심할 걸 그랬어요.
4) 먹던 음식을 시킬 걸 그랬어요.
5) 선생님께서 내신 숙제를 미리 해 올 걸 그랬어요.

8.

1) 이 영화 볼까요?
2) 민우 씨가 오늘 올까요?
3) 저 사람이 선생님일까요?
4) 두 사람이 어떻게 살았을까요?
5) 버스와 지하철 중에 어느 것이 빠를까요?

9.

1) 교실을 청소할까요?
2) 매일 일기를 쓸까요?
3) 무슨 꽃을 살까요?
4) 무슨 옷을 입을까요?
5) 무슨 요리를 만들까요?

10.

1) 중국의 안휘성은 황산으로 세상에 유명합니다.
2) 선생님은 우리의 엄격한 스승겸 친근한 친구입니다.
3) 이렇게 아름다운 곳에 남자친구랑 같이 왔을 걸 그랬어요.
4) 이 번 생일에 내가 무슨 선물을 할까?
5) 한국어도 배울 겸 한국시장도 알아 볼 겸 한국에 유학 왔습니다.

11.

1) 韩国的内藏山以枫叶闻名，这次休假我们要不要一起去看看。
2) 我们以三夜四天的行程来韩国是想顺便购物了解一下韩国市场。
3) 要是现在知道的以前也知道就好了。
4) 我把这礼物送给他，他会露出怎样的表情呢？
5) 说得也是，秀美你也很困难，又拜托你这些可怎么才好啊。

提高练习

1.

1) ⓒ 걸 그랬어   2) ⓔ 겸
3) ⓐ 기로 유명한   4) ⓓ 일까요
5) ⓕ 로 유명한   6) ⓑ 을 겸

2.

1) ③ 그 친구는 우리 학과에서 운동을 잘 히기로 유명해요.
2) ② 돈도 벌 겸 사회경험도 쌓을 겸 방학에 아르바이트를 하려고 합니다.
3) ② 저도 같이 갈 걸 그랬어요.
4) ④ 열심히 했으니까 붙을 거예요.
5) ① 네, 저의 부모님은 가까운 친구 겸 선생님이에요.

3.

생략

4.

1) ① 월슨은 제주도에 여러번 가 봤습니다.
2) ③ 한라산은 그리 높지 않습니다.
3) 너무 기뻐서 아침도 먹을 수 없었습니다.

5.

생략

제 13 과 전화하기 2 （打电话 2）

巩固练习

1.

1) ③ 늘   2) ④ 도저히
3) ② 특별하게   4) ③ 거의
5) ④ 무척

2.

1) ⓔ 웬일   2) ⓕ 지시하신
3) ⓑ 옮겼기   4) ⓓ 발전하
5) ⓐ 가난하다   6) ⓒ 꺼진

3.

1) 수미 씨는 매일 6 시에 일어난다고 합니다.
2) 그들은 오늘 한국영화를 본다고 합니다.
3) 그는 아침에 빵을 먹는다고 합니다.
4) 아버지는 과장으로 승진하셨다고 합니다.

5) 오늘 수업은 빨리 끝난다고 합니다.

4.
1) 내 친구는 요즘 아주 바쁘다고 해요.
2) 한국어를 배우는 사람이 많다고 해요.
3) 그 사람은 가난하다고 해요.
4) 그 대학은 괜찮다고 해요.
5) 그의 고향은 아름답다고 해요.

5.
1) 여기는 대한항공이라고 해요.
2) 여기는 금연구역이라고해요.
3) 제가 좋아하는 한국드라마는 "파리의 연인"이라고 해요.
4) 설에 반드시 먹는 것을 떡국이라고 해요.
5) 태화전은 중국 최대의 목조건물이라고 해요.

6.
1) 내일 날씨가 추운데 뭘 입냐고 물었어요.
2) 언제 친구를 만나냐고 물었어요.
3) 누구와 같이 볼링을 치냐고 물었어요.
4) 어제 무엇을 먹었는데 배탈이 났냐고 물었어요.
5) 어디에 신혼 여행을 가냐고 물었어요.

7.
1) 거기는 날씨가 맑냐고 물었어요.
2) 설악산은 지금 단풍이 빨갛냐고 물었어요.
3) 고속철도가 빠르냐고 물었어요.
4) 그 다리가 위험하냐고 물었어요.
5) 이 김치 맵냐고 물었어요.

8.
1) 이건 언제 지은 건물이냐고 물었어요.
2) 한국사람이냐고 물었어요.
3) 저 사람이 인기가수냐고 물었어요.
4) 저기 저 책은 누가 빌린 책이냐고 물었어요.
5) 테니스는 제일 좋아하는 운동이냐고 물었어요.

9.
1) 어제 본 영화가 슬펐다고 했어요.
2) 친구 집에서 밥을 너무 많이 먹었다고 했어요.
3) 그 가수는 그때 인기가수였다고 했어요.
4) 그 사람을 만나면 꼭 이 이야기를 하겠다고 했어요.
5) 한국에 있을 때 생맥주집에 간 적이 있었다고

했어요.

10.
1) 언제 부모님께 편지를 쓰겠냐고 물었어요
2) 언제 이 많은 것을 다 준비했냐고 물었어요.
3) 지하철이 택시보다 빨랐냐고 물었어요.
4) 언제 한국에 왔냐고 물었어요.
5) 그 기쁜 소식을 들었을 때 기분이 어땠냐고 물었어요.

11.
1) 정은 씨에게 시간이 되면 같이 여행가자고 했어요.
2) 여러분께 오늘 같이 한국노래를 배워 보자고 했어요.
3) 미영 씨에게 시간이 있으니까 너무 서두르지 말자고 했어요.
4) 정혁 씨에게 내일 같이 시장에 가서 옷을 사자고 했어요.
5) 정민 씨에게 그 음식점에 전화를 해서 예약을 하자고 했어요.

12.
1) 민우 씨에게 사전 좀 빌려 달라고 했어요.
2) 영숙 씨에게 저 버스를 타라고 했어요.
3) 아저씨에게 저 약국 앞에서 오른쪽으로 가라고 했어요.
4) 철수 씨에게 이 편지를 주라고 했어요.
5) 안나 씨에게 내일은 쉬는 날이니까 학교에 오지 말라고 했어요.

13.
1) 동생은 나에게 이 책이 재미있냐고 물었어요.
2) 동창이 저녁에 같이 식사하자고 했는데 일이 있어 못 간다고 했어요.
3) 어머니는 나에게 수업이 끝난 후 빨리 집에 오라고 했어요.
4) 왕단 씨는 시간이 있으면 태권도를 배우고 싶다고 했어요
5) 일기예보에서 오늘 비(가) 온다고 했어요?

14.
1) 秀美给男朋友打电话问健康情况如何?
2) 妈妈望了一下天空说好像要下雷阵雨。
3) 很多人说有时间和金钱的话,想周游世界。
4) 正民说今天有很多事要做让我早点儿来。
5) (他) 说可能赶不上汽车让我 (们) 早点儿出发。

提高练习

1.

1) 가: 비가 온다.
   나: 등산 가자.
   가: 가지 말자.
2) 나: 이번 주 토요일에 간다.
   나: 괜찮다.
3) 가: 같이 가겠냐.
   나: 가겠다.
   가: 5시에 만나자.

2.

1) 성호가 축구 구경 가자고 하니까 민우 씨가 축구 말고 야구구경 가자고 했다.
2) 정호가 설악산에 가 본적이 있냐고 물으니까 마이클이 작년 가을에 한 번 가 봤다고 대답했다.
3) 아들이 비가 올 것 같다고 하니까 어머니가 나가지 말고 집에서 공부나 하라고 했다.
4) 우혁 씨가 올 때 사진기 좀 가져오라고 하니까 민우 씨가 사진기는 어디에 쓸 거냐고 물었다.
5) 아버지가 오늘 너무 피곤하다고 하니까 어머니가 정민이더러 운전하라고 했다.

3.

마이클: 바바라, 지금 뉴델리 기온이 얼마 쯤 돼?
바바라: 아마 최고기온이 38도 쯤 될 걸.
마이클: 그럼 최저기온은 얼마야?
바바라: 최저기온도 30도는 될거야.
마이클: 너무 덥구나. 지금 뉴욕도 여름이지만 그 정도는 아니야. 그렇게 더우면 어떻게 지내?
바바라: 나무 그늘에 앉아 있거나 수영을 많이 하거나 하면서 지내.

4.

1) ② 잊혀져
2) ① 연락을 해야겠다
3) ④ 아는 사람과 연락이 끊기는 것은 게으름 때문이다.

5.

생략

제14과 물건사기 2 (买东西 2)

巩固练习

1.

1) ⓒ 그루   2) ⓔ 켤레
3) ⓖ 채   4) ⓑ 다발
5) ⓕ 대   6) ⓐ 송이
7) ⓚ 편   8) ⓓ 단
9) ⓙ 갑   10) ⓗ 봉지
11) ⓘ 벌

2.

1) ⓒ 말랐네   2) ⓑ 모르는
3) ⓔ 고르   4) ⓓ 흘렸어요
5) ⓐ 게을러서

3.

기본	-아/어/	-아/어/	-았/었/였습니	-아/어/
고르	골라서	골라요	골랐습니다	골라야
나르	날라서	날라요	날랐습니다	날라야
자르	잘라서	잘라요	잘랐습니다	잘라야
가르	갈라서	갈라요	갈랐습니다	길러야
다르	달라서	달라요	달랐습니다	달라야
마르	말라서	말라요	말랐습니다	말라야
모르	몰라서	몰라요	몰랐습니다	몰라야
들르	들러서	들러요	들렀습니다	들러야
바르	발라서	발라요	발랐습니다	발라야
부르	불러서	불러요	불렀습니다	불러야
빠르	빨라서	빨라요	빨랐습니다	빨라야
오르	올라서	올라요	올랐습니다	올라야
서투	서둘러	서둘러	서둘렀습니다	서둘러
이르	일러서	일러요	일렀습니다	일러야
지르	질러서	질러요	질렀습니다	질러야
흐르	흘러서	흘러요	흘렀습니다	흘러야

4.

1) 가: 이 생선 한 마리에 얼마예요?
   나: 한 마리에 4,500원이에요.
2) 가: 이 배추 한 포기에 얼마예요?
   나: 한 포기에 1,000원이에요.
3) 가: 이 구두 한 켤레에 얼마예요?
   나: 한 켤레에 45,000원이에요.

4) 가: 이 커피 한 잔에 얼마예요?
　　나: 한 잔에 4,500 원이에요.
5) 가: 이 화장품 한 세트에 얼마예요?
　　나: 한 세트에 47,600 원이에요.
6) 가: 이 장미 한 다발에 얼마예요?
　　나: 한 다발에 58,000 원이에요.

5.
1) 잘 치기는요. 그냥 그래요
2) 멋있기는요. 그냥 살기 편해요
3) 좋기는요. 그냥 만들 줄만 알아요
4) 한가하기는요. 중국어공부를 시작했어요
5) 미안하기는요. 저도 부탁해서 미안했어요

6.
1) 일요일에 서점에 가서 200 원어치 한국어 책을 샀어요.
2) 오늘 이렇게 헤어지면 어느 세월에 또 만날 수 있을까요?
3) 고맙기는요. 친구사이에 이런 일도 도와주지 못 하겠어요?
4) 생활비는 하루에 적어도(최저) 50 원은 써야 합니다.
5) 잘 몰라서 그렇게 말한 거니까 너무 화 내지 마세요.(신경 쓰지 마세요).

7.
1) 我买几百块钱的衣服这次还是头一次。
2) 做菜好什么呀！只会煮方便面。
3) 我们学校的正门两旁各有一棵松树。
4) 去济州岛旅行两夜三天需韩币 25 万元。
5) 父母是用爱心抚育我长大的。

提高练习

1.
1) ⓓ 어치　　　　　2) ⓕ 어 보다
3) ⓒ 기는요　　　　4) ⓐ 짜리
5) ⓖ 여 주다　　　　6) ⓑ 에
7) ⓔ 말고

2.
1) ① 잘하기는요.
2) ③ 제주도 귤이 맛있는 거는 아는데 좀 더 싸지면 살게요.
3) ② 만원어치 주세요.
4) ③ 여기는 가고 오기가 힘들어서 사람들이 많이 안 와요.

5) ① 핑크색 말고 검은색은 없어요?

3.
생략

4.
1) ④ 유행하는 물건을 살 수 있기 때문에
2) ① 동대문시장은 밤에만 문을 연다.

5.
생략

제 15 과 이화원（颐和园）

巩固练习

1.
1) ④ 약　　　　　2) ② 그대로
3) ③ 아마　　　　4) ③ 처음
5) ④ 꼭

2.
1) ⓒ 낙제하　　　2) ⓔ 싫증이 나
3) ⓑ 개방되고　　4) ⓕ 취해서
5) ⓓ 멀미가 날　　6) ⓐ 세워졌다

3.
1) 하나도 못 해요.
2) 하나도 안 피곤해요.
3) 하나도 기억이 안 나요.
4) 한 사람도 없었어요.
5) 한국에 대해 하나도 몰랐어요(하나도 관심 없었어요).

4.
1) 먼저 시작하면 됩니다.
2) 그걸 부르면 됩니다.
3) 열심히 노력하면 됩니다.
4) 그가 자주 가는 열람실에 가면 될 겁니다.
5) 그럼 일찍 자면 되겠네요.

5.
1) 가: 외국사람이 가 볼 만 한 곳 있어요?
　　나: 인사동이 가 볼 만 해요.
2) 가: 중국사람이 먹을 만한 한국요리 있어요?

나: 삼계탕이 먹을 만 해요.

3) 가: 고향에서 자랑할 만 것 있어요?
   나: 과일이 자랑할 만 합니다.

4) 가: 요즘 볼 만한 영화 있어요?
   나: "신화"가 볼 만 해요.

5) 가: 그 일 맡길 만한 사람 있어요?
   나: 수미 씨에게 맡길 만 해요.

6.

1) 경극 (북경 오페라)[13]을 소개할 만 합니다
   / 다도(茶道)를 소개할 만 합니다

2) 기념품 보다 토산물을 사 올 만 합니다

3) "당대한국"을 읽을 만 합니다.

4) 신승훈[14]의 노래를 들을 만 합니다

5) 김수진 학생을 추천할 만 합니다

7.

1) 그 사람은 돈이 많아도 안 써요.

2) 그 책을 여러 번 읽었어도 무슨 뜻인지
   모르겠어요.

3) 감기에 걸렸는데 약을 먹어도 낫지 않습니다.

4) 한국말이 어려워도 끝까지 배우겠습니다.

5) 며칠 쉬어도 피곤해요.

8.

1) 아무리 바빠도 아침은 먹어요.

2) 아무리 생각해도 생각나지 않아요.

3) 아무리 비싸도 사전은 사야 해요.

4) 아무리 읽어도 잘 이해 안 되는 부분이
   있어요.

5) 아무리 가기 싫어도 병원에는 가야 합니다.

9.

1) 다른 일이 좀 있거든요.

2) 쓰던 가방이 낡았거든요.

3) 면접시험에 합격했거든요.

4) 어제 잠을 못 잤거든요.

5) 여자 친구가 선물을 사 달라고 했거든요.

10.

1) 그는 병이 난 후 지난 일을 하나도 기억하지
   못 했어요.

2) 노력하면 누구나 한국어를 잘 할 수 있습니다.

3) 볼 만한 한국 드라마 좀 추천해 주세요.

---

[13] 경극(북경 오페라) (名)京剧
[14] 신승훈 (名)申胜勋 (韩国歌手)

4) 아무리 설득해도 그는 생각을 고치지않습니
   다.

5) 이렇게 많은 요리를 저 혼자서 만들었거든요.

11.

1) 教室里一个人都没有，都到哪儿去了呢？

2) 我认为那件事值得做才做的，你别再说别的。

3) 你再怎么生气也不能说出那种话呀！

4) 别的已经准备就绪了，就等秀美你来了。

5) 你不是说这种事一点儿都不会做嘛，怎么做
   得这么好？

提高练习

1.

1) ⓓ 면 돼요   2) ⓐ 거든요

3) ⓒ 을만 한   4) ⓔ 여도

5) ⓑ 하나도 없으

2.

1) ③ 읽을 가치가 있다.

2) ④ 비쌀 수 있어도

3) ③ 조금만 더 기다려야 한다.

4) ② 일찍 일어나야 하기 때문에

5) ① 믿을 수 있는 사람이 전혀 없다.

3.

생략

4.

1) 서울은 한반도의 중앙에 위치하고 있으며
   한강을 사이에 두고 남북으로 길게 뻗어
   있다.

2) 서울은 봄, 여름, 가을, 겨울의 사계절이
   뚜렷하다. 7월의 평균 기온은 24.6℃이고
   1월의 평균기온은 -3.4℃로 대륙성 기후
   를나타낸다. 6월 중순부터 한달동안은 비
   가 계속해서 내리는 장마인데 이 기간의
   강수량은 전체의 58%를 차지 한다.

3) 많은 교육기관, 도서관, 박물관, 연구기관,
   언론기관 그리고 스포츠 시설과 문화시설
   이 집중되어 있기 때문에 서울은 정치,경
   제, 사회 문화의 중심지로 불린다.

4) 서울은 대중교통이 발달되어 있고 소규모
   시장에서 대규모 백화점까지 다 갖추고
   있어 교통과 상업의 중심지로 되었다.

5.
생략

제 16 과 은행（银行）

巩固练习

1.
1) ② 가능하면　　2) ③ 혹시
3) ③ 새로　　4) ③ 언제든지
5) ② 좀

2.
1) ⑧ 문의사항　　2) ⓓ 지폐
3) ⓕ 비밀번호　　4) ⓒ 수표
5) ⓑ 서명　　6) ⓔ 현금
7) ⓐ 수수료

3.
1) 중국어를 한국어로 번역해 주세요.
2) 2 시를 3 시로 변경해 주세요.
3) 흰색 옷을 빨간 색으로 바꿔 주세요.
4) 영어전공을 한국어전공으로 바꾸었어요.
5) 모임장소를 이 건물에서 옆 건물로 옮겼어요.

4.
1) 한복을 입으려고 고무신을 사요.
2) 한국역사를 공부하려고 한자를 배우고 있어요.
3) 돈을 예금하려고 은행에 갔어요.
4) 택시를 잡으려고 30 분 동안 기다렸어요.
5) 부모님께 드리려고 선물을 샀어요.

5.
1) 회사가 너무 멀어서 자동차를 사려고 합니다.
2) 건강이 너무 나빠져서 운동을 하려고 해요.
3) 한국노래가 듣기 좋아서 배우려고 합니다.
4) 오랫동안 친구를 못 나서 만나러 가려고 합니다.
5) 오늘이 여자 친구 생일이어서 여자 친구에게 주려고 샀어요.

6.
1) 그가 사귀는 사람은 일본사람이 아니라 중국사람이에요.
2) 이것은 내가 산 물건이 아니라 친구가 산 물건이에요.
3) 이 자동차는 새로 산 것이 아니라 2 년 된 자

동차예요.
4) 내 남자 친구는 의사가 아니라 변호사예요.
5) 내가 여행한 곳은 미국이 아니라 유럽이에요.

7.
1) 시험지에다가 이름을 썼어요.
2) 수첩에다가 전화번호를 썼어요.
3) 커피에다가 설탕을 넣었어요.
4) 벽에다가 달력을 걸었어요.
5) 바닥에다가 휴지를 버렸어요.

8.
1) 전화 요금은 은행이나 우체국에다가 냅니다.
2) 이 약은 다리에다가 바르는 겁니다.
3) 지금 학교에다가 전화합니다.
4) 쓰레기는 휴지통에다가 버려 주세요.
5) 커피에다가 보통 우유만 넣습니다.

9.
1) 무슨 음식이든지 맵지 않은 것이면 됩니다.
2) 어느 식당이든지 깨끗하면 됩니다.
3) 어떤 사람이든지 이 일을 할 수 있으면 됩니다.
4) 어느 학교든지 뭔가 배울 수 있으면 됩니다.
5) 언제든지 연락만 해 주시면 됩니다.

10.
1) 우리가 만나기로 약속한 피자헛은 그쪽이 아니라 동대문 근처에 있는 것입니다.
2) 그의 책상 위에다 메모(쪽지)를 남겨 놓았어요.
3) 언제 어디서든지 우리의 우정은 영원할 것입니다.
4) (당신을) 마중하려고 나갔는데 못 봤어요?
5) 이 글을 일본어로 번역해 주세요.

11.
1) 水冻成冰又化成水了。
2) 我告诉他消息去了，可他却不在家。
3) 不是哥哥爱交际，而是弟弟性格外向，爱交际。
4) 你别把那件事放在心上，赶紧忘掉吧。
5) 谁都希望自己能够尽情地相爱、幸福地生活。

提高练习

1.
1) ⓒ 에다가　　2) ⓔ 이 아니라
3) ⓑ 든지　　4) ⓓ 려고
5) ⓐ 으로

2.

1) ③ 우정을 지키다가 사랑을 하게 되었다.

2) ④ 논문자료를 찾으러 도서관에 갔다.

3) ② 어제는 목요일이고 오늘은 금요일이다.

4) ② 우유 속에 꿀을 넣어 먹겠다.

5) ③ 어떤 회사나 나한테 맞으면 입사하겠다.

3.

1) 지금 <u>유학하러</u> (하려고) 서류를 준비하고 있어요.

2) 이 지도를 벽<u>에서다</u> (벽에다가) 걸어 주세요.

3) 술을 안 <u>마시지</u> (마시는 것이) 아니라 못 마셔요.

4) <u>누가든지</u> (누구든지) 오라고 해 주세요.

5) <u>편지든지</u> (무엇이든지) 다 괜찮아요.

4.

1) 외국인은 외국인등록증이나 여권을 준비해야 합니다.

2) 은행에 가서 제일 먼저 "은행거래신청서"를 썼는데 거기에다가 이름과 주소, 비밀번호 등을 썼습니다.

3) 먼저 카드를 넣고 비밀번호를 누릅니다. 그 다음에 금액을 누릅니다.

5.

생략

제 17 과 미장원, 이발소

（美容院，理发店）

巩固练习

1.

1) ② 단정하게   2) ③ 어울려요

3) ② 우선   4) ③ 절대로

5) ④ 대신

2.

1) ⓕ 파마해   2) ⓒ 다듬

3) ⓑ 잘라   4) ⓔ 감아요

5) ⓐ 헹구어(서)   6) ⓓ 손질하

3.

1) ① 시간이 없으니까

ⓒ 택시를 타는 게 좋겠어요.

2) ⑤ 모르는 것이 있으면

ⓐ 선생님께 질문하는 게 좋겠어요.

3) ② 은행에 사람이 많을 때는

ⓓ 현금카드를 이용하는 게 좋겠어요.

4) ④ 면접을 보려면

ⓑ 정장을 입는 게 좋겠어요.

5) ③ 집안 공기가 안 좋으면

ⓔ 창문을 여는 게 좋겠어요.

4.

생략

5.

1) 수술하는 것보다 약물치료를 하는게 더 좋아요.

2) 작은 구두보다 좀 큰 구두를 사는 게 좋아요.

3) 목이 마를 때는 아리스크림보다 물을 마시는 게 좋아요.

4) 이 시간에는 버스보다 지하철을 타는 게 좋아요.

5) 돈지갑보다 꽃을 선물하는 게 좋아요.

6.

1) 은행에 가는 김에 환율 좀 확인해 주세요

2) 지난 주에 동생 옷 사는 김에 제 옷도 하나 샀어요

3) 그래요. 여기 온 김에 친구들도 만나야죠.

4) 오랜만에 만난 김에 하고 싶은 얘기 다 했어요.

5) 맥주를 사는 김에 아침에 먹을 빵도 샀어요.

7.

1) 요즘 건강해 보여요

2) 걱정이 있어 보여요

3) 나이가 어려 보여요.

4) 까만색 옷을 입으니까 날씬해 보여요.

5) 높은 구두를 신으니까 키가 커 보여요.

8.

1) 내용이 좋아 보이고 어렵지 않은 것 같아요.

2) 매워 보이고 맛 없을 것 같아요.

3) 기분이 좋아 보이고 친절하셨어요.

4) 집이 커 보이고 더 밝아요.

5) 착해 보이고 좋았어요.

9.

1) 7월 아니면 8월이에요.

2) 이거 아니면 저것일 거예요.

3) 한국요리 아니면 중국요리 먹어요.

4) 파란색 아니면 흰색을 좋아했어.

5) 오렌지 주스[15] 아니면 녹차 주세요.

10.

1) 그가 배우려고 하는 것은 일본어 아니면 한국어예요.

2) 수미 씨가 산 선물은 지갑 아니면 넥타이예요.

3) 철수 씨는 그 영화를 두 번 아니면 세 번 봤어요.

4) 부모님은 9월 아니면 10월에 여행 가셨어요.

5) 선생님이 추천해 주신 책은 이 책 아니면 저 책이에요.

11.

기본형	-아/어/여서	-아/어/여요	-았/었/였습니다	-아/어/여야
낫다	나아서	나아요	나았습니다	나아야
붓다	부어서	부어요	부었습니다	부어야
긋다	그어서	그어요	그었습니다	그어야
젓다	저어서	저어요	저었습니다	저어야
잇다	이어서	이어요	이었습니다	이어야
젓다	저어서	저어요	저었습니다	저어야

12.

1) 오늘은 너무 늦었으니까 내일 가는 게 좋겠어.

2) 오늘 무슨 좋은 일 있어? 기분이 좋아 보여.

3) 그날 내가 옷을 산 가게는 이 집 아니면 저 집이야 들어가 보자.

4) 집에 돌아가서 밥 해야겠다.

5) 집에 가는 김(길)에 저 좀 태워 주세요.

13.

1) 我想还是问问其他人的想法再做决定为好。

2) 既然来了就多玩几天吧。

3) 你烫发简直年轻了十岁。

4) 决定这周或下周同学聚会。

5) 昨天哭多了，眼睛都肿了。

---

[15] 오렌지 주스 (名) 橙汁

提高练习

1.

1) ⓐ 김에　　2) ⓓ 아니면

3) ⓔ 아니라　　4) ⓑ 여 보였

5) ⓒ 는 게 좋

2.

1) ③ 연설대회가 열리는 날은 수요일과 목요일 중 하나이다.

2) ② 부엌을 수리하면서 화장실도 함께 고쳤다.

3) ④ 미장원에서 머리를 하니 열 살이 젊어진 것 같다.

4) ② 시간을 절약하기 위해 대중 교통수단을 이용할까 생각한다.

5) ② 머리를 감을 때는 샴푸가 아니라 비누로 감는다.

3.

1) 그 문제는 쉬어 보였는데 (쉬워 보였는데) 풀어 보니 결코 쉽지 않았어요.

2) 독감에 걸렸는데 한 주일이 지나서 낫았어요 (나았어요).

3) 오늘 내일 모두 비가 온다고 하니까 체육대회를 연기하는 게 좋을까 (좋지 않을까) 생각해요.

4) 이야기를 꺼낸 길에 (김에) 하고 싶은 이야기를 다 했어요.

5) 수미 씨는 내 여자 친구 아니면 (여자 친구가 아니라) 민우 씨 여자친구예요.

4.

1) ④ 샴푸 대신 비누로 머리를 감는다.

2) 머리를 빨리 자라게 하기 위해 많이 섭취해야 하는 영양은 단백질이 부한 식품을 많이 먹는 것이 좋다. 계란이나 두부, 된장국 같은 것을 많이 먹으면 좋다.

3) 머리를 빨리 자라게 하는데 제일 좋은 방법은 자기 머리를 소중히 여기는 마음이다. 지나치게 머리에 스트레스를 주지 않고 편하게 해주는 것이다.

5.

생략

제 18 과 금강산 (金剛山)

巩固练习

1.
1) ② 속
2) ③ 여러 가지
3) ④ 그림처럼
4) ④ 제일
5) ② 웅장한

2.
1) ⑧ 해돋이
2) ⓒ 봉우리
3) ⓑ 바위
4) ⓕ 폭포
5) ⓓ 절벽
6) ⓐ 모양을 하다
7) ⓔ 경치도 좋고

3.
1) 여기도 눈이 오기는 하는데 그리 크지 않아요
2) 스키를 타긴 하는데 자주 타지 못해요
3) 저 옷이 마음에 들기는 하는데 너무 비싸요
4) 한국신문을 매일 읽기는 하는데 이해하기 어려워요
5) 담배를 피우기는 하는데 가끔 피워요

4.
1) 날씨가 덥기는 하지만 바람이 불어요
2) 얼굴이 무섭기는 하지만 아이들과 잘 놀아요
3) 한국어 공부가 재미있기는 하지만 어려워요
4) 오늘도 춥기는 하지만 어제보다 덜 추워요
5) 영화를 보는 사람이 많기는 했지만 영화표를 살 수 있었어요

5.
1) 모르는 사람이긴 하지만 친절하게 말해요
2) 작아진 구두이긴 하지만 버리지 않아요
3) 비오는 날이긴 하지만 사진을 많이 찍었어요
4) 시골이긴 하지만 도시와 같아요
5) 겨울방학이긴 하지만 학교에 사람이 많아요

6.
1) 매운 음식을 좋아하기는 하지만 잘 못 먹어요.
2) 소설책 읽는 것을 좋아하기는 하지만 읽을 시간이 없어요.
3) 운전할 줄 알기는 하지만 잘 못 해요.
4) 어렵기는 하지만 재미있을 것 같아요.
5) 한국문화를 좀 알긴 하지만 많이 알지는 못해요.

7.
1) 철수는 똑똑할 뿐만 아니라 마음씨도 착하다.
2) 마이클은 운동을 잘 할 뿐만 아니라 노래도 잘 부른다.
3) 내가 그 계획을 반대했을 뿐만 아니라 다른 사람들도 그 계획을 반대했다.
4) 도시는 살기 편할 뿐만 아니라 일자리도 구하기 쉽다.
5) 그곳은 여행비용이 쌀 뿐만 아니라 아름다운 경치를 볼 수 있다.

8.
1) 지금 다니는 회사는 클 뿐만 아니라 인재들이 많아요.
2) 어제 놀러 간 바닷가는 깨끗할 뿐만 아니라 사람들도 적었어요.
3) 요즘 배우는 한국어는 재미있을 뿐만 아니라 실용적이에요.
4) 요즘 이곳 날씨는 맑을 뿐만 아니라 바람도 없어요.
5) 지금 사귀는 남자 친구는 잘 생겼을 뿐만 아니라 착해요.

9.
1) 심심하니까 영화나 봅시다.
2) 배가 고프니까 점심이나 먹읍시다.
3) 시험이 있으니까 공부나 합시다.
4) 날씨가 좋으니까 등산이나 합시다.
5) 시간이 있으니까 한국노래나 배웁시다.

10.
1) 그는 한국요리를 만들고 싶어한다.
2) 수미는 한국에 유학 가고 싶어한다.
3) 철수는 좋은 회사에 취직하고 싶어한다.
4) 정민은 크리스마스를 여자 친구와 같이 보내고 싶어한다.
5) 민정이는 돈이 많은 부자 말고 행복한 사람이 되고 싶어한다.

11.
1) 편하고 예쁜 옷을 사고 싶어요.
2) 여자 친구는 장미꽃을 받고 싶어해요.
3) 저는 멜로영화가 보고 싶어요.
4) 민우 씨는 변호사가 되고 싶어해요.
5) 여동생은 회사에 다니고 싶어해요.

12.

1) 이 책은 아주 재미있는가 봐요.
2) 지금 밖에는 비가 오는가 봐요.
3) 요즘 아이들은 책을 안 읽는가 봐요.
4) 신발이 너무 큰가 봐요.
5) 그 사람은 아직 학생인가 봐요.

13.

1) 비행기가 빠르기는 하지만 저는 아직 학생이어서 경제 여건이 허락하[16]지 않아요.
2) 외국어를 잘 배우려면 듣기, 말하기 뿐만 아니라 읽기, 쓰기능력도 신장시켜야[17] 해요.
3) 커피가 없으면 차나 한 잔 주세요.
4) 많은 사람들이 그 회사에 입사하고 싶어서 경쟁이 치열해요.
5) 두 사람은 서로 모르는가 봐요.

14.

1) 看他脸红了，看来在很多人面前进行说明很尴尬。
2) 老人们很想和年轻人交流，但这种机会不多。
3) 他不但懂容易的单词，还懂很多比较难的词汇。
4) 我见是见到他了，但没能说很多话。
5) 妈妈肯定会说不行，但我想说说看看。

提高练习

1.

1) ⑧ 뿐만 아니라
2) ⓔ 은가 봐
3) ⓑ 기는 하지만
4) ⓕ 고 싶어했지만
5) ⓐ 나
6) ⓒ 을 뿐만 아니라
7) ⓓ 는가 보다

2.

1) ① 영순 씨는 가정에서나 직장에서나 모두 칭찬 받는다.
2) ② 복사기를 쓰니까 편하기는 하지만 다른나쁜 점도 있다.
3) ④ 심심해서 영화나 보려고 한다.

4) ④ 우리 아들은 변호사가 되려고 했다.
5) ③ 조용해졌는데 아이들이 자나 보다.

3.

생략

4.

1) ③ 한라산-지리산-설악산
2) ① 한국 동해안
3) 설악산은 일년 가운데 다섯 달은 눈에 쌓여 있으므로 설악이라고 불려진다.
4) 설악산은 봄의 진달래, 초여름의 신록, 가을의 단풍, 그리고 겨울의 설경으로 유명하다.

5.

생략

제 19 과 천단（天坛）

巩固练习

1.

1) ④ 가까이 　　2) ② 자세히
3) ③ 각각 　　　4) ① 비슷하게
5) ② 상징한다

2.

1) ⑧ 답장을 하는 　　2) ⓕ 운이 좋았
3) ⓒ 제사를 지내 　　4) ⓔ 숨이 차서
5) ⓐ 굽이 높은 　　　6) ⓑ 신경질이 나서
7) ⓓ 교통이 붐빈다

3.

1) 오늘은 제가 낼 테니까 다음에 사 주세요.
2) 같이 갈 테니까 5 분만 기다려 주세요.
3) 입어 볼 테니까 한 번 봐 주세요.
4) 제가 연락해 볼 테니까 너무 걱정하지 마세요.
5) 내가 빌려 줄 테니까 사지 마세요.

4.

1) 내가 한국요리를 만들 테니까 좀 도와 주세요.
2) 내가 티켓[18]을 살 테니까 수미 씨는 음료수

---

[16] 경제여건이 허락하다 （词组）经济条件允许
[17] 신장시키다 （他）提高

[18] 티켓 （名）票

를 사세요.

3) 내가 좋은 일자리를 소개해 줄 테니까 한 번 가 보세요.

4) 내가 전화를 해 볼 테니까 잠깐만 기다려요.

5) 숙제를 내일 낼 테니까 한 번만 봐 주세요.

5.

1) 약을 먹었는데도 병이 길 낫지 않는다.

2) 된장찌개가 매운데도 아이들이 잘 먹는다.

3) 겨울인데도 봄옷을 입고 다니는 사람이 있다.

4) 편지를 쓴 지 한달이 되었는데도 답장이 오지 않는다.

5) 비가 내리는데도 밖에서 운동하는 사람이 많다.

6.

1) 열심히 연습했는데도 아직 좋지 않아요.

2) 어제 일찍 잤는데도 오늘 피곤해요.

3) 약을 먹고 주사를 맞았는데도 열이 높아요.

4) 방학을 했는데도 고향에 가지 못 했어요.

5) 저는 한국노래를 좋아하는데도 잘 부르지 못 해요.

7.

1) 일찍 자고 일찍 일어나야겠습니다.

2) 한국어 어휘량을 늘이기 위해 매일 단어를 외워야겠습니다.

3) 아르바이트를 해서 학비를 벌어야겠습니다.

4) 일을 끝낼 때 한 번 더 확인해야겠습니다.

5) 어두워 지니까 이제 불을 켜야겠습니다.

8.

1) 고등학교 때 교복을 입었었습니다.

2) 그 병원에 입원했었습니다.

3) 어제 선생님 댁에 전화를 했었습니다.

4) 5 년 전까지 은행에 다녔었습니다.

5) 한국에 살 때 신촌에서 하숙했었습니다.

9.

1) 지난 주에 왔었습니다

2) 대학교 때 한국말을 배웠었어요.

3) 고등학교 때 탔었어요.

4) 한국 친구한테서 조금 배웠었어요.

5) 친구와 같이 지난 주에 먹었었어요.

10.

1) 어제 교실에서 불렀던 노래예요.

2) 제가 졸업식 때 입었던 옷입니다.

3) 지난 번에 우리 집에 왔던 아이가 제 조카입니다.

4) 아침에 버스에서 만났던 사람이 내 선배다.

5) 지난 번에 여행 갔던 곳은 유명한 관광지입니다.

11.

1) 아까 왔던 친구가 앉아 있었어요.

2) 지난 번에 갔던 식당에 가요.

3) 그 선생님은 고등학교 때 저를 가르쳤던 선생님이십니다.

4) 이 노래는 저희가 대학교 때 즐겨 불렀던 노래입니다.

5) 이 백화점은 제가 이 근처에 살 때 자주 왔던 곳입니다.

12.

1) 제가 천천히 읽을 테니까 잘 들어 보세요.

2) 조심하라고 했는데도 또 실수 했군요.

3) 곧 시험이니 열심히 복습해야겠다.

4) 봤던 한국 드라마 중에 어느 것을 제일 좋아해요?

5) 그는 아주 착한 사람이었습니다.

13.

1) 天天清扫还堆这么多灰尘。所以人们常说家务活没完没了。

2) 我们送货上门，您可以随时打电话过来。

3) 没时间了，今天必须得做完才能睡觉。

4) 曾经那么炽热地爱过，但再见面时感觉像是随和的普通朋友而已。

5) 这次暑假我到欧洲徒步旅行，去了巴黎又去了罗马。

提高练习

1.

1) ⓑ 을 테니까 　　2) ⓓ 었었

3) ⓔ 었던 　　　　4) ⓐ 는데도

5) ⓒ 아야겠다

2.

1) ③ 아무리 바빠도 밥부터 먹어야겠어요.

2) ④ 연락을 했는데도 사람들이 많이 안 왔어요.

3) ② 대학 졸업 후에 헤어졌던 동창을 만나거든요.

4) ① 10 시쯤 전화할 테니까 집에서 기다려요.

5) ③ 중국에 출장갔었습니다.

3.

1) 내가 얼른 다녀올 테니까 여기서 <u>기다립니다</u>
(기다리세요).
2) 내가 <u>쓰던</u>(썼던) 편지를 그는 읽지 못 했다.
3) 작년에는 한국을 떠나 중국에 갔(었)습니다.
4) 아직도 비가 오니 못 간다고 연락<u>하야</u>
(해야)겠어요.
5) 비가 오는데도 우산을 (안) 썼다.

4.
1) ④ 중국관
2) '아시아관'은 중국, 일본, 인도네시아, 중앙아시아
등 주변 문화와의 연계 속에서 우리 문화를 조명
할 수 있는 박물관이다.
3) 국립중앙박물관은 한국문화를 중심으로
주변 문화도 함께 이해하게 하며 아이들
을 위해 다양한 교육프로그램을 준비해 주
고 각종 음악회, 공연 등도 관람할 수 있
게 한다.

5.
생략

제 20 과 여름방학 (暑假)

巩固练习
1.
1) ② 혼자서　　　2) ③ 그런
3) ② 하얗게　　　4) ① 보람있게
5) ④ 아무

2. 1) ⓑ 차에 치이는
2) ⓔ 칭찬을 받아서
3) ⓐ 깜빡 잊어버려서
4) ⓒ 시험에 붙
5) ⓓ 염색을 하

3.
1) 컴퓨터 게임을 하느라고 어젯밤에 못 잤어요
2) 전화를 기다리느라고 외출하지 못 했어요
3) 친구와 노느라고 집에 늦게 돌아왔어요
4) 텔레비전을 보느라고 대답을 못 했어요
5) 미국에 다녀 오느라고 지난 주에 학교에 못
갔어요

4.
1) 네, 취직시험 준비하느라고 힘들다고 해요.

2) 네, 결혼준비 하느라고 등록을 못 한다고 해요.
3) 네, 시험준비 하느라고 일을 다 못 끝냈대요.
4) 네, 매일 밤 늦게까지 공부하느라고 아침에 일찍
못 일어난다고 해요.
5) 네, 회사개업을 준비하느라고 못 오신대.

5.
1) 차를 빨리 운전해서 교통사고를 낼 뻔했어요
2) 서로 오해해서 친구와 크게 싸울 뻔했어요
3) 요즘 너무 바빠서 동생 생일을 잊을 뻔했어요
4) 길이 미끄러워서 다리를 다칠 뻔했어요
5) 상대팀이 잘해서 우리 팀이 시합에서 질
뻔했어요

6.
1) 가: 운동하다가 허리를 다칠 뻔 했어요
나: 그래요? 큰 일 날 뻔했군요
2) 가: 불고기를 굽다가 고기를 태울 뻔했어요.
나: 그래요? 크게 실수할 뻔했군요
3) 가: 자전거를 타다가 나무에 부딪칠 뻔했어요
나: 그래요? 크게 다칠 뻔했군요
4) 가: 약속시간에 늦어서 친구를 못 만날 뻔했어요
나: 그래요? 친구가 화를 낼 뻔했군요
5) 가: 조심하지 않아서 컵을 깰 뻔했어요
나: 어머님께 야단을 맞을 뻔했군요

7.
1) 아직 아무 준비도 못 했어요
2) 교실에 아무도 없어요
3) 그 사람에 대해 아무 정보도 몰라요
4) 그 사람과 아무 문제도 없어요
5) 저는 아무 소식도 모르고 있어요

8.
1) 3 시간 만에 대청소를 다 끝냈어요
2) 10 분 만에 그 음식을 모두 먹었어요
3) 1 년 만에 친구가 훌륭한 사업가가 되었어요
4) 몇 달 만에 그 회사가 크게 달라졌어요
5) 일주일 만에 몸무게가 2kg 줄었어요

9.
1) 그 사람은 입사한 지 8 년 만에 지점장이 되었어요
2) 밥을 먹은 지 두 시간 만에 또 배가 고파요
3) 그 친구와 싸운 지 일주일 만에 화해했어요
4) 회사에서 근무한 지 30 년 만에 회사를 그만두었어
요.
5) 결혼한 지 10 년 만에 이 집을 사게 되었어요.

10.

	-ㅂ/습니까	-ㄴ/은	아(어/여)요?	-(으)ㄹ까요
어떻다	어떻습니까	어떤	어때요	어떨까요
파랗다	파랗습니까	파란	파래요	파랄까요
빨갛다	빨갛습니까	빨간	빨개요	빨갈까요
노랗다	노랗습니까	노란	노래요	노랄까요
하얗다	하얗습니까	하얀	하얘요	하얄까요
그렇다	그렇습니까	그런	그래요	그럴까요
이렇다	이렇습니까	이런	이래요	이럴까요
저렇다	저렇습니까	저런	저래요	저럴까요

11.
1) 한국드라마를 보느라고 시간 가는 줄도 몰랐습니다.
2) 조심하지 않아서 넘어질 뻔했어요.
3) 오늘 회의한다는 것을 아무도 나에게 알려 주지 않았어요.
4) 결혼한 지 3년 만에 벌써 집을 샀습니다.
5) 여름이 되니 온 세상이 파래졌습니다.여름은 활기 넘치는 계절이라고 할 수 있겠지요.

12.
1) 10年没来故乡，故乡已经大变样，都认不出来了。
2) 最近为写期末报告忙的不可开交。
3) 我要是相信了他就差点儿吃大亏了。
4) 有的时候我真想到没人认识我的地方去生活。
5) 他一声不吭地出去了，到现在没回来。

提高练习

1.
1) ⓓ 아무 소식도 없는
2) ⓕ 하나도 모르는
3) ⓑ 느라고
4) ⓒ 뻔 했다
5) ⓐ 만에
6) ⓔ 만이다

2.

1) ② 하루종일 뭐 했는데 청소도 못 했어?
2) ③ 저는 5년동안 한국에 안 왔어요.
3) ③ 빗길인데 운이 좋아서 교통사고가 나지 않았어요.
4) ③ 후회해도 하나도 도움이 안 된다.
5) ① 이 일을 아는 사람은 없다.

3.
1) 전쟁이 없(었)으면 세상이 더 평화로울뻔 했어요.
2) 내가 공부하느라고 (는데) 동생이 조용히 앉아 있어요.
3) 저는 한달 만에 (동안) 고향에 안 갔어요.
4) 그는 아무 생각도 많은 (없는) 사람 같아요.
5) 가을이 되니 은행나무 잎이 노라져 가요 (노래져 가요).

4.
1) 그동안 공부하느라 피곤해진 심신을 쉬게 할 수 있고 시간이 없어 하지 못했던 일도 할 수 있기 때문에 방학은 사람의 마음을 설레게 한다.
2) 아르바이트를 하고 운동도 하고 여행도 하면서 방학을 보내려고 한다.
3) 생략

5.
생략

능력시험 1 （能力測試 1 ）

4회 정답 및 채점 기준표 (2급 표현)

■어휘·문법

※표는 채점기준을 참조

번호	정답	배점	비고	번호	정답	배점	비고
1	4	3		16	4	3	
2	2	3		17	3	3	
3	3	3		18	3	3	
4	4	3		19	1	3	
5	1	3		20	3	4	
6	2	3		21	4	4	
7	2	3		22	2	4	
8	1	3		23	4	4	
9	1	3		24	2	4	
10	2	3		25	3	3	
11	4	3		26	좋아하셨습니다	3	※
12	2	3		27	1	4	
13	1	3		28	길게	4	
14	3	3		29	3	4	
15	1	3		30	※	5	

※ 채점기준

26. 좋아하셨어요

30. 다음에는 잘 할 수 있을 거아/거다

4회 정답 및 채점 기준표 (2급 표현)

■쓰기

※표는 채점기준을 참조

번호	정답	배점	비고	번호	정답	배점	비고
31	4	3		46	2	3	
32	1	3		47	3	3	
33	4	3		48	1	3	
34	3	3		49	2	5	
35	4	3		50	1	5	
36	2	3		51	3	4	
37	4	3		52	세탁하지 마세요	5	※
38	2	3		53	2	3	
39	2	3		54	3	3	
40	3	3		55	4	3	
41	1	3		56	1	3	
42	1	3		57	2	3	
43	4	3		58	3	3	
44	3	3		59	2	4	
45	3	3		60	꺼야 합니다	5	※

※ 채점기준

 세탁(빨래)하지 마세요/마십시오/맙시다, 세탁 금지, 세탁기를 사용하지(쓰지) 마세요/맙시다, 세탁기 사용 금지.
끄십시오, 꺼 주십시오, 사용할(쓸) 수 없습니다, 사용하지 마십시오, 켜지 마십시오

4회 정답 및 채점 기준표 (2급 이해)

■읽기

※표는 채점기준을 참조

번호	정답	배점	비고	번호	정답	배점	비고
1	1	3		16	2	4	
2	2	3		17	3	4	
3	1	3		18	4	4	
4	2	3		19	3	4	
5	4	3		20	3	4	
6	3	3		21	장소	4	※
7	2	3		22	1	3	
8	4	3		23	3	3	
9	3	3		24	2	3	
10	3	3		25	2	3	
11	2	3		26	1	3	
12	3	3		27	4	4	
13	세 사람	3	※	28	1	4	
14	2	3		29	4	4	
15	2	3		30	1	4	

※ 채점기준

13. 세 명

능력시험 2 （能力測試 2）

8회 정답 및 채점 기준표 (2급 표현)

■어휘·문법

※표는 채점기준을 참조

번호	정답	배점	비고	번호	정답	배점	비고
1	4	3		16	3	4	
2	1	3		17	3	4	
3	2	3		18	1	4	
4	4	3		19	3	3	
5	1	3		20	2	3	
6	2	3		21	4	3	
7	3	3		22	2	4	
8	3	3		23	4	4	
9	4	3		24	3	4	
10	2	3		25	갔을 거예요	4	※
11	4	3		26	3	3	
12	3	3		27	2	4	
13	2	3		28	친한	4	
14	1	3		29	1	3	
15	4	3		30	2	4	

※ 채점기준

25. 갔나 봐요, 간 모양이에요

8회 정답 및 채점 기준표 (2급 표현)

■쓰기

※표는 채점기준을 참조

번호	정답	배점	비고	번호	정답	배점	비고
31	2	3		46	1	3	
32	2	3		47	3	3	
33	4	3		48	2	3	
34	2	3		49	1	3	
35	3	3		50	3	3	
36	3	3		51	자기 나라 음식을 가지고 오십시오	4	
37	3	3		52	시간은 월요일 오후 4시부터 6시까지입니다	4	
38	4	3		53	1	4	
39	2	3		54	1	4	
40	4	3		55	4	4	
41	1	3		56	1	4	
42	4	3		57	3	4	
43	1	3		58	3	4	
44	4	3		59	2	4	
45	4	3		60	4	4	

※ 채점기준

8회 정답 및 채점 기준표 (2급 이해)

■읽기

※표는 채점기준을 참조

번호	정답	배점	비고	번호	정답	배점	비고
1	3	3		16	2	3	
2	4	3		17	1	4	
3	3	3		18	2	4	
4	2	3		19	1	4	
5	1	3		20	자주 가는 한식집	4	
6	1	3		21	1	3	
7	1	3		22	2	3	
8	4	3		23	선생님	4	
9	3	3		24	1	4	
10	3	3		25	4	3	
11	2	3		26	4	3	
12	4	3		27	2	4	
13	1	3	※	28	1	4	
14	3	3		29	4	4	
15	3	3		30	2	4	

점기

※ 채점기준

물가	(名)	物价	8 课	배탈	(名)	拉肚子	5 课
물리다	(他)	传给	6 课	백두대간	(名)	白头大干	18 课
미끄럽다	(形)	滑	20 课	버리다	(他)	扔	1 课
미리	(名)	事先	15 课	변경하다	(他)	变更	2 课
미인	(名)	美人	8 课	변호사	(名)	律师	16 课
미혼	(名)	未婚	6 课	병문안	(名)	探病	7 课
민속놀이	(名)	民俗游戏	9 课	보람	(名)	意义	7 课
믿다	(他)	相信, 信赖	17 课	보복	(名)	报复	9 课
믿어지다	(自)	相信, 信赖	20 课	보수적	(名)	保守	9 课
				보이차	(名)	普尔茶	12 课
		[ㅂ]		보존하다	(他)	保存	6 课
				보증	(名)	保证	14 课
바꾸다	(他)	换	16 课	보충하다	(他)	补充	17 课
바닥	(名)	底	16 课	복사기	(名)	复印机	18 课
바라다	(他)	希望, 期望	10 课	복합문화공간	(名)	综合文化空间	19 课
바라보다	(他)	遥望, 眺望, 观望	3 课	볼링	(名)	保龄球	13 课
바로	(副)	就是, 正视	6 课	부드럽다	(形)	柔软, 温柔	9 课
바르다	(他)	涂抹, 擦	14 课	부딪치다	(自)	碰撞, 冲撞	20 课
반대하다	(他)	反对	18 课	부르다	(形)	饱	5 课
반찬	(名)	菜	11 课	부엌	(名)	厨房	17 课
반하다	(自)	着迷, 陶醉	18 课	부족하다	(形)	不足, 不够	10 课
발생하다	(自)	发生	20 课	부지런하다	(形)	勤奋, 勤劳	19 课
발전	(名)	发展	4 课	부탁	(名)	拜托, 嘱托	15 课
밤을 새다	(词组)	熬夜, 通宵	1 课	분명하다	(形)	分明, 清楚	2 课
밤을 새우다	(词组)	熬夜, 开夜车	20 课	분실물	(名)	遗失物	10 课
밥맛	(名)	胃口, 食欲	4 课	불고기를 굽다	(词组)	烤肉	20 课
방대하다	(形)	庞大	18 课	불려지다	(自)	被称为	18 课
방문	(名)	访问	6 课	불을 켜다	(词组)	点灯	19 课
방울	(依存)	滴	17 课	불편	(名)	不印机	18 课
방향감	(名)	方向感	3 课	복합문화공간	(名)	综合文化空间	19 课
배가 고프다	(词组)	肚子饿	18 课	볼링	(名)	保龄球	13 课
배낭여행	(名)	徒步旅行	19 课	부드럽다	(形)	柔软, 温柔	9 课
배달하다	(他)	送货上门	19 课	부딪치다	(自)	碰撞, 冲撞	20 课
배반	(名)	背叛, 背信弃义	15 课	부르다	(形)	饱便, 麻烦	10 课

세계평화	(名)	世界和平	4 课
세종문화회관	(名)	世宗文化会馆	13 课
세탁기	(名)	洗衣机	5 课
세탁소	(名)	洗衣店	15 课
센터	(名)	中心	10 课
셔틀버스	(名)	循环公汽	2 课
소백산맥	(名)	小白山脉	6 课
소비량	(名)	消费量	11 课
소생하다	(自)	复苏	10 课
소실	(名)	消失, 丢失, 遗失	8 课
소용	(名)	用处, 所用	20 课
소원	(名)	心愿, 宿愿	18 课
소중하다	(形)	宝贵, 珍贵	13 课
소중히	(副)	珍惜地, 爱惜地	17 课
소풍	(名)	郊游	1 课
속눈썹	(名)	睫毛	9 课
손 대다	(词组)	碰, 触手	19 课
손꼽아 기다리다	(词组)	翘首以待	7 课
손해 보다	(词组)	受损失	20 课
송편	(名)	松糕	4 课
수교	(名)	建交	8 课
수리하다	(他)	修理	17 课
수술하다	(他)	手术	17 课
수영장	(名)	游泳馆	1 课
수질오염	(名)	水质污染	17 课
수첩	(名)	手册	16 课
숙박	(名)	住宿	12 课
순간	(名)	瞬间	2 课
순서	(名)	顺序	16 课
순수하다	(形)	单纯, 纯洁	11 课
순식간	(名)	瞬间	5 课
스웨터	(名)	毛衣	14 课
스케이트	(名)	滑冰	2 课
스케이트	(名)	滑冰	19 课
스케줄	(名)	日程	8 课
스케줄을 잡다	(词组)	定日程	20 课
스키	(名)	滑雪	2 课
스키를 타다	(词组)	滑雪	18 课
스티커	(名)	不干胶	10 课
슬프다	(形)	悲伤	9 课
승객	(名)	乘客	10 课
승진	(名)	升职	13 课
시골	(名)	乡下	11 课
시리즈	(名)	系列	14 课
시상식	(名)	颁奖仪式	14 课
시설	(名)	设施	18 课
시스템	(名)	系统	10 课
시장 조사	(名)	市场调查	9 课
시험을 보다	(词组)	考试	20 课
식성	(名)	胃口	8 课
식초	(名)	食醋	17 课
식품	(名)	食品	8 课
신기하다	(形)	神奇	7 课
신나다	(自)	兴致勃勃, 兴高采烈	4 课
신년	(名)	新年	2 课
신대륙	(名)	新大陆	8 课
신록	(名)	新绿	18 课
신분증	(名)	身证份	16 课
신설하다	(他)	新设	19 课
신용카드	(名)	信用卡	16 课
신청하다	(他)	申请	7 课
신촌	(名)	新村(首尔地名)	19 课
신혼여행	(名)	蜜月	13 课
실내체육관	(名)	室内体育馆	1 课
실력	(名)	实力, 水平	6 课
실수	(名)	失误, 失手	5 课
실제	(名)	实际	15 课
실컷	(副)	尽情地	9 课

온돌방	(名)	地热房间	2课	유구하다	(形)	悠久	12课
올림픽	(名)	奥运会	1课	유럽	(名)	欧洲	11课
옷장	(名)	衣柜	18课	유물	(名)	遗物	1课
옷차림	(名)	打扮,装束	8课	유행	(名)	流行	14课
왕실	(名)	王室,皇家	1课	은행	(名)	银杏	11课
왕위	(名)	王位	6课	응원	(名)	助威	5课
왕조	(名)	王朝	1课	이기다	(他)	赢	4课
외국인등록증	(名)	外国人登录证	16课	이르다	(形)	早	14课
외식	(名)	在外就餐	11课	이름 짓다	(词组)	起名	18课
외출	(名)	外出	13课	이상하다	(形)	异常,奇怪	9课
외출하다	(自)	外出	20课	이야기를 꺼내다	(词组)	打开话匣子	17课
외투	(名)	外套,大衣	5课	이유	(名)	理由	18课
외향적	(名)	外向型	11课	이익	(名)	利益	4课
요약하다	(他)	概括整理	19课	이전	(名)	搬迁	19课
용돈	(名)	零花钱	5课	익히다	(他)	熟悉	4课
용산	(名)	龙山(首尔地名)	19课	인격	(名)	人格	7课
우울하다	(形)	忧郁,郁闷	3课	인구	(名)	人口	19课
우정	(名)	友情	16课	인기	(名)	人气	9课
운남성	(名)	云南省	12课	인도네시아	(名)	印度尼西亚	19课
운영하다	(他)	运营,经营	19课	인사과	(名)	人事科	13课
운전면허	(名)	驾驶证	10课	인상	(名)	印象	4课
운전하다	(他)	驾驶	2课	인생	(名)	人生	20课
운현궁	(名)	云贤宫	1课	인재	(名)	人才	8课
울적하다	(形)	忧郁,郁闷	2课	인절미	(名)	打糕,糯米糕	19课
움직이다	(他)	动,移动	8课	인터넷	(名)	互联网	6课
워낙	(副)	原来,非常	11课	인터뷰	(名)	采访	17课
원만하다	(形)	圆满	9课	일반인	(名)	一般人,普通人	15课
원명원	(名)	圆明园	8课	일석이조	(名)	一举两得	17课
월급	(名)	工资	8课	일자리를 구하다	(词组)	找工作	18课
월병	(名)	月饼	4课	일출봉	(名)	日出峰	8课
위기	(名)	危机	9课	읽기	(名)	阅读	7课
위도	(名)	纬度	11课	잃다	(他)	丢失,遗失	7课
위치	(名)	位置	15课	입력하다	(他)	输入	16课
유교	(名)	儒教	6课	입사	(名)	进公司	8课

주봉	(名)	主峰	18课	집안일	(名)	家务活	
주사를 맞다	(词组)	打针	19课	집중	(名)	集中	
준비하다	(他)	准备	16课	짓다	(他)	建造,盖	
줄넘기	(名)	跳绳	4课	짙다	(形)	浓,深	
줄다	(自)	缩水	5课	짬뽕	(名)	辣面	
줍다	(他)	捡,拾	18课				
중남부	(名)	中南部	18课				
중순	(名)	中旬	15课			**[ㅊ]**	
중심지	(名)	中心地	15课	차례	(名)	祭祀,祭礼	
중앙	(名)	中央	15课	차지하다	(他)	占	
중앙아시아	(名)	中亚	19课	참석	(名)	参加	
즐겁다	(形)	高兴,愉快	16课	창경궁	(名)	昌庆宫	
증명사진	(名)	证明照	4课	창구	(名)	窗口	
지각	(名)	迟到	13课	창덕궁	(名)	昌德宫	
지나치다	(形)	过分	17课	창조	(名)	创造	
지다	(形)	打输,打败	20课	채소	(名)	蔬菜	
지르다	(他)	喊,叫喊	14课	책자	(名)	小册子	
지리산	(名)	智异山	8课	천사	(名)	天使	
지방	(名)	地方	13课	천천히	(副)	慢慢的	
지연	(名)	延迟,拖延	10课	첫날	(名)	第一天	
지점장	(名)	分店经理	20课	체격	(名)	体格	
지정	(名)	指定	6课	체육대회	(名)	运动会	
지정되다	(自)	被指定	18课	체하다	(自)	滞食	
지키다	(他)	遵守	2课	초여름	(名)	初夏	
지혜롭다	(形)	聪慧	3课	촬영지	(名)	拍摄地	
직불카드	(名)	现金卡	16课	최선을 다하다	(词组)	竭尽全力	
직원	(名)	职员	16课	추석	(名)	中秋节	
진달래	(名)	金达莱	18课	추천하다	(他)	推荐	
진수성찬	(名)	美味佳肴	11课	축소판	(名)	缩小,版缩	
진심	(名)	真心	19课	출국수속	(名)	出国手续	
진정	(名)	真正,镇定	3课	출시	(名)	上市	
진짜	(名)	真,真的	4课	출신	(名)	出身	
질	(名)	质量	17课	출장	(名)	出差	
질문하다	(他)	提问	17课	출장 가다	(词组)	出差	

하숙하다	(自)	下宿	19课	홍수	(名)	洪水,大水	
하얼빈	(名)	哈尔滨	7课	화려하다	(形)	华丽	
하회탈	(名)	河回面具	6课	화장실	(名)	卫生间	
학비	(名)	学费	19课	화재	(名)	火灾	
한가하다	(形)	闲暇,悠闲	14课	화해하다	(自)	和好,和解	
한강	(名)	汉江	15课	확대하다	(他)	扩大,扩充	
한꺼번	(副)	一下子	5课	확인하다	(他)	确认	
한라산	(名)	汉拿山	12课	확정하다	(他)	确定	
한반도	(名)	韩半岛	15课	환경오염	(名)	环境污染	
한복	(名)	韩服	12课	환불	(名)	退款	
할인	(名)	打折扣	14课	환영하다	(他)	欢迎	
합격	(名)	合格,及格	15课	환절기	(名)	换季节的时	
항해	(名)	航海	3课	활기	(名)	活力	
해당	(名)	相当,相关	15课	활기 차다	(词组)	充满活力	
해돋이	(名)	日出	8课	활발하다	(形)	活泼,开朗	
해롭다	(形)	有害	4课	황산	(名)	黄山	
해발	(名)	海拔	18课	회색	(名)	灰色	
해산물	(名)	海物,海产品	5课	효과	(名)	效果	
해외유학	(名)	海外留学	10课	후회하다	(他)	后悔	
해치다	(他)	谋害,损害	17课	훌륭하다	(形)	优秀,出众	
햇곡식	(名)	新的谷物	4课	휘날리다	(他)	飘扬	
행동	(名)	行动	6课	휴대폰	(名)	手机	
행복하다	(形)	幸福	4课	휴지	(名)	废纸	
행위	(名)	行为	7课	희생	(名)	牺牲	
행정구역	(名)	行政区域	18课	힘	(名)	力气	
현대	(名)	现代	18课				
형태	(名)	形态,样子	18课				
호기심	(名)	好奇心	18课				
호박전	(名)	南瓜饼	11课				
호텔	(名)	宾馆	2课				
호프집	(名)	啤酒屋	18课				
혹시	(副)	或许,也许	16课				
혼이 나다	(词组)	吓坏,吓死	11课				
홈페이지	(名)	主页	19课				